古代歷史文化研究輯刊

二八編

王明蓀 主編

第 10 冊

明清澤州科舉研究（上）

孔偉偉 著

國家圖書館出版品預行編目資料

明清澤州科舉研究（上）／孔偉偉 著 -- 初版 -- 新北市：花
木蘭文化事業有限公司，2022〔民 111〕
目 6+250 面；19×26 公分
（古代歷史文化研究輯刊 二八編；第 10 冊）
ISBN 978-626-344-084-5（精裝）
1.CST：科舉 2.CST：明代 3.CST：清代
618   111010280

ISBN-978-626-344-084-5

9 786263 440845

古代歷史文化研究輯刊
二八編　第 十 冊　　　　　　　ISBN：978-626-344-084-5

明清澤州科舉研究（上）

作　　者　孔偉偉
主　　編　王明蓀
總 編 輯　杜潔祥
副總編輯　楊嘉樂
編輯主任　許郁翎
編　　輯　張雅淋、潘玟靜、劉子瑄　美術編輯　陳逸婷
出　　版　花木蘭文化事業有限公司
發 行 人　高小娟
聯絡地址　235 新北市中和區中安街七二號十三樓
　　　　　電話：02-2923-1455／傳真：02-2923-1452
網　　址　http://www.huamulan.tw 信箱 service@huamulans.com
印　　刷　普羅文化出版廣告事業
初　　版　2022 年 9 月
定　　價　二八編 27 冊（精裝）新台幣 80,000 元　　版權所有‧請勿翻印

明清澤州科舉研究（上）

孔偉偉　著

作者簡介

孔偉偉，1988 年出生於山西晉城，文學學士，獨立學者。常年專注於晉城老照片、明清山西科舉文獻、明代澤州移民的研究，編著有《金渠頭》一書，參編《澤州碑刻大全》《澤州百年》《陳莊村志》等書，作品見於《科舉學論叢》《太行日報》《澤州新聞》等。

提　　要

　　《明清澤州科舉徵錄》對明清兩代山西澤州地域內的進士、舉人群體進行了較為全面和詳細的研究，共分五個章節，第一章對進士總數、時空分布、出身研究、仕宦圖譜等方面進行了研究分析，第二章是輯錄整理明清兩代各類存世科舉史料對澤州進士人物的記錄，第三章是對澤州舉人群體的分析研究，第四章是首次對澤州舉人群體進行數量、身份考證，第五章則是對澤州進士、舉人群體中較為突出的科舉家族進行分析研究。本書所公開的科舉文獻有半數以上未曾面世，特別是中國第一歷史檔案館所存的武進士登科錄等資料尚未見到公開發布文章，也是首次對澤州進士、舉人群體的全面研究、訂正。資料的稀缺性、文獻的珍貴性、研究的深入性，可以極大程度的補充山西澤州的古代科舉史研究缺失，也可以作為一個地域性科舉史研究的案例供學人參考。

目次

圖目次

導　言

一、研究背景

　　科舉研究作為人類社會學的研究命題，國內外在該領域的研究成果頗多。從文獻學本身，以駱兆平《談天一閣藏明代科舉錄》、龔延明《〈中國歷代登科總錄〉介紹》、陳長文《明代科舉文獻》等為代表的領域先驅已經做了大量論述。從進士履歷信息的範疇進行研究，有錢茂偉《明代戶籍與科舉的關係》、郭培貴、孫經緯《明代軍籍進士總數及其時空分布特點與成因考述》、王紅春《明代進士家狀研究》等。從進士的地理分布角度，吳宣德《明代進士的地理分布》對明代進士進行了全國範圍內的研究，多洛肯陸續出版《明代福建進士研究》《明代浙江進士研究》《明清甘寧青進士徵錄》，從省域範圍進行了進士群體的研究。

　　就山西而言，王欣欣《山西歷代進士題名錄》是比較早研究山西進士群體的著作，王婷婷《清代山西進士研究》、張少君《臨汾地區明清時期的進士研究》、李林霞《金代山西進士研究》、齊香君《明代山西進士群體構成研究》、趙國平《明代嘉、隆、萬時期山西籍進士及其時政思想》、孫寧《山西省歷代人才的地理分布與地域分異》等均是以碩士畢業論文的方式對山西區域內的科舉情況有所探索和研究。

　　就澤州而言，王紅春、孔偉偉《明代山西進士李諒的家世與履歷鉤沉——以其家狀和墓誌銘為中心》是對個體進士的深度探究、袁軍《晉城歷代進士分布探析》對整體區域的進士分布原因做了探析，其他還有一些相對淺層的論述。

對澤州科舉的研究少之又少，且現有研究又普遍存在研究深度不夠的問題，這是寫作本書最主要的原因。還有就是時常在山西、晉城各種公開出版物涉及進士、舉人群體的描述中發現信息錯漏、資料匱乏、照搬照抄、一錯再錯等問題，希望本書對相關研究者能有所裨益。再有澤州當地時常就異籍進士產生爭論，這是當地研究者不熟悉科舉研究中役籍、寄籍、戶籍等概念所導致。

二、文獻來源

本書優先採用現存明清登科錄、會試錄、鄉試錄、同年齒錄等科舉文獻，以方志、譜牒、碑刻等地方文獻作為補充。

明代科舉文獻以《天一閣藏明代登科錄選刊‧登科錄》《天一閣藏明代登科錄選刊‧會試錄》《天一閣藏明代登科錄選刊‧鄉試錄》《明代登科錄彙編》《皇明進士登科考》《明清歷科進士題名碑錄》《中國科舉錄彙編》等為主，其他還有零散保存於上海圖書館、國家圖書館、傅斯年圖書館、南京圖書館等處的科舉文獻，詳見王紅春所統計的存世 58 種進士登科錄一覽表、存世 33 種進士同年齒錄與履歷〔註 1〕等。

清代科舉文獻分布相對零散，國內主要有臺北成文出版社 1992 年出版的《清代硃卷集成》，全國圖書館縮微中心 2011 年出版的《中國科舉錄續編》；以及中國第一歷史檔案館所藏登科錄（康熙 11 年～光緒 24 年）、會試錄（順治 4 年～廣西 24 年）、會試題名錄（康熙 21 年～光緒 30 年）、武會試錄（康熙 24 年～光緒 21 年）的微縮膠卷，均是隨科舉奏摺一同進呈保存至今的版本；其他收藏較多的有國家圖書館古籍館、天一閣保存的幾十種刻本。海外有日本國立公文書館所藏的《進士三代履歷便覽》，為紅葉山房舊藏，轉至內閣文庫後進行了彙編，收入順治三年至康熙六十年 28 種科舉文獻，普林斯頓大學東亞圖書館所藏《進士三代履歷便覽》為日本國立公文書館版本的影印版，目前尚未發現他處收藏這個版本，對國內科舉文獻有極大補充。還有加州大學洛杉磯分校東亞圖書館藏《明清科舉檔案資料》，所收錄由明至清、種類繁雜，是收集臺灣故宮博物院、傅斯年圖書館等處所藏科舉錄進行的彙編文獻。

有關山西鄉試的科舉文獻，鄉試錄相對集中的是中國第一歷史檔案館所

〔註 1〕 王紅春：《明代進士家狀研究》，上海書店出版社，2017 年版，第 257～265 頁。

藏的微縮膠卷，國家圖書館古籍館所藏的刻本，以及哈佛燕京圖書館等地保存的「十八省鄉試同年錄」、「各省鄉試同年齒錄」等，龔延明、祖慧主編的《清代鄉試文獻集成》主要收錄了國圖古籍館的鄉試文獻。現存武鄉試錄則近乎全部保存於中國第一歷史檔案館。合計 160 餘種，詳見書末附錄。

　　這些文獻作為科舉考試的原始資料，記錄了殿試人員名單、中式名次、履歷、家狀、考卷等信息，一些著名人物的考卷也記錄其中，對於研究科舉人物的生世、家族、科考、仕途等有著其他方志、家譜等歷史文獻無法代替的作用和意義，對於地方科舉人物的研究有著極為重要的參考意義，可以彌補地方志選舉篇以及人物篇中對地域內科舉人物資料記載不足的缺陷。

　　地方文獻對科舉人物的考證作用也不容忽視。陽城《上孔村志》保存的《侯氏家譜》實際上是道光三十年庚戌科進士侯玘的齒錄，後面還附有他的會試考卷，這一年的各類科舉文獻尚無發現，可作科舉文獻的重要補充〔註2〕。沁水湘峪《孫氏族譜》保存的孫居相、孫鼎相的傳記應該參考了當年的進士家狀，與其科舉履歷中的內容極其相似。

三、本書結構

　　本書共分明清澤州進士研究、明清澤州進士徵錄、明清澤州舉人研究、明清澤州舉人徵錄、明清澤州科舉家族五個章節。

　　第一章明清澤州進士研究，從明清澤州進士數量統計、時空分布、身份背景、仕宦圖譜四個方面，對進士群體進行了多維視野下的考量。

　　第二章明清澤州進士徵錄，依據科舉文獻對明清兩代進士、恩賜進士、武進士進行了生平履歷的全面整理，同時附列重要的科舉文獻原文。

　　第三章明清澤州舉人研究，在澤州舉人群體存在問題的基礎上，展開總數、科年分布、鄉試解額、進士登科率等方面的研究。

　　第四章明清澤州舉人徵錄，本章在地方志、鄉試錄等資料的基礎上，對明清兩代一千餘名舉人、武舉人、恩賜舉人、學堂舉人進行了生平履歷的重新整理。

　　第五章明清澤州科舉家族，依據方志、家譜、登科錄等文獻記載，對 1222 名澤州科舉人物進行了姓氏統計、地域劃分、傳承關係的梳理。

〔註 2〕編者按：民間常留存家族進士、舉人的履歷，如山西山陰現存拔貢崔增瑞的
　　　　拔貢履歷雕版。

第一章　明清澤州進士研究

　　明清澤州進士群體作為澤州這一州府行政地域內產生的人才，是該地域在明清時期綜合地理位置、社會結構、經濟條件、教育資源、人口構成等多重條件下所產生的具有代表性的人群。對明清兩代的澤州進士進行多維視野下的考量，研究其數量考訂、縣區分布、科年分布、身份背景、仕宦圖譜，有助於我們更為深入的理清這一群體的典型特徵，更直觀的瞭解地域社會經濟結構對進士群體的影響。

第一節　明清澤州進士總數考訂

　　以明清府州縣的行政分界進行進士人數的統計，往往缺失嚴謹度和準確性。地方志是記錄進士名錄的常見載體文獻，其在修撰過程中往往以「約定俗成」的慣例，對與本地域有關的進士一概收錄，模糊了進士身份的「鄉貫」與「役籍」，造成了進士名錄的統計不清與混亂。

一、統計原則

　　以雍正《澤州府志》為例，科舉卷共記載 137 名明代澤州進士，在比對登科錄等科舉文獻後，其中有 9 人存在役籍地不一的問題，均為鄉貫澤州而役籍地為他處的情況。

　　除了混淆「鄉貫」與「役籍」的問題，地方志也存在遺漏的問題。

　　在明代歷科中，尤以洪武十八年為亂，由於該科年的會試錄和登科錄均不存，科舉檔案與地方文獻對此年登科進士的記錄參差不齊。以《貢舉考》、俞憲《登科考》、雍正《澤州府志》、成化《山西通志》進行比較如下：

表1-1　洪武十八年澤州進士

《登科考》	《貢舉考》	《澤州府志》	《山西通志》
袁宗弼 山西陵川縣人	袁宗弼 山西陵川縣	袁宗弼 陵川人，順天府尹。	
王粹 山西陽城縣人		王粹 陽城人，山東僉事。	王粹 陽城人
韓瑜 山西陽城縣人		韓俞 陽城人，刑科給事中。	韓俞 陽城人
李亨 山西澤州人			
張凝 山西陵川縣人	張凝 山西陵川縣	張凝 陵川人，監察御史。	張凝 陵川人

　　方志所略的李亨，在《澤州府志》中僅舉人名錄有洪武二十九年丙子科舉人李亨，官至寧波府通判，進士名錄則無。《寧波郡志》記載：

　　　　李亨，澤州人，洪武三十一年知鄞縣事，縣吏多貪□無賴，亨察其尤者，勒罷之，遴選稅戶子弟才俊者補充，皆隨其長授以所掌，……其明斷多類此，永樂初元，以父喪去職，後升蘇州同知，民至今慕之。〔註1〕

　　此鄞縣知縣李亨與洪武二十九年澤州舉人李亨是否為同一人，還存在疑問，只是均在寧波府為官，但所記錄職位又存在偏差，又是否與《登科考》記載的進士李亨為同一人，亦缺乏依據。

　　再如牛若愚，《嘉靖三十八年進士登科錄》則記錄其「貫山西澤州」，而《山西通志》《澤州府志》《鳳臺縣志》均未有記載。

　　　　牛若愚，貫山西澤州，民籍，河南開封府祥符縣人，國子生，治《易經》。字睿卿，行三，年三十一，九月十五日生。曾祖政，壽官。祖瓚，壽官。父揚，教諭。母劉氏。慈侍下。兄若琦；若盧，貢士。弟若魯、若納、若晦。娶吳氏。河南鄉試第十六名，會試第二百九十三名。

　　《類姓登科考》記其為河南祥符縣人，《嘉靖三十八年進士題名碑》記其為「山西澤州民籍，河南開封府祥符縣人」。

　　而澤州地方志記載的進士段正、孟章明等人，根據登科錄家狀實際上均

〔註1〕成化《寧波郡志》卷七李亨傳記。

是鄉貫為澤州的進士，役籍均在他處，且鄉試地也並未在山西。依據明清兩代登科錄、題名錄、同年錄等對澤州進士的家狀信息，有 26 人的鄉試地均不在山西。其中順天 18 人，河南 4 人，陝西 2 人，應天 1 人，四川 1 人。

　　對這 26 人進行詳細分析，則又有不同情況。以順天鄉試出身的 18 名進士為例，除段正、段夛、孟章明、孟兆祥等役籍地本身就在順天府外，又有衛貞元、陳師儉、王承堯、張傳炆、曹鴻舉 5 人實際上役籍均在澤州，只是寄籍於順天而參加了順天府鄉試。這與明初與清代的寄籍現象有關，陝西鄉試的王晏、應天鄉試的楊砥也屬此例。

表 1-2　明清鄉試地非山西的澤州進士統計

姓　名	戶　籍	役　籍	鄉　貫	身　份	鄉試地
楊砥	澤州		澤州	國子生	應天
王晏	高平	民籍	高平	安定縣學增廣生	陝西
段正	錦衣衛	軍籍	澤州	府學生	順天
和暲	河南河陰	軍籍	陵川	河陰縣學生	河南
車璽	順天宛平	匠籍	澤州	府學增廣生	順天
段夛	錦衣衛	軍籍	澤州	儒士	順天
李經	河南真陽	民籍	澤州	國子生	河南
李東	陝西藍田	民籍	澤州	國子生	陝西
尚志	金吾左衛	軍籍	高平	國子生	順天
馬汝松	直隸東光	民籍	陵川	東光縣學生	順天
郜大經	直隸吳橋	民籍	陵川	吳橋縣學生	順天
牛若愚	澤州	民籍	河南祥符	國子生	河南
陳學曾	東勝右衛	軍籍	陽城	遵化縣學生	順天
馬允登	直隸東光	民籍	陵川	東光縣學生	順天
李芳先	四川漢州	民籍	沁水	國子生	四川
孟兆祥	直隸交河	民籍	澤州	交河縣學生	順天
閻禧	直隸滑縣	民籍	沁水		順天
孟章明	直隸交河	民籍	澤州		順天
張彥珩	高平	民籍	河南洛陽		河南
衛貞元	陽城		陽城		順天
楊名耀	江南山陽	民籍	高平		順天

衛瑤	直隸滄州	鹽籍	澤州	歲貢生	順天
陳師儉	澤州		澤州		順天
王承堯	沁水		沁水		順天
張傳焴	沁水		沁水		順天
曹鴻舉	陵川	民籍	陵川		順天

　　所以，單從地方志科舉名錄，或是登科錄所記載的役籍、鄉貫、鄉試地為依據去進行進士數量的統計，都存在侷限性。本書按照鄉貫、役籍兩種方式進行統計，同時結合地方志「約定俗成」的慣例對明清兩代的澤州進士進行統計，以期更全面的對澤州進士進行統計和研究。

二、役籍背景下的統計

　　役籍即「黃冊」劃分的戶籍，按照民籍、軍籍、匠籍等類型承擔相應差役、賦稅。明代澤州除本州外，領高平、陽城、沁水、陵川四縣，另有寧山衛一個衛所，隰川王府、宣寧王府兩個王府，役籍歸屬不同，所以可劃分為 7 種不同的區域類別來進行統計。清代升州為府，設附郭縣鳳臺，拆撤寧山衛，可按 5 個區域進行統計。

表 1-3　明清役籍澤州進士統計表

	陽　城	澤　州	高　平	沁　水	陵　川	寧山衛	隰川王府	合　計
明代	42	38	22	19	6	1	2	130
占比	16%	14.4%	8.4%	7.2%	2.3%	0.4%	0.8%	49.4%
清代	44	35	24	23	7	－	－	133
占比	16.7%	13.3%	9.1%	8.7%	2.3%	－	－	50.6%

　　如上表所示，明代進士與清代進士數量基本等同，各縣明清兩代的變化趨勢不大。進士人數最多的為陽城縣，其次為本州，最少為陵川縣。

　　役籍地為澤州的牛若愚，在澤州各種地方志中並未記載，登科錄家狀中其「貫山西澤州民籍，河南開封府祥符縣人」。按登科錄的「貫某地，某地人」的體例，牛若愚屬於寄籍澤州的異籍進士，但考試地依舊在河南。與陵川和維情況一樣，和維為山西陵川人，寄籍河南河陰，返回山西鄉試；牛若愚為河南祥符人，寄籍山西澤州，返回河南鄉試。

　　還有楊謨為「澤州籍，大同縣人」，情況比較奇怪。大同地方志未錄一

字，而澤州地方志記錄極其詳細。推測楊謨可能出身於寧山衛軍戶，且同時與澤州的王府存在姻親關係，為逃脫「世代承襲」的軍戶身份，而通過代藩姻親的關係變更役籍，導致「澤州籍，大同人」的身份。

另有翟於磐的進士履歷為「澤州籍，進賢人」，白胤謙、白畿的進士履歷「陽城籍，清潤人」，牛狴玄在題名碑上為「山西澤州高平縣民籍，陝西寧州人」，白胤謙、白畿的白氏家族實為陝西清潤遷入山西陽城，而翟於磐的翟氏家族世居澤州翟河底村，牛狴玄情況不詳，二人的籍貫可能存在履歷抄錄有誤的問題。

三、鄉貫背景下的統計

鄉貫即祖籍地所在，地方志的科舉錄通常以鄉貫進行進士的統計，但也會存在遺漏。以鄉貫來統計，明代澤州有 144 名進士，清代有 134 名進士，其中澤州 46 人，與按役籍來統計的 41 人（包含寧山衛、王府宗籍），存在 5人之差。陵川也有 4 人之差，沁水有 3 人之差，高平有 2 人之差，這種差別背後體現的是當地的人口流動，人口的社會流動造成了進士的籍貫變化。

表 1-4　明清鄉貫澤州進士統計表

	澤　州	陽　城	高　平	沁　水	陵　川	合　計
明代	46	42	24	22	10	144
占比	16.5%	15.1%	8.6%	7.9%	3.6%	51.8%
清代	35	43	26	24	6	134
占比	12.6%	15.5%	9.4%	8.6%	2.2%	48.2%

（一）鄉貫澤州的異籍進士群體

明清兩代，計有 24 名鄉貫澤州即祖籍為山西澤州的進士，遷徙原因不盡相同，但均在山西、澤州的地方志選舉篇中有所刊列。

表 1-5　明清兩代鄉貫澤州的進士名錄

科　第	姓　名	戶　籍	役籍	鄉貫	所習	鄉試地	名次	會試	殿試
正統四年己未科	王晏	高平	民籍	高平	春秋	陝西	4	21	3-34
成化二年丙戌科	段正	錦衣衛	軍籍	澤州	易經	順天	4	212	3-80

成化八年壬辰科	陳璧	太原左衛	官籍	高平	易經	山西	4	11	3-29
成化十一年乙未科	和暲	河南河陰	軍籍	陵川	詩經	河南	11	138	2-61
成化十四年戊戌科	車璽	順天宛平	匠籍	澤州	易經	順天	19	9	2-95
弘治十五年壬戌科	段豸	錦衣衛	軍籍	澤州	易經	順天	15	207	3-12
正德九年甲戌科	李經	河南真陽	民籍	澤州	春秋	河南	91	270	3-33
正德十二年丁丑科	李東	陝西藍田	民籍	澤州	春秋	陝西	40	228	3-64
嘉靖二年癸未科	尚志	金吾左衛	軍籍	高平	書經	順天	67	169	3-67
嘉靖五年丙戌科	丁謹	寧山衛	軍籍	澤州		山西			3-140
嘉靖二十三年甲辰科	馬汝松	直隸東光	民籍	陵川	書經	順天	17	189	3-109
嘉靖三十五年丙辰科	郜大經	直隸吳橋	民籍	陵川	詩經	順天	40	235	3-109
嘉靖四十一年壬戌科	陳學曾	東勝右衛	軍籍	陽城	易經	順天	53	182	2-33
隆慶五年辛未科	馬允登	直隸東光	民籍	陵川	書經	順天	39	264	3-266
萬曆十一年癸未科	李芳先	四川漢州	民籍	沁水	易經	四川	54	186	3-160
萬曆三十二年甲辰科	吉人	山西長治	民籍	沁水	易經	山西	2	58	3-118
天啟二年壬戌科	孟兆祥	直隸交河	民籍	澤州	詩改禮	順天	67	105	3-236
崇禎七年甲戌科	閻禧	直隸滑縣	民籍	沁水	書經	順天		157	3-179
崇禎十年丁丑科	朱充㲖	隰川王府	宗籍	澤州	易經	山西	43	113	3-196
崇禎十六年癸未科	朱廷堛	隰川王府	宗籍	澤州	詩經	山西	53	296	3-32

崇禎十六年癸未科	孟章明	直隸交河	民籍	澤州	禮記	順天	27	298	3-314
順治三年丙戌科	龐太樸	陝西鰲屋		高平	詩經	山西	42	102	3-75
順治三年丙戌科	侯國泰	山西長治		高平	詩經	山西	22	400	3-265
順治十二年乙未科	楊名耀	江南山陽	民籍	高平		順天	12	153	2-68
康熙六年丁未科	楊仙枝	寧山衛		澤州	詩經	山西	6	89	3-28
康熙三十年辛未科	衛璠	直隸滄州		澤州	詩經	順天	81	151	3-16

（二）進士的社會流動原因

1. 編入衛所而遷徙

因編入軍籍而遷徙的澤州進士有 6 人，錦衣衛段正、段夛父子原籍澤州，因父輩遷徙入籍錦衣衛軍籍，均在順天府參加鄉試。尚志原籍高平縣人，入籍金吾左衛軍籍，順天府鄉試。陳壁、陳澍原籍高平，編入太原左衛，山西省鄉試。

另有嘉靖四十一年進士陳學曾的情況較複雜，據《嘉靖四十一年進士登科錄》陳學曾家狀：

> 陳學曾，貫東勝右衛，軍籍，山西平陽府陽城縣人，順天府遵化縣學生。治《易經》。字汝魯，行六，年二十九，四月二十一日生。曾祖鼎，壽官。祖明，訓導。父琮，知縣。母馮氏。慈侍下。兄學詩；學禮，貢生；學易；學書；學孔。弟學孟。娶李氏。順天府鄉試第五十三名，會試第一百八十二名。

陳學曾籍貫一欄信息量涉及到六個地名，東勝右衛、山西、平陽府、陽城縣、順天府、遵化縣。東勝右衛為明代衛所，治所在河北遵化縣。平陽府和陽城縣均屬山西，但陽城縣為澤州所轄，和平陽府無隸屬關係。這也就是說，陳學曾籍貫為東勝右衛，役籍為軍籍，鄉貫為山西平陽府或者澤州陽城縣，實在順天府遵化縣學上學，參加順天府鄉試。

關於其籍貫，進士題名碑為「東勝右衛軍籍」，《類姓登科考》為「山西陽城人，字汝魯，二甲」，《國朝列卿記》為「順天遵化籍，山西陽城人」；查

《山西通志》《平陽府志》《澤州府志》《陽城縣志》等山西志書均無記載；再查乾隆《直隸遵化州志》、康熙《遵化州志》，可知陳氏為科舉大族，陳學曾為進士，父陳琮和弟陳學孟為舉人，祖父陳明和弟陳學禮均由貢生入仕。

此處籍貫的混淆與明代科舉文獻中對澤州與平陽府隸屬關係的混淆有關，明代後期的題名碑常見將澤州歸屬平陽府或汾州府的情況，如《崇禎十六年進士題名碑》記載的澤州王緒宏：

> 王緒宏，山西汾州府澤州，民籍。

碑錄此類問題較多，該科年的進士題名碑的資料來源，應該是進士履歷便覽這類「不太嚴謹」的科舉文獻，而進士履歷便覽中山西進士部分，常將澤州進士劃分到平陽府，屬撰者混淆澤州的隸屬關係所致。

因此，本書劃定陳學曾的祖籍地為山西陽城。

2. 先輩任官而遷徙

王晏原籍高平人，其父王良為洪武二十三年舉人，官隴西縣學教諭，王晏隨父居住於陝西安定縣學，寄籍於陝西安定縣，參加陝西鄉試而終為進士。明萬曆《澤州志》舉人名錄有王晏，標明「陝西中式」，進士名錄則無；清《澤州府志》記載王晏為宣德七年舉人，官浙江參議。

據《安定縣志》：

> 王晏，宣德乙卯舉人，正統乙未進士，官戶部員外，操行剛直，
> 勵志狷介，未竟厥施而卒。〔註2〕

《安定縣志》未列明是否為流寓本縣，並且是宣德十年舉人，官南京戶部員外郎。

情況相似的還有原籍陵川的和維、和暐父子。不同的是，和維並未寄籍河南，而是依舊返回山西參加鄉試，和暐應該已入籍河陰縣，參加的是河南鄉試。

3. 祖輩經商而遷徙

河南真陽籍進士李經，原籍澤州，因父輩經商於河南汝寧，而入籍真陽縣。李經與內閣首輔高拱之父高尚賢為同年舉人，據高拱所撰的李經墓誌銘：

> 諱經，字文極，號南阜居士。其先澤州人也，父樸庵翁商於汝，

〔註 2〕康熙《安定縣志》卷七王晏傳記。

娶光山陳氏而生公，家真陽，遂為真陽李氏。〔註3〕

　　孟兆祥、孟章明同樣為祖輩經商而入籍他處的澤州籍進士。據《交河縣志》孟尚質傳，「我多釋逋負，帝曰將昌爾後於東瀛，後以貿遷之泊頭，遂卜居焉」，孟尚質即孟兆祥父，孟氏父子自其曾祖父孟鉞定居交河。

　　另外就是滄州籍衛璠，祖籍澤州大箕，與武進士衛漢超、衛若清同族，則是因其祖父衛正身「賈於滄，遂家焉」。

4. 祖輩遷徙

　　馬汝松、馬允登父子原籍陵川，永樂二年「遷大姓實畿輔」，遷居直隸東光縣。明內閣首輔徐階為馬呆所撰的墓誌銘中，說「馬氏，其先晉之陵川人，國初有諱十六公者，以闔右徙實京師，始居河間之東光」。東光《馬氏家乘》，「馬十六，先世山西澤州陵川縣籍，明永樂二年遷近省民實畿輔，公奉慈帷至東光城南十里立莊家焉，入籍永壽屯二甲」，馬汝松為中支第六世，馬允登為中支第七世。

　　二人的登科錄均注明為山西陵川人，《嘉靖二十三年進士登科錄》中馬汝松，「貫直隸河間府景州東光縣民籍，山西陵川人」，《隆慶五年進士登科錄》中馬允登「貫直隸河間府景州東光縣民籍，山西陵川縣人」。馬氏家族明清兩代有十人中進士，十六人中舉人，但僅馬汝松、馬允登父子注明陵川祖籍，中支九世馬中駟、馬中驪等進士的履歷已不再出現陵川。乾隆五年《陵川縣志》記錄為「馬如松，東光籍，官工科給事中」，其子馬允登並未提及。

　　江南山陽籍楊名耀，祖籍高平人，《順治十二年進士登科錄》其「貫江南淮安府山陽縣」，並未提及高平；《順治十二年乙未科進士履歷便覽》則記載「高平籍，山陽人」。楊名耀在《澤州府志》《高平縣志》中均有記載，乾隆《淮安府志》則記錄了其孫楊繩祖也得中舉人，澤州地方志雖然記錄了楊繩祖為「順天中式」，但未標明其與楊名耀的關係。

　　陝西藍田籍李東、四川漢州籍李芳先、直隸吳橋籍郜大經、直隸滑縣籍閻禧、長治籍吉人應該都是祖輩遷徙。

　　另外還有幾種遷徙原因不同的情況。因編入匠籍「輪作應役」，入籍順天宛平縣的車璽。還有本地爭議一直很大的陳廷敬家族，實際上從役籍角度去分析並不難解釋，從明清兩代陳氏進士、舉人的資料來看，陳氏只是將住所

〔註3〕政協河南省新鄭市委員會文史資料委員會編，《高拱詩文標注》，1996年12月，第8頁。

建設在陽城縣，並未將役籍也就是黃冊中的戶籍歸屬進行修改。至於不修改的原因，可能受限於明清嚴格控制的戶籍制度，另外「籍歸本州」更便於子孫享受本州府的教育資源。

按役籍來統計，明代澤州總計 130 名進士，其中本州 41 人，陽城 42 人，高平 22 人，陵川 6 人，沁水 19 人；清代澤州共計 133 名進士，其中本州 35 人，陽城 44 人，高平 24 人，陵川 7 人，沁水 23 人。

按鄉貫來統計，明代澤州總計 144 名進士，其中本州 46 人，陽城 42 人，高平 24 人，陵川 10 人，沁水 22 人；清代澤州共計 134 名進士，其中本州 35 人，陽城 43 人，高平 26 人，陵川 6 人，沁水 24 人。

綜合統計，明代澤州總計 148 名進士，其中本州 48 人，陽城 43 人，高平 25 人，陵川 10 人，沁水 22 人；清代澤州共計 137 名進士，其中本州 36 人，陽城 44 人，高平 27 人，陵川 6 人，沁水 24 人。

另外，明清兩代澤州共計有 28 名武進士，其中本州 18 人，高平 5 人，陽城 3 人，陵川 1 人，沁水 1 人。

第二節　明清澤州進士的時空分布

研究明清兩代澤州進士在時間和地域上的分布情況，能直觀的展現特定時間段澤州進士的盛衰情況，瞭解地域內進士的分布情況。陽城「十鳳齊鳴」說的正是陽城進士在順治三年的鼎盛情況，「郭峪三莊上下伏，舉人秀才兩千五」反映的是進士絫堆於沁河流域的分布情況。時空範疇下的澤州進士探究，不僅僅可以瞭解澤州進士的科年和地域分布，同時可以反映出澤州地域內各縣區的社會經濟情況。

一、登科年份

（一）明代澤州進士的登科年份

明代 88 科殿試，澤州有 67 科有進士登科。澤州進士的登科年份主要在明代中晚期，洪武四年至正德六年的 44 科，計出 44 名澤州進士，分布在其中 25 科。正德九年至崇禎十六年的 44 科，計出 104 名澤州進士，分布在其中 42 科。進士登科人數較多的為崇禎十六年癸未科 7 人，崇禎十三年 5 人，洪武十八年 5 人。

表 1-6　明代澤州進士的科年斷層圖

序號	科　年	公元	澤州	高平	陽城	陵川	沁水	異籍
1	洪武四年辛亥科	1371				1	1	
2	洪武十八年乙丑科	1385	1		2	2		
3	洪武二十一年戊辰科	1388						
4	洪武二十四年辛未科	1391						
5	洪武二十七年甲戌科	1394	1					
6	洪武三十年丁丑春夏科	1397						
7	建文二年庚辰科	1400						
8	永樂二年甲申科	1404					1	
9	永樂四年丙戌科	1406						
10	永樂九年辛卯科	1411						
11	永樂十年壬辰科	1412						
12	永樂十三年乙未科	1415						
13	永樂十六年戊戌科	1418						
14	永樂十九年辛丑科	1421						
15	永樂二十二年甲辰科	1424						
16	宣德二年丁未科	1427	1					
17	宣德五年庚戌科	1430						
18	宣德八年癸丑科	1433						
19	正統元年丙辰科	1436						
20	正統四年己未科	1439						1
21	正統七年壬戌科	1442						
22	正統十年乙丑科	1445			1			
23	正統十三年戊辰科	1448						
24	景泰二年辛未科	1451				1		
25	景泰五年甲戌科	1454						
26	天順元年丁丑科	1457			2			
27	天順四年庚辰科	1460	1				1	
28	天順八年甲申科	1464		1				
29	成化二年丙戌科	1466						1
30	成化五年己丑科	1469			1			

31	成化八年壬辰科	1472	2					1
32	成化十一年乙未科	1475		1				1
33	成化十四年戊戌科	1478	1		2			1
34	成化十七年辛丑科	1481					2	
35	成化二十年甲辰科	1484			1			
36	成化二十三年丁未科	1487						
37	弘治三年庚戌科	1490						1
38	弘治六年癸丑科	1493					1	
39	弘治九年丙辰科	1496	2					
40	弘治十二年己未科	1499		1	1			
41	弘治十五年壬戌科	1502			1	1		1
42	弘治十八年乙丑科	1505						
43	正德三年戊辰科	1508						
44	正德六年辛未科	1511					1	1
45	正德九年甲戌科	1514	2		1			
46	正德十二年丁丑科	1517	1					1
47	正德十六年辛巳科	1521	2					
48	嘉靖二年癸未科	1523			1			1
49	嘉靖五年丙戌科	1526	1					
50	嘉靖八年己丑科	1529	3					
51	嘉靖十一年壬辰科	1532		2				
52	嘉靖十四年乙未科	1535	1	2				
53	嘉靖十七年戊戌科	1538	1					
54	嘉靖二十年辛丑科	1541	2		1			1
55	嘉靖二十三年甲辰科	1544	1	1	1			1
56	嘉靖二十六年丁未科	1547		2				
57	嘉靖二十九年庚戌科	1550		1	2		1	
58	嘉靖三十二年癸丑科	1553					1	
59	嘉靖三十五年丙辰科	1556		1			1	1
60	嘉靖三十八年己未科	1559			2			1
61	嘉靖四十一年壬戌科	1562			1			1
62	嘉靖四十四年乙丑科	1565		2	1			
63	隆慶二年戊辰科	1568					1	

64	隆慶五年辛未科	1571	2	1			1
65	萬曆二年甲戌科	1574				1	
66	萬曆五年丁丑科	1577	2	1	1		
67	萬曆八年庚辰科	1580			1		
68	萬曆十一年癸未科	1583			1		1
69	萬曆十四年丙戌科	1586		1	1	1	
70	萬曆十七年己丑科	1589	1	1			
71	萬曆二十年壬辰科	1592		1	1	2	
72	萬曆二十三年乙未科	1595					
73	萬曆二十六年戊戌科	1598			1	1	
74	萬曆二十九年辛丑科	1601	1		1		
75	萬曆三十二年甲辰科	1604	1		1	1	1
76	萬曆三十五年丁未科	1607			1		
77	萬曆三十八年庚戌科	1610	1		1		
78	萬曆四十一年癸丑科	1613				1	
79	萬曆四十四年丙辰科	1616			1		
80	萬曆四十七年己未科	1619		1	1		
81	天啟二年壬戌科	1622	1				1
82	天啟五年乙丑科	1625	1		2		
83	崇禎元年戊辰科	1628		1			
84	崇禎四年辛未科	1631					
85	崇禎七年甲戌科	1634	1				1
86	崇禎十年丁丑科	1637	2		1		
87	崇禎十三年庚辰科	1640	1	1	2	1	
88	崇禎十六年癸未科	1643	2		3	1	1

　　本州最早一科進士為洪武十八年乙丑科李亨，高平最早一科進士為正統四年己未科王晏，陽城最早一科進士為洪武十八年乙丑科王粹，陵川最早一科進士為洪武四年辛亥科王砥，沁水最早一科進士為洪武四年辛亥科王中。

　　其中陽城有 57 科出現無人登科進士的科年斷層，本州有 60 科出現科年斷層，陵川有 69 科出現科年斷層，高平有 70 科出現科年斷層，陵川有 84 科出現科年斷層。本州最長 27 年連續 10 科無人登科進士，高平最長 89 年連續 27 科無人登科進士，陽城最長 54 年連續 19 科無人登科進士，陵川最長

138 年連續 47 科無人登科進士，沁水最長 39 年連續 14 科無人登科進士。本
州最多連續 4 科有人登科進士，高平最多連續 3 科有人登科進士，陽城最多
連續 5 科有人登科進士，陵川最多連續 2 科有人，沁水最多連續 3 科有人登
科進士。

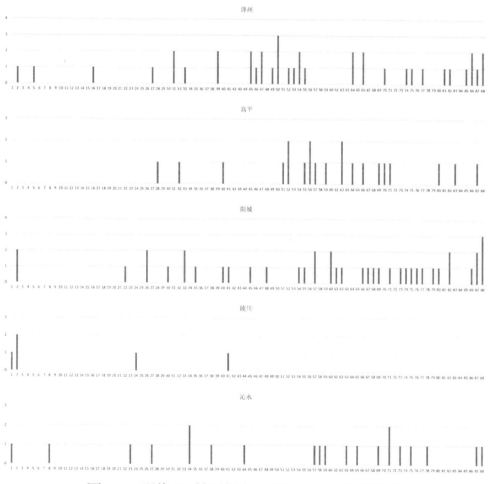

圖 1-1　明代 88 科澤州進士登科年份分縣趨勢圖

（二）清代澤州進士的登科年份

　　清代 112 科殿試，澤州有 65 科有進士登科。澤州進士的登科年份主要集
中於清代早期，順治三年至乾隆四十九年的 56 科，計出 102 名澤州進士，分
布在其中的 38 科；乾隆六十年至光緒三十年的 56 科，計出 35 名澤州進士，
分布在其中的 27 科。進士人數較多的科年為，順治三年丙戌科 29 人，順治
十六年己亥科 7 人，順治十二年乙未科 5 人。

表 1-7　清代澤州進士的科年斷層圖

序號	科　　年	公元	澤州	高平	陽城	陵川	沁水	異籍
1	順治三年丙戌科	1646	4	7	9	2	4	3
2	順治四年丁亥科	1647	2					
3	順治六年己丑科	1649					3	
4	順治九年壬辰科	1652	1	1			1	
5	順治十二年乙未科	1655	1	1	1		1	1
6	順治十五年戊戌科	1658	3					
7	順治十六年己亥科	1659	2		4		1	
8	順治十八年辛丑科	1661						
9	康熙三年甲辰科	1664		1				
10	康熙六年丁未科	1667	1		2			
11	康熙九年庚戌科	1670	2					
12	康熙十二年癸丑科	1673						
13	康熙十五年丙辰科	1676	1					
14	康熙十八年己未科	1679			1			
15	康熙二十一年壬戌科	1682			1			
16	康熙二十四年乙丑科	1685		1				
17	康熙二十七年戊辰科	1688		1	3			
18	康熙三十年辛未科	1691						1
19	康熙三十三年甲戌科	1694	1		1			
20	康熙三十六年丁丑科	1697	1	1				
21	康熙三十九年庚辰科	1700		2				
22	康熙四十二年癸未科	1703						
23	康熙四十五年丙戌科	1706	1		1			
24	康熙四十八年己丑科	1709	1		1		1	
25	康熙五十一年壬辰科	1712		1	1			
26	康熙五十二年癸巳恩科	1713		1				
27	康熙五十四年乙未科	1715						
28	康熙五十七年戊戌科	1718		1				
29	康熙六十年辛丑科	1721			1			
30	雍正元年癸卯恩科	1723						
31	雍正二年甲辰科	1724						

32	雍正五年丁未科	1727				1	1
33	雍正八年庚戌科	1730			1	1	
34	雍正十一年癸丑科	1733					1
35	乾隆元年丙辰科	1736					
36	乾隆二年丁巳恩科	1737					
37	乾隆四年己未科	1739					
38	乾隆七年壬戌科	1742					
39	乾隆十年乙丑科	1745		1	1		
40	乾隆十三年戊辰科	1748					
41	乾隆十六年辛未科	1751	2				
42	乾隆十七年壬申恩科	1752					
43	乾隆十九年甲戌科	1754		1			
44	乾隆二十二年丁丑科	1757			1		
45	乾隆二十五年庚辰科	1760					
46	乾隆二十六年辛巳恩科	1761					
47	乾隆二十八年癸未科	1763	1			1	
48	乾隆三十一年丙戌科	1766					
49	乾隆三十四年己丑科	1769			1	1	
50	乾隆三十六年辛卯恩科	1771					
51	乾隆三十七年壬辰科	1772			1		
52	乾隆四十年乙未科	1775					
53	乾隆四十三年戊戌科	1778			1		
54	乾隆四十五年庚子恩科	1780	1				
55	乾隆四十六年辛丑科	1781					
56	乾隆四十九年甲辰科	1784	1				
57	乾隆五十二年丁未科	1787					
58	乾隆五十四年己酉科	1789					
59	乾隆五十五年庚戌恩科	1790					
60	乾隆五十八年癸丑科	1793					
61	乾隆六十年乙卯恩科	1795			1		
62	嘉慶元年丙辰科	1796	1	1			
63	嘉慶四年己未科	1799					
64	嘉慶六年辛酉恩科	1801				1	

65	嘉慶七年壬戌科	1802						
66	嘉慶十年乙丑科	1805						
67	嘉慶十三年戊辰科	1808			1			
68	嘉慶十四年己巳恩科	1809		1	1			
69	嘉慶十六年辛未科	1811	1					
70	嘉慶十九年甲戌科	1814	1					
71	嘉慶二十二年丁丑科	1817		1	1		1	
72	嘉慶二十四年己卯恩科	1819		1				
73	嘉慶二十五年庚辰科	1820						
74	道光二年壬午恩科	1822	1					
75	道光三年癸未科	1823						
76	道光六年丙戌科	1826	1					
77	道光九年己丑科	1829						
78	道光十二年壬辰恩科	1832				1		
79	道光十三年癸巳科	1833	1					
80	道光十五年乙未科	1835	1		1			
81	道光十六年丙申恩科	1836			1			
82	道光十八年戊戌科	1838	1		1			
83	道光二十年庚子科	1840						
84	道光二十一年辛丑恩科	1841						
85	道光二十四年甲辰科	1844			1	1	1	
86	道光二十五年乙巳恩科	1845			1			
87	道光二十七年丁未科	1847				1		
88	道光三十年庚戌科	1850			1			
89	咸豐二年壬子恩科	1852			1			
90	咸豐三年癸丑科	1853						
91	咸豐六年丙辰科	1856						
92	咸豐九年己未科	1859						
93	咸豐十年庚申恩科	1860					1	
94	同治元年壬戌科	1862						
95	同治二年癸亥恩科	1863						
96	同治四年乙丑科	1865						
97	同治七年戊辰科	1868						

98	同治十年辛未科	1871				1	
99	同治十三年甲戌科	1874					
100	光緒二年丙子恩科	1876					
101	光緒三年丁丑科	1877					
102	光緒六年庚辰科	1880					
103	光緒九年癸未科	1883					1
104	光緒十二年丙戌科	1886					
105	光緒十五年己丑科	1889					1
106	光緒十六年庚寅恩科	1890					1
107	光緒十八年壬辰科	1892					
108	光緒二十年甲午恩科	1894					
109	光緒二十一年乙未科	1895					
110	光緒二十四年戊戌科	1898					
111	光緒二十九年癸卯科	1903					
112	光緒三十年甲辰恩科	1904					1

其中陽城 29 科、本州（鳳臺縣）25 科、沁水 18 科、高平 17 科、陵川 5 科有進士登科。本州（鳳臺縣）最後一科進士為道光十八年戊戌科翟鳴陽，高平最後一科進士為嘉慶二十四年己卯恩科李閒，陽城最後一科進士為咸豐二年壬子恩科曹翰書，陵川最後一科進士為同治十年辛未科霍潤生，沁水最後一科進士為光緒三十年甲辰恩科賈景德。

本州（鳳臺縣）有 87 科出現無進士登科的科年斷層，最長 64 年連續 30 科無進士登科，最多連續 4 科有進士登科。高平有 95 科出現科年斷層，最長 84 年 40 科無進士登科，最多連續 2 科有進士登科。陽城有 83 科出現科年斷層，最長 51 年 23 科無進士登科，最多連續 3 科有進士登科。陵川有 107 科出現科年斷層，最長連續 182 年 76 科無進士登科。沁水 94 科出現科年斷層，最長連續 45 年 16 科無進士登科，最多連續 3 科有進士登科。

（三）順治三年 29 名澤州進士登科的特例

明清兩代共設 200 科取士，澤州有 132 科有進士登科，而尤以順治三年丙戌科為盛，該科為清朝科舉開科考試，此榜共計有 29 名澤州籍進士登科，按戶籍統計共為 27 人，按鄉貫統計為 28 人。陽城縣流傳的「十鳳齊鳴」說的正是該科有 10 名陽城人高中進士的故事。

表 1-8 順治三年澤州進士縣域分布統計表

分 縣	澤 州	高 平	陽 城	陵 川	沁 水
人數	4	9	10	2	4
占比	13.79%	31.03%	34.48%	6.89%	13.79%

乾隆《陽城縣志》云：

　　邑中科甲之盛，無如順治乙酉、丙戌鄉會二試，共售者皆十人，
乙酉則衛貞、楊榮序、喬映伍、田六善、王蘭彰、王潤身、李芝馨、
王道久、白方鴻、田紹前，丙戌則張爾素、田六善、楊榮序、王潤
身、王蘭彰、王克生、衛貞、段上彩、趙士俊、喬映伍，邑人榮之，
為樹坊於學宮之側曰「十鳳齊鳴」。〔註4〕

「澤高陽陵沁」五縣進士人數最多的科年都為順治三年丙戌科，該科除
陽城 10 位進士外，高平亦有 9 人，本州 4 人，陵川 2 人，沁水 4 人，由明天
啟七年至清順治二年的七科舉人登科而成進士，其中畢振姬為崇禎十五年山
西鄉試解元，楊榮序為順治二年山西鄉試第 2 名經魁。會試成績最好的是王
同春第 7 名，殿試成績最好為李棠馥的 2 甲 10 名。

表 1-9 順治三年澤州進士名錄

姓 名	籍貫	鄉試年	鄉試地	鄉試名次	會試名次	殿試名次	官 至
李棠馥	高平	崇禎十二年	山西	52	112	2-10	兵部右侍郎
張爾素	陽城	崇禎九年	山西	49	30	2-24	刑部左侍郎
毛一豸	澤州	崇禎三年	山西	7	193	2-33	布政司參議
趙嗣美	澤州	崇禎六年	山西	31	75	2-40	按察司僉事
王度	沁水	崇禎十二年	山西	6	379	2-45	知州
喬映伍	陽城	順治二年	山西	8	297	3-5	左春坊左贊善
龐太樸	高平	崇禎十五年	山西	42	102	3-75	知縣
趙汴	沁水	崇禎十五年	山西	52	313	3-83	知縣
王克生	陽城	崇禎十二年	山西	30	135	3-89	知縣
梁肯堂	澤州	順治二年	山西	17	191	3-99	知縣
和元化	陵川	順治二年	山西	30	181	3-121	知縣

〔註4〕乾隆《陽城縣志》卷十六。

畢振姬	高平	崇禎十五年	山西	1	300	3-122	布政司右布政使
張流謙	高平	順治二年	山西	44	179	3-148	知縣
衛貞元	陽城	順治二年	順天	12	368	3-165	工部員外郎
段上彩	陽城	崇禎十五年	山西	33	205	3-192	知縣
翟鳳梧	澤州	順治二年	山西	47	19	3-194	知縣
張汧	高平	順治二年	山西	5	318	3-196	巡撫
趙士俊	陽城	崇禎三年	山西	62	320	3-220	知縣
田六善	陽城	順治二年	山西	14	294	3-245	戶部左侍郎
張翮	高平	崇禎十五年	山西	67	108	3-259	監察御史
張啟元	沁水	順治二年	山西	18	153	3-260	知縣
楊榮序	陽城	順治二年	山西	2	377	3-262	知府
王潤身	陽城	順治二年	山西	32	168	3-271	戶部主事
崔子明	高平	崇禎三年	山西	11	238	3-275	戶部主事
王同春	沁水	天啟七年	山西	16	7	3-276	布政司參議
秦之鉉	陵川	順治二年	山西	36	66	3-385	知縣
王蘭彰	陽城	順治二年	山西	16	275	3-291	未仕

查《順治三年丙戌科會試四百名進士履歷便覽》各省進士人數，其中北直隸 108 人，順天府 34 人；山東 99 人，濟南府 34 人；河南 94 人，開封府 34 人。陝西 8 人，西安府 7 人。江南 3 人，淮安府 2 人。浙江 4 人，湖州府 2 人。福建 1 人。湖廣 1 人；山西 84 人，太原府 12 人，平陽府 29 人，澤州 27 人，潞安府 4 人，汾州府 5 人，遼州 1 人，大同府 2 人，宣府鎮 4 人。

順治三年，清朝定鼎未久，南方依舊多戰亂，該年開科取士主要來源於北直隸、山東、山西、河南四個北方省份，南方諸省均為個位數。澤州陳廷敬為寄籍高平的張彥珩所撰墓誌銘就提到：

> 辛巳洛城陷，公闗亂野王瑣尾流離之際，手不釋卷怠。甲申我朝定鼎後，徙君吾鄉泫邑陳堰村。乙酉科遂登河南賢書，丙戌成進士。〔註5〕

該科年實取進士 373 人，澤州 27 人，占全國進士總數的 7.2%，占山西省進士總數的 32.1%。

〔註 5〕陳廷敬：《皇清賜進士出身資政大夫太原湖北等處承宣布政使九如張公暨原配賈淑人合葬墓誌銘》。

　　順治六年己丑科，實取進士 395 人，進士的地域分布已經比較均勻。據
《順治六年己丑科會試四百名進士履歷便覽》，北直隸 63 人，江南 102 人，
山東 63 人，山西 15 人，河南 41 人，陝西 26 人，湖廣 32 人，浙江 69 人，
福建 14 人，貴州 1 人。澤州 3 人，占該科年全國進士總數的 1%，占山西省
進士總數的 16%。

　　順治十二年乙未科，實取 399 人為進士，其中山西省 25 人。澤州 4 人，
占該科年全國進士總數的 1%，占山西省進士總數的 16%。

　　順治十六年己亥科，實取 376 人為進士，其中山西省 44 人。澤州 7 人，
占該科年全國進士總數的 1.9%，占山西省進士總數的 15.9%。

　　順治三年澤州進士的盛況，一是得益於清朝首科取士「增額」，據《科場
條例》，該科「奉旨首科，人文宜廣，準中四百名，後不為例」；二是清朝初
定，南方戰亂，以北方考生為主而帶來的「便宜」。

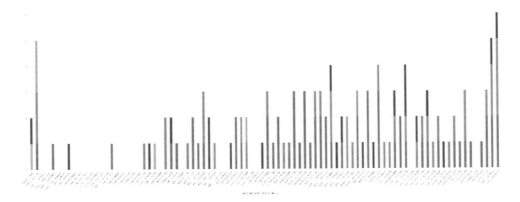

圖 1-2　明代澤州進士科年分布圖

　　明代和清代澤州進士的科年分布趨勢大不相同。明代澤州進士在 88 科會
試的分布，呈現兩端高中間起伏變化的整體趨勢，明早期分布稀疏，明中期
分布密集。清代澤州進士在 112 科會試的分布，呈現左端「異軍突起」、後面
「一馬平川」的整體趨勢，清早期「勁頭」強勢，最高峰即前文提到的順治三
年 27 位澤州人同登進士的盛況，整個順治朝保持了比較好的「勁頭」，但從
順治十六年開始，人數漸降趨於平緩，清晚期尤其稀疏。

　　順治十五年中進士的澤州陳廷敬，曾對山西提學僉事劉梅〔註 6〕說起澤

─────────────────────

〔註 6〕編者按：劉梅康熙十八年以僉事提督山西學政，劉滋康熙三十三年以僉事提
　　　督山西學政，亦或為劉滋，待細考。

州科舉考試盛極而衰的情況。

> 澤州晉之南鄙，地僻遠，而某居陽城山中，學使措施不易得聞
> 見，頃知已蒞河，東將有敝邑之役，敢布所懷於下執事，幸留意焉。
> 當澤州盛時，州試童子可二千人，上之學使者千有餘人，州所隸縣
> 如陽城，試童子可千餘人，州再試之，上之學使者亦六七百人，其
> 三縣高平、陵川、沁水悉號為最盛，今澤州應童子試者不過二百人，
> 陽城四十五人，陽城如此三縣可知矣，一州如此，天下可知矣，學
> 校者，人材之藪淵，人材者，國家之楨幹，而一旦衰落如此，是可
> 歎也。〔註7〕

陳廷敬所描述的澤州童子試參加人數的前後變化，其實正是清代澤州科
考情況的寫照，無論是童子試，還是後文所寫的鄉試錄取情況，以及進士的
登科情況，均呈現出一種與明代截然不同的走勢。

明清澤州進士科年分布的不同，甚至可以從地方營造史找到一些蹤跡。
如澤州知州佟國瓏在《重修澤州北城樓記》中提到，「按舊記云，近歲澤乏科
甲，北樓始建，其年登第者二人，以為增高元武之驗」，澤州北城樓始建於隆
慶四年，登第二人即隆慶五年進士趙九思、苗煥。萬曆年間，陽城知縣張應
詔，響應王國光號召修復城池，「以士子登第者，類不能接武」，修二塔於城
東南角，「後士風大振，科名日盛」。

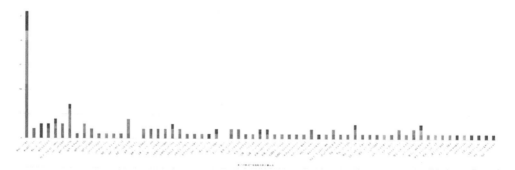

圖1-3 清代澤州進士科年分布圖

張道渥在《補修縣城來脈記》中提到，「皇清定鼎，科甲蟬聯，一時位方
面者七，仲暉高公、石幢王公、六一韓公、泊園王公，餘亦備兵瀛海，及覃懷
守、臨鞏道兩先兄，而部郎守令不與焉」，因「丁酉後六科無雋者」而補修縣

〔註7〕陳廷敬《午亭文編》卷三十九《與劉提學書》。

城。乾隆二十年，陽城知縣楊善慶在序言中「本朝之興而仕宦科第彬彬尤盛」，乾隆四年陽城在重修望禾臺後，「邑中人文蔚然，元歌不輟，雖名賢在位而科第稍稀，工畢之後，次年辛酉鄉薦邑士首舉焉」〔註8〕。

　　明代澤州進士科年分布的高低反覆的趨勢，清代盛極而衰的趨勢，從上述記錄中可見一斑。

二、地域分布

（一）明清澤州進士的里籍分布

　　以役籍為澤州的 263 名進士為例，通過對進士精確到里甲的籍貫統計，可得知 263 位澤州進士主要分布於澤州城、陽城縣城、高平縣城和周邊，以及沁河、丹河、長河流域經濟相對富庶的區域。

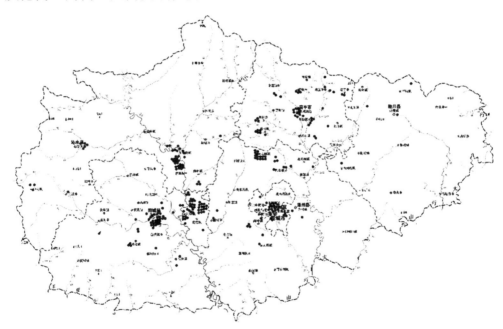

圖 1-4　明清澤州進士地域分布示意圖

　　其中分布進士數量較多的區域為，城廂範圍（包含城內坊、城關廂里）內的陽城縣城有 27 名進士，澤州城有 17 名進士，高平縣城有 9 位進士，沁水縣城有 5 位進士，陵川縣城有 2 位進士；里甲範圍內的郭峪里有 15 名進士，白巷里有 16 名進士，大陽鎮有 15 名進士，竇莊有 10 名進士，郭壁有 9 名進

─────────────

〔註 8〕乾隆《陽城縣志》卷十四《重修陽城望禾臺碑記》。

士，潤城鎮有 5 位進士；高平北莊、米山、唐安各有 4 位進士；澤州二聖頭、翟河底，高平良戶，陽城下交、屯城，沁水西樊莊、湘峪，均為 3 位進士。

　　由於資料有限，尚有 35 位進士的里籍不詳。對進士里籍的判斷，很大程度上需要依賴地方志、家譜、墓誌、碑刻等地方文獻，但由於此類文獻的「不嚴謹」性，以及後世解讀的偏差，也會造成進士里籍的誤判。

（二）「三斗三升芝麻官」的大陽鎮

　　目前可考，明清兩代大陽鎮出進士 15 人，舉人 27 人，武進士 4 人，武舉人 11 人，是澤州進士、舉人分布最為集中的村鎮，素有「大陽三斗三升芝麻官」的美譽。

　　康熙五十二年由霸州知州王國士曾孫王佺所著的《陽阿志》，對大陽籍進士舉人有所記錄，但其中有不少所輯錄的歷史人物並非全為大陽本鎮人，還包括附近下村鎮幾個村落。

　　據康熙《澤州志》里甲劃分，當時的大陽屬建興鄉大陽都，包括大陽東、大陽西、大陽北、大陽中、南莊、裴莊、上河（下村並）、下村、寺河九個里。

　　　　大陽東里

　　　　大陽中里

　　　　大陽西北里

　　　　大陽南里（二莊）：大陽東村、南社

　　　　南莊里（五莊）：南莊、圪撩溝、朱家窯、河東、張莊

　　　　寺河里（五莊）：中村、史家莊、段河、向東、寺頭

　　　　上河下村里（七莊）：上河村、下村、灣里、王坡、上村、穆郭

　　山、盤龍

　　　　裴莊里（十莊）：裴莊村、陳莊、奄腳底、郭河、上寺頭、奄頭、

　　塔里村、楊山、窯頭、車山〔註9〕

　　其中大陽東里、大陽中里、大陽西里、大陽北里即今大陽鎮，南莊里、寺河里、上河下村里、裴莊里均屬今下村鎮。《陽阿志》記錄的段正、段多祖籍為下村鎮大南莊村，舉人宋甫實際為大東溝鎮西嶺頭村人，舉人宋文鍾實際為下村鎮史村河人。《陽阿志》應該是以大陽都為區域進行撰寫的，所收錄的進士、舉人來源於今大陽鎮、下村鎮東半部分區域內。

〔註 9〕光緒《鳳臺縣續志》卷二《里甲》。

　　大陽鎮除了文科舉成就令人矚目外，武科舉也應該值得注意。4個武進士、11個武舉人，其中還有澤州唯一一個武狀元張大經。據《乾隆十二年山西武鄉試錄》，該科山西取武舉人四十名，張大經為第二名；據《乾隆十六年武進士登科錄》，該科取一甲三人、二甲八人、三甲七十六人，張大經為一甲第一名。

　　此外還有三個著名的科舉家族也是由大陽走出去的。交河籍進士孟兆祥、孟章明父子，「先世澤州大陽」，因經商遷家交河泊頭鎮。貴州宣慰司籍茹皓、茹寧、茹夒、茹子嘉四個舉人為大陽籍戶部尚書茹太素後裔，茹太素子茹良甫徙貴州，入宣慰司籍，良甫生成，成生繼宗，繼宗生伯溫，伯溫四子，三子茹皓，皓生景和，景和生茹夒、茹寧，茹寧生茹子嘉。出「進士七人、舉人十人」的大名縣、長垣縣成氏家族可能也是祖籍大陽，但其家譜又寫明遷自澤州元慶村。

第三節　明清澤州進士身份研究

　　通過對進士役籍歸屬、習經科目、入試身份、會試次數、登科年齡等細節方面的統計分析，可以更直觀的瞭解進士的家庭構成與社會流動情況，摸清其習經科目和入試身份是否對其會試次數和登科年齡造成了影響，登科年齡又是否影響了進士的仕途發展。

一、役籍統計

　　明清兩代科舉考試嚴格控制參考人員的身份，有正式戶籍者才允許參加科考，同時也限制考生「冒籍」應試，即考生必須在役籍所在地參加鄉試。雖然依舊出現部分考生「冒籍」、「寄籍」，但總體上是嚴格遵循戶籍原則，這裡的戶籍制度即「人戶以籍為定」。

　　《大明會典》對「人戶以籍為定」的定義為：

　　　　凡軍、民、驛、灶、醫、卜、工、樂諸色人戶，並以籍為定。若詐、冒、脫、免、避重就輕者，杖八十。其官司妄准脫免及變亂版籍者，罪同。若詐稱各衛軍人，不當軍民差役者，杖一百，發邊遠充軍。〔註10〕

　　明代對役籍的控制極為嚴格，以洪武黃冊中所劃分的戶籍為準，不僅規

〔註10〕萬曆《大明會典》第一百三十四卷。

定戶籍不能隨意變動，而且「役皆永充」。

清代繼承明代的戶籍制度，但有所修改。

> 盛世滋生人丁不加賦焉，凡民之著於籍，其別有四，一曰民籍，
> 二曰軍籍，三曰商籍，四曰灶籍。〔註11〕

同時對戶籍的管理，如對「寄籍」現象的限制有所寬鬆，但大體上沿襲了「人戶以籍為定」的戶籍準則。

《大清會典示例》中就有對寄籍順天考生的規定：

> 又議，準民人寄籍順天初屆二十年入籍者，照例自行呈明，由
> 順天府確查合例，報部立案，方准收考。

如澤州籍進士衛貞元、陳師儉、王承堯、張傳焌、曹鴻舉、曹翰書均是參加的順天鄉試。

《明史·食貨志》將戶分為民、軍、匠三等，民籍、軍籍、匠籍下又細分若干。王紅春在其《明代進士家狀研究》中將明代 72 科進士的役籍詳細劃分為 9 大類 54 小類〔註12〕，明清澤州兩代進士、舉人涉及的役籍只有 6 種，即民籍、軍籍、匠籍、宗籍、官籍、商籍，其中商籍是舉人群體出現的個例役籍，故不做大類劃分，僅作簡單考證。

（一）以民籍為主的澤州進士群體

澤州地方文獻對明清兩代的戶籍制度記載幾無，僅在部分譜牒文獻中有所提及，如沁水進士張銓在敘述張氏家世時寫道，「余先世陽城匠里人，元末遠祖諱慶者始徙家沁水之寶莊，其後子姓繁衍，分為軍、民、匠三籍，民匠二籍隸西曲里，軍籍隸鹿路北里」。民籍、軍籍、匠籍是明清兩代澤州人的主要役籍，從澤州進士役籍的統計分析中也可見一斑。

表 1-10　明清澤州進士役籍分縣統計表

	總　數	民　籍	軍　籍	匠　籍	宗　籍	官　籍	不　詳
明代	148	108	22	5	2	3	8
澤州		35	5	3	2	–	3
高平		18	3	1	–	3	–
陽城		33	7	1	–	–	2

〔註11〕《欽定大清會典》卷十七《戶口》。
〔註12〕王紅春：《明代進士家狀研究》，上海書店出版社，2017 年版，第 78 頁。

陵川		5	3	–	–	–	2
沁水		17	4	–	–	–	1
清代	137	59	–	2	–	–	76
澤州		18	–	–	–	–	18
高平		11	–	–	–	–	16
陽城		16	–	1	–	–	27
陵川		2	–	–	–	–	4
沁水		12	–	1	–	–	11

　　將役籍和鄉貫均為澤州的所有進士進行統計，其中民籍占總進士人數的
58.6%，軍籍占 7.7%，匠籍占 2.5%。具體到進士役籍整體相對明晰的明代，
民籍占明代澤州總進士人數的 73%，軍籍占 14.9%，匠籍占 3.4%，官籍占
2%，宗籍占 1.4%。以民戶為主體的澤州進士群體，直接反映出澤州進士家庭
的職業類型、經濟基礎和謀生方式。

　　由此，我們再以役籍為澤州的明代進士人群進行再次統計，應該能管窺
明代澤州地域範圍的社會經濟狀況。

表 1-11　明代澤州籍進士役籍統計表

	總　數	民　籍	軍　籍	匠　籍	宗　籍	官　籍	不　詳
明代	130	98	17	4	2	1	8
澤州		31	3	2	2	–	3
高平		18	2	1	–	1	–
陽城		33	6	1	–	–	2
陵川		2	2	–	–	–	2
沁水		14	4	–	–	–	1

　　以 130 名役籍地為澤州的進士為例，其中民籍占 75.4%，軍籍占 13.1%，
匠籍占 3.1%，宗籍占 1.5%，官籍占 0.8%。以民籍為主的澤州進士，反映出
明代澤州最基本的戶籍構成和經濟結構，而 17 名軍籍進士和 2 名宗籍進士則
是明代所設衛所和王府宗室對澤州本土社會經濟文化的影響。

（二）以寧山衛籍為代表的澤州軍籍進士

　　與役籍、鄉貫相對比較穩定的民籍進士群體相比，軍籍是出現役籍與鄉
貫不一最多的進士群體，與明代軍籍管理制度有莫大關係。總體而言，明代

軍戶的戶籍可以分為兩種情況，一是歸於衛所軍籍，一是本州原籍。於志嘉在研究明代軍戶時，對軍戶進行了原籍軍戶、衛所軍戶、附籍軍戶不同管理體系的劃分。〔註13〕

　　按照這一概念，明代澤州22位軍籍進士，有17人為原籍軍戶，為本州司福、司迪、丁謹2人，高平王錫、張雲路2人，陽城王玹、王家礎、李豸、李可久、李養蒙、李春茂6人，陵川王砥、和維2人，沁水李瀚、張之屏、孫居相、孫鼎相4人。其中，司福、司迪為同族祖孫，李豸、李可久、李養蒙、李春四人均為陽城白巷李氏同族，孫居相、孫鼎相為兄弟。另有鄉貫為澤州的異地軍籍進士5人，錦衣衛軍籍的段正、段豸父子，河南河陰籍的和曘，金吾左衛籍的尚志，東勝右衛陳學曾，這5人就是各地衛所管理體系下的軍戶。

1. 澤州原籍軍戶

　　明洪武十一年始設寧山衛，治所在今澤州，屯田則大多分布於河南。清順治十六年，山西裁汾州衛、寧山衛等11個衛所，至此寧山衛正式成為歷史，寧山衛三字逐漸消失於歷史長河中，僅在出身寧山衛的楊氏家族後人楊仙枝的履歷檔案曾被人提及，《康熙六年進士題名碑》記載其為「山西寧山衛人」，《詞林輯略》記載其為「山西寧山人」，《清秘述聞》記載其為「山西寧鄉人」。

　　明代《武職選簿》保存有大量各地衛所的軍戶檔案，詳細記載了家世傳承、品銜沿襲等信息，可惜的是恰好缺失寧山衛。但通過對科舉檔案、地方史志、譜牒檔案，澤州寧山衛軍戶的科考情況還是能較為全面的統計出來，寧山衛籍的澤州進士、舉人主要出自於楊氏家族、丁氏家族、孔氏家族、崔氏家族、毛氏家族、胡氏家族、李氏家族。

　　《白巷李氏族譜》記載長門長支第八世李應舉為寧山衛指揮，推斷白巷里李氏四位軍籍進士應與寧山衛有著密切關係，《皇明宗室代藩鎮國將軍云游道人暨夫人李氏合葬墓誌銘》中又提到「柿，寶出，選陽城縣援例指揮李應舉女」。

　　《明史》對衛所官兵的來源有明確規定：

　　　　其取兵有從征、有歸附、有謫發，從征者諸將所部兵，既定其

〔註13〕於志嘉：《論明代的附籍軍戶與軍戶分戶》，《顧誠先生紀念暨明清史研究文集》，中州古籍出版社，2005年版，第81頁。

地，因以留戍，歸附則勝國及僭偽諸降卒，謫發以罪遷隸為兵者，

其軍皆世籍。〔註14〕

即寧山衛等衛所指揮、僉事、軍戶來源有三，且為「世籍」，即世襲籍貫、職位等，這一點從《武職選簿》中大量的軍戶家族可得到驗證。白巷李氏的寧山衛軍籍應為世襲而來，除李應舉為指揮使外，還有同輩李應雷為指揮僉事。澤州縣水西村現存的《故封昭勇將軍寧山衛指揮使李公墓誌銘》提到墓主李萬「元季兵興時，職以佐從，維護甚久，以□□□□□事太祖高皇帝」，以軍功受封「寧山衛指揮使」，世襲誥命。珏山二天門現存《修路記》還有「嘉靖三十三年四月吉日　寧山衛施主李思仁撰」的落款。雖然墓誌所提信息未能與白巷里李氏有關聯，但或許這個跟隨朱元璋從征的寧山衛指揮使李萬正是白巷里李氏的來源，後世的李應舉、李應雷等才得以援例世襲軍職。

但疑問也較多，如李豸、李可久為長門長支，李養蒙、李春茂分屬二門三支、二支，而同屬長門長支的崇禎十三年進士李蕃，是指揮僉事李應雷的直系後代，他的役籍則為民籍，或是明末亂世私自改籍以擺脫軍役的沉重負擔，或是李氏在明初編戶本身就分為民籍、軍籍，傳承過程中出現同族軍戶、民戶間的過繼情況。

陽城王玹家族應該也是出身於寧山衛，王玹孫輩王用良為寧山衛指揮僉事可佐證之。

清代進士毛一豸的家狀雖未寫明其役籍，但根據鄉貫資料可以推斷其亦是出身於寧山衛的軍籍進士。據《二尹毛公孺人李氏夫婦合葬墓誌銘》，墓主毛經家族世為「寧山宦籍」，即寧山衛軍籍，其曾祖毛顯襲千戶，封武略將軍，祖毛榮襲千戶，生三子即毛琦、毛珊、毛玠，毛琦生毛應奎、毛應時。再根據《順治三年丙戌科會試進士三代履歷便覽》，進士毛一豸曾祖毛應龍，祖毛炳然，父毛俊民。

明代進士丁謹、清代進士楊仙枝在家狀、碑錄、地方志中均著明其寧山衛的出身。楊氏出身寧山衛有著大量文獻證據，楊仙枝父楊克慎在澤州城的西街玉皇廟有施銀記錄，寧山衛指揮楊信善等曾在天順年間營修西街玉皇廟拜殿，明代舉人楊鎬、楊爾中在《澤州志》中均標明寧山衛出身。

原存長治沈王府的《大明宗室隰川王令旨》記載：

大功德主　懿安王妃袁氏夫人賀氏郝氏　恭僖王妃霍氏夫人

梁氏趙氏魏氏　莊隱王妃李氏夫人劉氏王氏粟氏　熙川王妃宋氏
縣主王寶　鎮國將軍成□夫人郝氏　鎮國將軍□□夫人楊氏　鎮
國將軍□庚夫人李氏

都功德主　直隸寧山衛指揮使澤州周龍　寧山衛□□　耆士
李佐　直隸寧山衛指揮使澤州胡溥　楊三官人　楊六官人　楊八
官人　楊九官人　楊十官人　直隸寧山衛指揮使澤州陳謨　直隸
寧山衛指揮使澤州熊偉　直隸寧山衛指揮同知澤州汪　直隸寧山
衛指揮同知澤州楊昭　江西南康府通判致政陵川王丙

大明正德元年歲次丙寅夏四月朔日

此碑對澤州境內寧山衛記錄頗詳，碑中出現的「楊昭、楊三官人、楊六
官人、楊八官人、楊九官人、楊十官人」應該就是寧山衛楊氏家族的先輩。

明代武進士楊秉鈙、楊淳應該也是出自這個家族，這與衛所後期人員繁
冗，世襲之例難以延續，鼓勵衛所籍人員參加武舉考試來獲取功名的大環境
有關。

清代進士孔文明與寧山衛也有關係，推測澤州孔氏在明代應該有一支入
籍寧山衛軍籍。依據舉人孔斯和家狀，其為寧山衛軍籍。清代澤州孔氏有 1 名
武進士、3 名武舉人，分析原因可能與其寧山衛軍籍出身有關，與澤州楊氏家
族在明末清初出現多名武科族人的情況相同。

其他幾位軍籍進士，多是澤州本籍的軍戶出身。高平進士張雲路就是因
始祖「從太原依赤幟，遂遷左衛軍籍」。

2. 鄉貫澤州的衛所軍戶

錦衣衛段正、段豸父子的役籍情況在其家世資料有詳細記錄，《江西左參
政段公墓誌銘》謂墓主段正「其先澤州人，祖奉先占籍錦衣，遂家京師」，段
正父段善的墓誌銘則有更為細緻的描述。

公諱善，字用良，世居山西澤州大陽都南莊里，曾大父諱十二
公，大父諱賚，皆隱德弗耀，父諱奉先，洪武初以材幹徵授河內知
縣，未幾謫戍晉府護衛，寓居太原，娶范氏，早卒，生子清，繼娶
郭氏，生用良，人物崔偉，穎敏過人，讀書商禮，好賢樂善，宣德
中詣京，占籍錦衣。〔註15〕

〔註15〕《明故封文林郎監察御史段公孺人常氏合葬墓誌銘》，豐臺區文化委員會編
纂《豐臺區石刻文物圖錄》，北京燕山出版社，第 16 頁。

　　段正祖父段奉先在洪武初以材幹選才任河內知縣，不多久就貶職充軍為晉府護衛，其父在宣德初進京占籍錦衣衛。從這段信息，不僅反映出明代軍戶的徵集方式，也應證了明代編制衛所軍戶戶口冊始於洪武而完善於宣德年間的歷史背景。段家正是「以罪充發」而編戶為軍籍，又在宣德中期占籍於錦衣衛的。

　　金吾左衛尚志、東勝右衛陳學曾的情況大體與段正父子類似，均是祖輩充軍而編發為衛所軍戶的。

　　多數編發為各地衛所軍戶的澤州人，在其登科錄、齒錄家狀依舊記錄祖籍地，同時也不僅僅侷限於進士和舉人群體。比如直隸留守衛籍監生李春暘，在其任職記錄內就記錄了祖籍地為山西沁水；雲南姚安軍民府籍監生任倫，同樣在任職建平縣丞時記錄祖籍地為山西沁水；明代《武職選簿》中更是有大量祖籍地為澤州的軍戶世家。

　　河南河陰軍籍進士和暲的情況則複雜些，他因祖父和琦任官河陰縣教諭而入籍河陰，其父和維依舊返回山西鄉試，和暲在河南參加鄉試。後世則再次遷徙至祥符縣，和暲曾侄孫和震也登科進士，但役籍已變為民籍。和暲屬於「附籍軍戶」，即變更戶籍地的本州軍戶，只不過這個「本州」由山西澤州變更為河南祥符。和氏家族在初期編為軍戶原因不得而知，但後世頻繁變更戶籍地，極大可能是為了擺脫「軍籍」身份而減輕家族的賦役負擔。

　　（三）匠籍

　　明代澤州本籍進士中有七人明確記載為匠籍，即澤州大陽張養蒙、張光房父子，陽城東關喬楠，陽城化源里田立家，高平米山牛從龍，沁水郭壁王度，順天宛平籍車璽。匠戶也類似於軍戶，可以分為州縣匠戶、工部匠戶〔註16〕兩大類。根據登科錄等資料，張養蒙等 6 人屬於澤州本土匠戶，車璽則是工部匠戶。

　　按王紅春博士的統計，明代共計有 849 名匠籍進士，其中山西 32 人，占總人數的 3.8%〔註17〕。澤州 7 個匠籍進士占明代匠籍進士總數的 0.8%，山西匠籍進士總數的 21.9%，占比較大，可能與明代澤州本土手工業發達有關，一些匠戶家族在經過數代的經營後，家境殷實，有較好的經濟條件去支撐族人考取功名。

〔註16〕曹樹基：《中國人口史》，復旦大學出版社，2000 年版，第 94 頁。
〔註17〕王紅春：《明代進士家狀研究》，上海書店出版社，2017 年版，第 124 頁。

澤州煤鐵資源豐富，冶煉業一直都很發達。張養蒙、張光房父子所在的大陽鎮，王度所在的郭壁鎮，在過去都是冶鐵重鎮，也是明清兩代澤州進士人數最多的兩個鎮。兩個家族極可能從事的匠種為鐵匠類，從而積攢下足夠的資本去尋求身份地位的改變，郭壁王氏也不僅僅只有王度一人中進士，而是一個科舉大家族。

喬楠則出自著名的陽城琉璃工匠家族喬氏家族，其侄喬映伍應該也是匠籍，只是齒錄等家狀未記載其役籍。

田立家來自陽城大族化源里田氏，但其同族田七善則為民籍，應該也是田氏在明初編戶為多種役籍的關係，田立家、田弘祖祖孫與田六善、田七善兄弟等雖然同族，但應該支系較遠。

（四）高平四位官籍進士

澤州的官籍進士稍顯有趣，有陳壁、郭定、陳澍三位官籍文進士，還有王開泰這個官籍武進士。

官籍進士的來源，一是元代官員後代，二是明代官員後代，也可以大致分為衛所官籍、原籍官籍、官署官籍三大類，明代山西有 44 位官籍進士，但並非全部出自衛所〔註18〕。

高平官籍進士郭定就非衛所，而是原籍進士，其官籍身份應得於其父，即仕至光州知州的舉人郭質。

官籍進士陳壁、陳澍父子是被澤州地方志完全忽略的兩個人，但考慮官籍屬性和家族源流，應該依舊可以納入澤州進士的統計範疇。兩人的祖籍地確認也是在成書過程的最後期，而且是通過多種地方志、科舉文獻的比對才發現的。

陳氏是高平唐安望族，澤州當地方志對陳氏記載頗多，從金代狀元陳載到明初陳魯，對編入太原左衛的陳氏後裔則只記錄了百戶陳璠。但在翻閱成化《山西通志》時，有了更多陳氏族人的信息。

> 陳魯，高平人，永樂間以遺賢及精象數之學，召授兵科給事中，上表懇辭，宣德間復召入覲，恩遇殊至，尋以疾歸隱。子卤，中永樂庚子鄉舉，除靜安州學正。從孫璠，以武功授太原左衛前千戶所百戶；壁，中天順壬午鄉舉，登成化壬辰進士第，除嘉興知縣。

〔註18〕王紅春：《明代進士家狀研究》，上海書店出版社，2017 年版，第 120 頁。

　　陳壁父子的登科錄家狀記載他們「貫直隸揚州府高郵州人，山西太原左衛官籍」，如不是成化《山西通志》的記錄，可能再也無法與高平唐安陳氏連接上。至於為何鄉貫為揚州府，這與當時衛所軍戶「下江南」的歷史潮流有關係，不僅僅是陳壁、陳澍父子，山西各地衛所籍進士有相當數量的人的鄉貫均為揚州府附近一代，如大同籍進士李宗孔、李錦家族的籍貫信息為「大同籍，江都人」，太原籍進士閻若璩家族役籍淮安等，具體原因不得而知，或為「冒籍」，或為移民，可以之後再做詳細考證。

　　此外，值得一提的還有高平舉人申綱，役籍也是太原左衛，《山西通志》分列兩人，任職履歷不同，而實為同一人。但澤州地方志缺失了申綱後代申偉中舉的記載，太原地方志則記載詳細。

　　另外一位官籍進士則是宣府龍門衛的武進士王開泰，其登科錄家狀載其籍貫為「貫山西潞安府澤州高平縣人，龍門衛官籍」。對於龍門衛，順治《高平縣志》中有「王貴，龍門衛指揮同知，分守居等關，加升署都指揮僉事，馬欄峪參將」的記載，應該就是王開泰的先祖。

　　四位官籍進士均為高平人，且均與衛所有關。這些離開本籍的高平人，雖然身處不同的衛所，但依舊保有鄉親間聯姻的習慣。如《陳母王安人墓誌銘》就記載了同是高平人的太原左衛陳氏和龍門衛王氏的聯姻情況。

> 陳母王安人，為太原左衛百戶璠、江西道監察御史壁之母也，……，安人諱善，字淑懿，世為高平人，號稱著姓，父曰龍門衛指揮同知貴。

　　此處的王貴即順治《高平縣志》提到的龍門衛指揮同知王貴，陳母即高平唐安陳魯從孫，即太原左衛百戶陳璠、進士陳壁的母親。

（五）明末兩位王府宗籍進士

　　宗籍進士是明朝後期才出現的，與明朝宗室人口膨脹有關，地方王府支系龐大，部分宗室生活窘迫，在政策支持下，一些宗室成員試圖通過科考來改變生存狀況。但效果可能並不明顯，有明一代也僅有 16 名宗室得中進士。

　　山西晉藩、代藩、沈藩三大王府僅出四名宗室進士，澤州隰川、宣寧兩府均屬代藩，朱充鱲、朱廷堉兩人是代藩隰川王府的宗室。兩人雖然登鼎進士，但命運不濟，朱充鱲僅官行人司行人，朱廷堉則殉國難。

　　還值得一說的是朱廷堉的籍貫問題，《陽城縣志》謂其為陽城人，《鳳臺縣志》謂其為本州人，其實大可不必，按照家狀嚴格來說他是盱眙縣人，是

寄籍澤州的王府宗室。《陽城縣志》列其為陽城人的原因應該與其就學於陽城縣學有關，而就學陽城則可能與其前母鍾氏有關，這支鍾氏是遷居陽城的澤州鍾氏分支。

（六）經理鹽業的鹽籍、商籍個例

商籍由明代鹽籍、灶籍演變而來，雖然明代也有 1 例商籍，但主要出現在清代。清代鹽籍進士衛璠，商籍舉人秦榶、商籍拔貢李初華，對研究明清澤州社會戶籍構成和鹽商文化有著重要意義，所以在此略為探究。

對於商籍的定義，《欽定大清會典》有所解釋。

> 商人子弟準附於行商省份，是為商籍。〔註 19〕

乾隆《滄州志》標注衛璠為鹽籍，與其祖上在滄州經歷鹽業有關。與衛璠相似的還有秦榶。秦榶為乾隆三十五年舉人，長蘆鹽場商籍，官至安徽宣城知縣。《鳳臺縣志》對其記載極為簡略，《長蘆鹽法志》則注其為商籍，得益於《乾隆庚寅恩科順天鄉試同年齒錄》對他的詳細記錄，才知其出自著名的澤州秦氏家族。商籍身份應該緣於祖父秦嶠，秦嶠起官營田，官至戶部員外郎，「屢經差委，辦理無誤，營田著有成效」，很可能在經理長蘆鹽場時子孫入籍此處。

另有就是商籍拔貢李初華，字寶甫，號輝軒，沁水嘉峰鎮人，其故居至今存有「貢元」匾額。光緒《沁水縣志》記載其為「己酉貢，商學」，咸豐《武定府志》載其「原籍山西沁水縣人，寄籍山東運學」，再依據《己酉科拔貢齒錄》：

> 李初華，字寶甫，號輝軒，行一，壬午年十一月初七日吉時生，山東運學廩生，山西澤州府沁水縣人。曾祖廷相。曾祖母何氏。祖慕寅，庠生。祖母趙氏、李氏、王氏。父凌霄，太學生。母楊氏、張氏。重具慶下。胞弟倉益。妻竇氏。

山東運學即山東運司學校，山東運司是清代山東鹽政管理機構。李初華祖輩應該也是在此經理鹽業，入籍山東運司。

明清兩代，澤州有相當數量的鹽商家族，如渠頭李氏、楸木窪王氏等，此二人的役籍正是對這些鹽商家族影響力的反饋，從一定程度上反映了澤州鹽商的家世情況和社會影響。

〔註 19〕《欽定大清會典》卷十七《戶部》。

二、習經科目

　　明代科舉考試命題取自「四書五經」，所謂五經即《尚書》《易經》《詩經》《禮記》《春秋》，士子在入學至考試前的備考階段均會選取五經之一作為習經科目，明清科舉考試分經取士的制度，習經科目是直接影響考試結果的關鍵因素。

　　王守仁在《高平儒學尊經閣記》中對《尚書》《易經》《詩經》《禮記》《春秋》作了下述解釋：

> 以言其陰陽消長之行焉，則謂之《易》。以言其紀綱政事之施焉，則謂之《書》。以言其歌詠性情之發焉，則謂之《詩》。以言其條理節文之著焉，則謂之《禮》。以言其欣喜和平之生焉。則謂之《樂》。以言其誠偽邪正之辨也，則謂之《春秋》。……是故《易》也者，志吾心之陰陽消長者也。《書》也者，志吾心之綱紀政事者也。《詩》也者，志吾心之歌詠性情者也。《禮》也者，志吾心之條理節文者也。《樂》也者，志吾心之欣喜和平者也。《春秋》也者，志吾心之誠偽邪正者也。

　　五經作用不一，各有益處，但都是士子成功通過科舉考試的學習工具，且他們在選擇習經科目時是有所偏好的。

　　明代 64 科會試 18189 名進士中，習《詩經》者占比 34.5%，習《書經》者占比 23.1%，習《禮記》者占比 7.5%，習《易經》者占比 26%，習《春秋》者占比 8.6%。〔註20〕

　　明代澤州 148 名進士，習《詩經》者占比 24.3%，習《書經》者占比 14.2%，習《禮記》者占比 6.1%，習《易經》者占比 35.8%，習《春秋》者占比 10.8%，趨勢與明代整體一致，但可以看出澤州進士對《易經》則極為偏好。

表 1-12　明清澤州進士所習統計

	人　數	詩　經	書　經	禮　記	易　經	春　秋	不　詳
明代	148	36	21	9	53	16	15
占比		24.3%	14.2%	6.1%	35.8%	10.8%	10.1%
清代	137	27	18	8	35	4	45
占比		19.7%	13.1%	5.8%	25.5%	2.9%	32.8%

〔註20〕王紅春：《明代進士家狀研究》，上海書店出版社，2017 年版，第 189 頁。

　　再對比明清兩代澤州進士習經科目的比例，整體數據雖然受信息不詳者的影響，依舊可以看出清代澤州進士對經目的整體選擇趨勢變化不大，唯獨選擇《春秋》的人數變少很多。

　　士子對五經的選取主要取決於兩大方面，一是家學傳統，二是師學傳承。

　　家學傳統是影響習經科目選擇的最主要因素，這個在澤州幾個主要科舉家族有明顯表現，如陽城中莊李氏一直以《易經》為所習，澤州司氏世習《易經》，大陽孟陽家族習《詩經》，裴騫家族習《書經》，高平北莊郭氏以《春秋》為所習，沁水竇莊張氏則以《詩經》為所習，這幾個家族幾乎一直以一種經目為所習並且傳承下來。

　　師學傳承則較多影響的是一些平民家族，這些家族無科舉傳統和良好的經濟條件，通常寄希望於先生的教導。

　　《漸磐張先生墓誌銘》記錄了當地的家學和師學情況，體現了家學傳統和師學傳承對本族子弟和同鄉士子的影響。

> 公姓張氏，諱鴻秀，別號漸磐。往聞前輩言，吾鄉自丹河西，以專經利賴後生末學者三人：一為泫水郭氏，世授《書》；一為楊渭南先生，授《春秋》；公授《詩》於吾鄉，皆能有所成就，人往往稱漸磐先生。

　　還有部分澤州士子會遠遊外地尋求良師，如澤州進士李諒在中舉前就是「遊學江浙間」，再如《南陽府知府張公墓誌銘》則是澤州張澤跨地域尋授優質師學。

> 公諱澤，字堯民，世為澤州人，少穎敏沉靜寡言笑，弱冠，父雪軒先生任陝西朝邑縣學訓導，隨侍就學，輒通大義，既而從河東薛文清公講，聞道德性命之理，通《詩》書《易》，文清深與之。成化戊子，中山西鄉試。戊戌，登進士第，授河南武安縣令。

　　相對澤州所有進士對習經科目的偏好與明代整體的趨同而言，澤州所領本州、高平、陽城、陵川、沁水五個地域的進士對習經科目的選擇則表現出了較為明顯的差異。

表 1-13　明清澤州（本州）進士所習統計

	人　數	詩　經	書　經	禮　記	易　經	春　秋	不　詳
明代	41	14	13	2	7	－	5
占比		34.1%	31.7%	4.8%	17%	－	12.1%
清代	35	8	9	2	5		11
占比		22.8%	25.7%	5.7%	14.2%		31.4%
總計	76	22	22	4	12	－	16
		28.9%	28.9%	5.2%	15.7%		21%

　　澤州本州進士偏好《詩經》《書經》兩科，兩者勢均力敵，占總體的半數以上，《易經》也較多，《禮記》較少，不習《春秋》。從一些相關記載，可以窺其端倪。《張毅敏公集》中提到進士趙九思中「讀書錦溪山中，學日益進，文日益有名，衿帶之士負笈相從者日益眾，聞公說《詩》無不人人解頤也」，隆慶五年趙九思以《詩經》登賢書；《壽官槐堂先生林公墓誌銘》記載墓主林一桂「萬曆癸酉以《周易》舉晉省第二人」；張養蒙在其父的墓誌銘中說，他「年十七，補博士弟子員，精《尚書》業，文譽蔚起，下帷授諸生，諸生執經遊於門者甚眾，後多為名士」；《明故處士賈公合葬墓誌銘》，提到寧山衛賈瑀次子賈欽「遊澤庠，業《書經》，其志其才後當有大顯者」；田從典在《田母鍾氏墓誌銘》中提到澤州鍾氏為「衣纓之後，《禮》法相傳」。

表 1-14　明清高平進士所習統計

	人　數	詩　經	書　經	禮　記	易　經	春　秋	不　詳
明代	22	3	－	2	6	10	1
占比		13.6%	－	9%	27.2%	45.4%	4.5%
清代	24	4	3	5	6	2	4
占比		16.6%	12.5%	20.8%	25%	8.3%	16.6%
總計	46	7	3	7	12	12	5
		15.2%	6.5%	15.2%	26%	26%	10.8%

　　高平進士多習《易經》和《春秋》，明代高平進士則對《春秋》情有獨鍾，22 名進士中有 10 人都是習《春秋》而登科。高平唐安馮春墓誌銘中，提到「僉憲公起家《麟經》，已不獲繼，書香為恨，嚴督文選君學比，文選君壬午用《麟經》魁賢書，丙戌成進士」，僉憲公指馮顒，文選君指馮顒之孫、馮春

之子馮養志，《麟經》為《春秋》別稱，二者均習《春秋》起家；再如王邦柱所寫《渭南令杏園楊公行狀》，進士楊暄「崇禎丙子以《春秋》舉山西鄉試第五名，庚辰成進士」；《詹事府詹事兼翰林院侍讀學士劉公墓誌銘》中提到米山進士劉虞夔的變更情況，其父劉崇文習《易經》中進士，但到了劉虞夔則兩次更改所習經學，「初治《尚書》，已治《周易》，最後治《春秋》」，終成進士；郭鋆「甫弱冠以《春秋》魁三晉，問學燁然動士林，嘉靖壬辰復以《春秋》魁天下，文出四方士爭傳誦之」。

到了清代，高平進士對經目的選擇則稍顯均衡，特別是習《書經》《禮記》的占比提升很大，但《春秋》占比則下降巨大。

表1-15　明清陽城進士所習統計

	人　數	詩　經	書　經	禮　記	易　經	春　秋	不　詳
明代	42	7	2	－	28	－	5
占比		16.7%	4.8%	－	66.6%	－	11.9%
清代	44	2	－	－	24	2	16
占比		4.5%	－	－	54.5%	4.5%	36.3%
總計	86	9	2	－	52	2	21
		10.4%	2.3%	－	60.4%	2.3%	24.4%

陽城進士最喜《易經》，明清兩代占比都在半數以上，其他科目略少或幾乎沒有。白胤謙對此現象有所解釋，他提到同鄉進士吳起鳳「業最專且精」，白胤謙及里社中人都爭相將其聘為子孫的老師，過去的陽城「邑學者相傳授惟《周易》一經」，吳起鳳兼習其他，並教習子弟，之後陽城的「經學」才漸廣。〔註21〕

即便經學漸廣，但依舊還是《易經》為主。這種現象的出現應該與陽城進士主要出自幾個比較大的宗族有關，家學傳承的影響導致的。

表1-16　明清陵川進士所習統計

	人　數	詩　經	書　經	禮　記	易　經	春　秋	不　詳
明代	6	2	1	－	－	1	2
占比		33.3%	16.6%	－	－	16.6%	33.3%

〔註21〕白胤謙：《桑榆集》卷二《藤縣知縣吳公墓誌銘》。

	人數	詩經	書經	禮記	易經	春秋	不詳
清代	7	1	2	–	–	–	4
占比		14.2%	28.6%	–	–	–	57.1%
總計	12	2	2				1	6
		25%	16.6%	–	–	8.3%	50%

明代陵川進士喜《詩經》，清代陵川進士喜《書經》。明代陵川舉人李萃秀「與伯兄培秀課子弟《杜詩》《杜言》等於中，講學論文，一時名輩如和元化、趙一心、韓萬物、王圻、王有慶、協慶、武立統、王廷誨，皆出其門。和元化、趙一心皆為習《書經》起家。

表 1-17　明清沁水進士所習統計

	人　數	詩　經	書　經	禮　記	易　經	春　秋	不　詳
明代	19	8	1	3	2	3	2
占比		42.1%	5.2%	15.7%	10.5%	15.7%	10.5%
清代	23	8	4	1	–	–	10
占比		34.8%	17.4%	4.3%	–	–	43.5%
總計	43	16	6	4	2	3	12
		37.2%	13.9%	9.3%	4.6%	6.9%	27.9%

沁水進士最喜《詩經》，同樣是由於進士主要出自幾個大家族的影響。竇莊張氏、郭壁王氏、韓王韓氏均為《詩經》傳家，地域臨近，相互影響。

總體而言，澤州本州進士對五經的選擇比較均勻；高平多選擇《春秋》《易經》；陽城最喜歡《易經》；陵川明代喜《詩經》，清代喜《書經》；沁水偏愛《詩經》。

澤州進士對習經科目的選擇，一定角度下反映出了各縣域的社會經濟結構，特別是人口的構成與教育文化的傳承。本州作為地域內的政治、經濟、文化中心，人口構成複雜，進士來自數十個姓氏宗族，對經目的選擇也就比較均勻。高平的社會經濟情況次於本州，各經目選擇還相對均勻。陽城、沁水相似，以富戶家族為主要進士來源，家學傳承為主，經目單一。

三、入試身份與會試次數

入試身份是指考生在參加鄉會試的學籍種類。士子鄉試成為舉人前的入試身份極為複雜，有恩生、恩貢、拔貢、副貢、歲貢、優貢、廩生、增生、附

生、秀才、監生等十幾種。可參加會試的則只有一種身份即舉人，且舉人的入試身份主要有國子生、州府學生、縣學生、衛所儒學等幾大類構成。入試身份反應的其實是鄉試、會試參考人員的生源情況，可以直觀地反映出應試者的受教育情況，同時在一定程度上披露科舉考試的競爭程度和錄取概率。

以會試前有明確入學身份的 108 名明代澤州進士的數據進行統計分析：國子生 69 人，占總體的 63.9%；澤州州學 10 人，占總體的 9.3%；高平縣學 7 人，占總體的 6.5%；陽城縣學 5 人，占總體的 4.6%；陵川縣學 1 人，占總體的 0.9%；沁水縣學 7 人，占總體的 6.5%。

國子生占比大的現象反映的是「重複會試」的澤州進士數量較多，即大多數澤州進士都是經過多次會試才獲取進士的。這裡需要瞭解國子生的四大來源，一是舉監，二是貢監，三是蔭監，四是例監。

舉監即會試落第的舉人入國子監肄業後獲取的身份，落第舉人入國子監讀書是明代初期逐漸形成的制度，起初只是自願入學，通過國子監讀書增加出仕為官的機會，之後才逐漸形成一種約定俗成的傳統並逐步以制度形式確定下來。

通過對明代澤州進士群體中的 69 位國子生和 30 名州縣學生的會試次數進行統計，可以明顯看出入試身份與會試次數間的聯繫。

表 1-18　明代 69 名國子監出身澤州進士會試次數統計

會試次數	1 次	2 次	3 次	4 次	5 次	8 次
人數	7	21	16	18	6	1
占比	10.1%	30.4%	23.1%	26%	8.6%	1.4%

69 名國子生出身的澤州進士中，會試 2 次以上共 62 人，占總數的 89.9%，2 次最多，4 次其次。會試 1 次即通過的只有 7 人，這七人均是鄉試前就易經取得國子生身份，比如楊砥在鄉試前已是國子生身份，孟顏則是鄉試前恩蔭入監、尚志為衛所籍入監。

值得注意的是連續參加 8 次會試才中進士的高平牛輘，雖然過程不易，但對比其他數次參加會試卻無果的舉人已屬幸運，巴公師周官 4 次參加會試不中，府城林一桂 5 次會試不中，畢璽「五舉進士不第」，大陽裴案 6 次參加會試不中，高平李淘 6 次參加會試不中，陽城舉人張志芳 7 次應考會試不中。

表1-19　明代30名州縣學出身澤州進士會試次數統計

會試次數	1次	2次	3次
人數	14	12	4
占比	46.6%	40%	13.3%

　　30名州學、縣學出身的澤州進士中有14人為一次會試即中的「連捷進士」，即當年中舉次年成進士，也就無需入監讀書來謀求其他出路。其他會試2次或3次的16人中有不少是因丁憂而延誤會試，如苗胙土在萬曆四十六年中舉，次年會試因丁憂歸鄉，到天啟二年服闋後參加會試。

　　州縣學出身的進士比國子監出身的進士參加會試次數少，也就意味著州縣學出身的進士整體年齡要小很多，所以有必要對其登科年齡進行系統統計。

四、登科年齡

　　明清進士的登科年齡大小一定程度上可以直接反映進士的經濟狀況和智力高低，但由於「官年」這種修改年齡問題的存在，明代中晚期的泛濫和整個清代的「場面失控」，造成明中晚期和清代鄉試錄、登科錄、齒錄等科舉文獻中對年齡的記錄失去「公信力」，因此本書對明清兩代進士的出生年齡並未進行考證。

　　比如《天啟二年壬戌科進士履歷》中苗胙土履歷，說其為丁酉七月初九日生，也就是萬曆二十五年，這與其自撰年譜中的生年不符，萬曆十七年才是其實際生年，萬曆二十五年為其官年。

　　李棠馥的生年問題則更為誇張，《崇禎十二年山西鄉試齒錄》記載其「己未相十月初十日生」，《順治三年丙戌科會試春秋房同門錄》記載其「戊午年十月初十日生」，《順治三年丙戌科會試四百名進士三代履歷便覽》記載其「丙寅十月初十日生」，三種文獻三個生年。

　　《康熙二十一年壬戌科同年序齒錄》對張泰交的生年記載為「戊戌年四月十二日生」，即順治十五年，而根據其墓誌實為順治八年生人，少報年齡八年。

　　西部進士張涵，鄉試錄載其為乾隆甲辰年，殿試同年錄載其為乾隆戊申年，相差四年。

　　如是種種，但拋開登科年齡不談也不妥當。雖然有較為普遍的「官年」現象存在，但從整體上對澤州進士群體的登科年齡段進行統計分析，依舊

具有重要意義。本文選取了 100 名年齡記載清晰的明代澤州進士為樣本進行統計。

表 1-20　明代 100 名澤州進士登科年齡段統計表

11～20	11 歲	12 歲	13 歲	14 歲	15 歲	16 歲	17 歲	18 歲	19 歲	20 歲
人數	－	－	－	－	－	－	－	－	－	2
21～30	21 歲	22 歲	23 歲	24 歲	25 歲	26 歲	27 歲	28 歲	29 歲	30 歲
人數	1	－	1	2	1	10	8	6	8	5
31～40	31 歲	32 歲	33 歲	34 歲	35 歲	36 歲	37 歲	38 歲	39 歲	40 歲
人數	10	6	7	5	4	7	6	1	4	2
41～50	41 歲	42 歲	43 歲	44 歲	45 歲	46 歲	47 歲	48 歲	49 歲	50 歲
人數	－	1	1	－	1	－	－	1	－	－

　　明代澤州進士的登科年齡最大為 48 歲，最小為 20 歲。11～20 歲年齡段進士 2 人，占比 2%；21～30 歲年齡段進士 42 人，占比 42%；31～40 歲年齡段進士 52 人，占比 52%；40 歲以上 4 人，占比 4%。21～40 歲的進士占絕對比重，再細分則 21～25 歲年齡段 5 人，26～30 歲年齡段 37 人，31～35 歲年齡段 32 人，36～40 歲年齡段 20 人。

　　年齡最小的兩位 20 歲進士為沁水常倫、高平劉虞夔，會試次數為 1 次和 2 次。年齡 40 歲以上的是會試 1 次的 48 歲進士金吾左衛尚志，會試 2 次的 45 進士陽城張好古，會試 1 次的 43 歲進士陽城王玹，會試 8 次的 42 歲進士高平牛軏。

　　高齡考生在明代只能通過一次次考試來求取功名，清代則對這一群體有所體恤，一些年老考生可加恩賞給舉人、進士身份，澤州王夢熊就屬此例。

　　乾隆五十四年，王夢熊等二十七名年過七十的山西考生，被恩賞副榜身份。乾隆五十七年，王夢熊又因年過八十被恩賞舉人身份，並准其參加會試。乾隆五十八年，王夢熊與其他六十六名七十歲以上考生一同會試，堅持考完三場後，再次被推恩授給翰林院檢討銜。

　　陽城曹廷選與陵川馬延年均屬此例。恩賞舉人不在鄉試錄中體現，但地方志會有所記載。馬延年為嘉慶丁卯恩賜副榜，嘉慶十三年恩賜舉人。陽城曹廷選為嘉慶十五年恩賜舉人，嘉慶己巳恩賜國子監學正。兩人均為年長者恩賜舉人身份。清代此類恩賞很常見，《道光丙戌科會試同年齒錄》就有對江

匠進士王士恒業師楊廷宰的記錄，「河南孟縣廩生，嘉慶丁卯科恩賜副榜，庚午科恩賜舉人，辛未科恩賜國子監學正」，同樣是年老恩賞舉人身份的例子。對此，後文有所提及。

　　總體來說，登科年齡與會試次數並不存在強聯繫，一些年齡較大的進士可能一次就通過了會試，但肯定在鄉試階段耗費了大量精力。年齡大小會對登科後的仕途產生影響，一是候選出仕，二是仕途能走多遠，這也是「官年」問題的根源所在。

第四節　明清澤州進士仕宦圖

　　本節試圖通過理清明清兩代進士登科後的任職情況，瞭解其是否館選庶吉士、觀政何處、初授官職、最高品級來探討進士群體在不同時期的仕途差異，以及造成這種差異的原因。

一、明清澤州進士館選統計

　　所謂「館選」即在新科進士中選拔庶吉士，亦稱「庶常」，始於明初新科進士「多未更事」而被分派到各機構學習的「觀政」制度，先是觀政於翰林院等近侍衙門者為庶吉士，而後多於成績較好的一甲、二甲進士中選優者為「庶常」，逐步成為成為新科進士繼續深造的制度。

　　明代雖開制「館選」，但並未堅持每科必選。清代沿襲明制並予以優化為定制，分設「清書庶吉士」與「滿書庶吉士」，對於「庶常」的管理也頗為嚴格，散館考試不合格者，要麼繼續「坐館」，要麼改選外官。

　　明清兩代的澤州重臣多為「庶吉士」出身，如工部尚書劉東星、刑部尚書白胤謙、文淵閣大學士陳廷敬、兵部左侍郎田逢吉。但也並非絕對，「庶常」只是走入仕途的一種方式之一。

表 1-21　明代澤州籍館選庶吉士名錄

序　號	科　年	姓　名	籍　貫	甲　次	散館授職	官　至
1	正統十三年	李鏞	沁水人	3-29	改	知府
2	嘉靖十四年	郭鑒	高平人	3-44	授檢討	南京工部右侍郎
3	嘉靖二十年	裴宇	澤州人	3-134	授檢討	南京禮部尚書
4	隆慶二年	劉東星	沁水人	3-72	改	工部尚書

5	隆慶五年	劉虞夔	高平人	2-56	授編修	詹事府詹事
6	萬曆五年	張養蒙	澤州人	3-77	改	戶部右侍郎
7	崇禎元年	王邦柱	高平人	3-263	改	大理寺卿
8	崇禎十六年	白胤謙	陽城人	3-207	授檢討	刑部尚書

表 1-22　清代澤州籍館選庶吉士名錄

序號	科　　年	姓名	籍貫	甲次	方　　式	散館授職	官　至
1	順治三年	張爾素	陽城人	2-24	選授	編修	刑部左侍郎
2		喬映伍	陽城人	3-5	考選庶吉士	檢討	左春坊左贊善
3		張沀	高平人	3-196	考選庶吉士	改	巡撫
4	順治六年	張道渥	沁水人	2-13	漢書庶吉士	編修	按察司副使
5	順治九年	王紀	沁水人	3-158	考選清書庶吉士	改	布政司左參政
6	順治十二年	田逢吉	高平人	2-24	親選庶吉士	編修	兵部左侍郎
7	順治十五年	陳廷敬	澤州人	3-195	改庶吉士	檢討	文淵閣大學士
8	順治十六年	陳元	澤州人	3-151	改庶吉士		未仕
9	康熙六年	楊仙枝	澤州人	3-28	改滿書庶吉士	檢討	翰林院檢討
10	康熙三十三年	陳豫朋	澤州人	2-12	改庶吉士	改	禮部郎中
11	康熙三十六年	陳壯履	澤州人	2-8	改滿書庶吉士	編修	翰林院編修
12	康熙四十五年	衛昌績	陽城人	3-9	改滿書庶吉士	檢討	監察御史
13	康熙四十八年	陳隨貞	澤州人	2-4	改庶吉士		未仕
14	康熙五十一年	田嘉穀	陽城人	2-12	改庶吉士	編修	監察御史
15	雍正五年	陳師儉	澤州人	3-41	改庶吉士	改	府同知
16		王承堯	沁水人	3-4	改庶吉士	編修	兵部左侍郎
17	乾隆十六年	秦百里	鳳臺人	2-70	改庶吉士	編修	知府
18	乾隆二十二年	田玉成	陽城人	3-45	改庶吉士	檢討	翰林院檢討
19	乾隆二十八年	呂元亮	鳳臺人	3-18	改庶吉士	改	刑部郎中
20	乾隆六十年	王瑤臺	陽城人	3-89	改庶吉士	編修	監察御史
21	嘉慶六年	竇心傳	沁水人	3-85	改庶吉士	改	知縣
22	嘉慶十九年	常恒昌	鳳臺人	3-8	改庶吉士	改	布政使
23	嘉慶二十二年	祁墡	高平人	2-45	改庶吉士	改	知州
24	道光十六年	王遹昭	陽城人	3-7	改庶吉士	檢討	監察御史
25	道光二十四年	竇奉家	沁水人	2-29	改庶吉士	編修	知府

根據《明實錄》《清實錄》《國朝歷科館選錄》等，可以整理而得明代澤州有 8 人選為「庶吉士」，1 人散館授翰林院編修，3 人散館授翰林院檢討，4 人改授他職。清代 25 人選為「庶吉士」，9 人散館授翰林院編修，6 人散館授翰林院檢討，8 人改授他職，1 人早卒，1 人請假未仕。

明代 8 位庶吉士的官階明顯高於清代 25 名庶吉士，庶吉士的命運不一，仕途長短各異。陳元未散館，丁憂而卒；陳隨正未散館請假告歸，不復仕進；楊仙枝「在館十年」，歸喪早卒；田玉成初次散館成績不合格，「留館再教習一年」，終授翰林院檢討，英年早逝。陳廷敬「坐館」兩次，終「入閣」為文淵閣大學士。

二、明清澤州進士任職圖譜

本章試圖通過對明清兩代澤州進士群體及第後的仕途進行分析，從 285 名進士全然不同的仕宦圖譜中尋覓若干規律，看看有哪些因素影響到了進士的仕途，以及通過明清兩代進士官職的比對來展現其中的差異性。

（一）明清澤州進士官階統計

以明代 148 名澤州進士為樣本，不計歿後「封贈」的影響因素，可知有明一代澤州進士最高官階為從一品，最集中的是 35 人獲得正四品官階，其次為正七品。將「正一品」視為「1」，「從一品」視為「1.5」，以此計算可得出明代澤州進士的平均官階值為「4.4」；正五品以上 105 人，占明代澤州進士總數的 71%，平均官階值為「3.6」；正五品以下 43 人，占總數 29.1%，平均官階值為「6.2」。

表 1-23　明代澤州進士官階統計表

品級	從一	二	從二	三	從三	四	從四
人數	6	10	2	15	14	35	3
占比	4.1%	6.8%	1.4%	10.1%	9.5%	23.6%	2%
品級	五	從五	六	七	從七	八	無
人數	20	3	2	25	4	4	5
占比	13.5%	2%	1.4%	16.9%	2.7%	2.7%	3.4%

以清代 137 名進士為樣本，最高的官階為正一品，最集中的 57 人為正七品，其次為從五品。同樣按照明代官員計算方式，可得出清代澤州進士的平均

官階值為「5.2」；正五品以上 40 人，占清代澤州進士總數的 29.2%，平均官階值為「3.6」。正五品以下 97 人，占總數的 70.8%，平均官階值為「5.8」。

表 1-24　清代澤州進士官階統計表

品級	一	二	從二	從三	四	從四	五
人數	3	4	8	3	3	7	12
占比	2.2%	2.9%	5.9%	2.2%	2.2%	5.1%	8.8%
品級	從五	六	從六	七	從七	無	
人數	13	7	1	57	6	13	
占比	9.5%	5.1%	0.1%	41.6%	4.4%	9.5%	

　　總體而言，明代澤州進士所取得的官階水平要明顯高於清代澤州進士，換而言之，明代澤州進士在官場所取得的成就要高於清代澤州進士，這從明代澤州進士和清代澤州進士的官職分布也可以看出。

（二）明清澤州進士官職分布

　　明代澤州進士所任職的官職種類有 69 種。其中 64 人為中央官員，占總體的 43%。79 人為地方官，占總體的 53%。未出仕者 5 人，占總體的 3%。

　　清代澤州進士所任職的官職種類為 39 種。其中 37 人為中央官員，占總體的 27%。87 人為地方官，占總體的 64%。未出仕者 13 人，占總體的 9%。

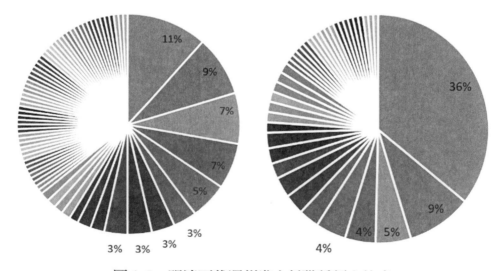

圖 1-5　明清兩代澤州進士任職種類占比表

登科年齡、習經科目、科考名次、館選出身等因素都會對進士的仕途產生影響；一些年齡大的考生登科後往往經過多年的「候缺」只獲得知縣或教授的官職，已無精力再往上爬升；習經科目則對應的是圍繞「座師」形成的師生派系，如科舉檔案中的序齒錄、同年錄均有「結黨」的目的，其中序齒錄經常提到的五經「房師」，即《詩經》《春秋》等五經科目的試卷官可能在將來成為進士的「貴人」；一甲、二甲進士往往更容易選為「庶吉士」，走上繼續深造成才的捷徑。除此之外，還有其他幾種可能影響進士仕途的因素。

三、影響仕途的因素

以明清澤州進士群體的事略為例，家庭出身、結黨營社、時代變革等都會成為影響仕途的因素，本節通過明清澤州大臣子弟、東林黨中的澤州人、明清變革時澤州進士群體的選擇三個示例來探討其中可能存在的問題。

（一）大臣子弟的仕途

大臣子弟雖然可以因父輩更易獲取經濟、教育、人脈等資源，但也容易成為「指謫」對象。這種偏見在入職官場前就已經開始，《萬曆獲野編》就曾提到大臣子弟容易因父輩身份遭受「指謫」的示例：

> 今上二十年壬辰三月廿八日時，會試已竣事久矣，試御史綦才、工部候缺主事周如綸各上疏請覆試順天戊子舉人鄭國望、李鴻、屠大壯、張毓塘四人，此四人者已於己丑春為禮部主事高桂所論，覆試仍許會試，至是已入闈兩度矣；又請覆試山西舉人王兆河、江西舉人陳以德、山東舉人楊爾陶三人，王為故太宰國光子，陳為故左都御史炌子，楊為故太宰巍子，俱壬午及己酉中式，向無議者，獨以大臣子弟，故亦指謫及之。〔註22〕

王國光為陽城上莊人，官居吏部尚書。其子王兆河於萬曆十年考取舉人，但其因「大臣子」身份被參劾舉人身份，十年後的萬曆二十年再次複試通過，但他選擇了終生不仕。

再如文淵閣大學士陳廷敬次子陳豫朋、三子陳壯履、侄陳隨貞，三人均為進士，但官途都不通暢。

陳豫朋的一生常被「指謫」，就連雍正帝對其都評論不佳：

〔註22〕《萬曆獲野編》卷十六《舉人再複試》。

朕一見目中原不甚取，但念其父為中堂，有身家之人，兼受朕
如此擢用，自然奮勉，料不得錯，但看他有些公子氣，近日聞他從
前為人居心甚有不妥處，若如此，當留心試用，不可深信。〔註23〕

到了乾隆朝，陳豫朋以禮部郎中被推選提督湖南學政，吏部因其年已七
十改派他人，陳豫朋便乞休，乾隆帝又斥其「無升遷之望便引退」，革職留京
候旨。乾隆對大臣子弟似乎總有偏見，比如對同是澤州人的大臣田從典子田
懋同樣印象不佳。

陳壯履在登科進士後，館居翰林院數年，勤勤懇懇，不問世事，參與多
部典籍創作，如此也常被「彈劾」。康熙四十九年，兩廣總督郭世隆彈劾其祭
告南嶽途中擾民，被革去侍讀學士，停內廷供奉。

陳隨貞選翰林院庶吉士後，未及散館，請假回籍，不復仕進。

雖然每個進士為官的一生中都會受到彈劾，官聲與個人品性也有很大關
係。但陳氏三人多多少少都會因為陳廷敬的緣故接受更多的關注，要麼接受
「指謫」，要麼和陳隨貞、王兆河一樣，隱居不仕，避其鋒芒。

（二）「結黨營社」帶來的影響

明代有多位澤州進士參與到東林黨與魏忠賢勢力的「黨爭」之中，陳鼎
《東林列傳》中列有「孫居相、孫鼎相、王允成、翟學程、張鵬雲、張道濬、
張慎言」7名澤州人，王紹徽《東林點將錄》列「張慎言、張光前、孫居相、
孫鼎相、王允成」5人。「黨爭」不僅影響進士本人，還可能波及到同鄉同僚，
《東林本末》記載丁應泰誣告澤州進士徐觀瀾幾死，「並誣害觀瀾親家侍郎張
養蒙罷職」。張養蒙之子張光房也因投身門戶，被罰冠帶閒住。

此外還有明末清初極少被人關注的復社，有「小東林」之稱的復社始於
明末以江南士大夫為核心的政治、文學團體，成員以東林黨後繼為己任，主
張「興復古學，將使異日者務為有用」，是當時一幫青年文士集合起來對抗閹
黨、力圖救國的文人集團，明末到清初累計有三千餘人加入其中，發展鼎盛
時聲勢震動朝野，影響力遍布大江南北，「一城出觀，無不知有復社者」。

據明末著名文人吳應箕所撰《復社姓氏前後編》輯錄的人名錄，山西先
後有十六人入社，澤州人有趙嗣美、王采在列。崇禎元年趙嗣美在選為拔貢

〔註23〕臺灣故宮博物院，雍正五年七月，《奏請簡選賢員料理鹽務並將陳豫朋或調回
或調簡》。

後，寓居京城，與楊維斗、張溥「論社」。此時復社還未正式成立，而張溥正是復社的創始人，楊維斗是著名的「復社五秀才」之一。當時的復社還叫做應社，是張溥組織的科舉應試小組，而後才漸漸壯大起來。

復社成員多被閹黨迫害，明亡後或抗清殉難，或入仕清朝，或削髮為僧。復社成員澤州人王采選擇了殉難，在蠡縣任上護城而亡，全家二十餘口皆被殺，僅一幼女得脫。而趙嗣美則選擇了入仕清朝。

（三）時代變革下的選擇

明清交替之際澤州進士群體的個人選擇，能夠直觀清晰的反映出歷史時代背景下個人命運的不同。

有死難者，如王緒宏、朱廷壻、王采、張銓、孟兆祥、王徵俊、丁泰運、楊暄、孟章明 8 人。王緒宏、朱廷壻棄官歸里，「密謀破賊，解州城圍」，被害而亡；王采蠡縣知縣任上城陷被擒，慷慨陳詞「城亡與亡，殺則殺耳，毋多言」，與家中二十餘人同殉難；張銓遼東巡按任上，抗清自刎而亡。孟兆祥、孟章明父子同死國難；王徵俊被執不屈，歸家自縊而亡；丁泰運河內任上守城死；楊暄西安任上自縊亡。

《鳳臺縣志》云：

> 王緒宏，字思永，進士，有雄才，與叔采齊名，授知正定縣，未任甫抵裏，秦寇作勢，已不可為，慷慨辭家廟入山，偽官聞名迫致，欲加冠服，先期已薙髮至，則露頂示曰：此髮可斷，此頭寧不可斷乎。賊語塞去。既託跡道院久之，展轉避荒，就同年生朱廷壻密謀破賊，解州城圍，同心仗劍，率義士門生屯東狐嶺村，為滅此朝，食之計無何。賊黨張元錫等突於甲申十月四日變，起肘腋挾之從，不屈，先殺廷壻，緒宏大罵遇害。時同死者，原沐陽知縣程接孟以下十八人。接孟偕弟式孟，以舉人歷官知名於時。〔註24〕

不僅是進士群體，還有更多以「明末十八忠士」為代表的死難者。

棄官歸里者，如進士楊鵬翼、張鵬雲 2 人。楊鵬翼在崇禎十七年棄官歸里，杜門謝客；張鵬雲於崇禎十五年引疾歸里。還有舉人姬顯廷「鼎立不仕，避地尋賣藥終其身」。

入仕清朝者，如進士楊時化、苗胙土、石鳳臺、王邦柱、陳昌言、王廷

〔註24〕乾隆《鳳臺縣志》卷八。

瓚、白胤謙、張璐、張銓9人。楊時化清順治二年復起；苗胙土清順治二年十月，補右僉都御史；石鳳臺清順治三年起為陝西巡撫；王邦柱清順治二年六月，授光祿寺少卿；陳昌言清順治二年五月，復起浙江道監察御史；王廷瓚清順治六年，復官禮部主事。白胤謙明崇禎十六年選翰林院庶吉士，清順治二年授內翰林秘書院檢討；張璐清順治元年，授河南原武縣知縣；張銓於明崇禎十七年授封丘知縣，以耳疾不赴，清順治元年復起為任順天府學教授。

入仕清朝者而亡者，如王曰俞。王曰俞為明崇禎十六年進士，清順治元年九月任河南孟縣知縣，十月十七日城陷為賊擒而亡。

由明朝舉人身份登科清代進士者，如下表16人。

表1-25　明代舉人登科清代進士統計表

序號	姓　名	鄉試年	間隔時長	殿試年	官　至
1	李棠馥	明崇禎十二年	7	清順治三年	兵部右侍郎
2	張爾素	明崇禎九年	10	清順治三年	刑部左侍郎
3	毛一豸	明崇禎三年	16	明崇禎三年	布政司參議
4	趙嗣美	明崇禎六年	13	清順治三年	按察司僉事
5	王度	明崇禎十二年	7	清順治三年	知州
6	龐太樸	明崇禎十五年	4	清順治三年	知縣
7	趙汧	明崇禎十五年	4	清順治三年	知縣
8	王克生	明崇禎十二年	7	清順治三年	知縣
9	畢振姬	明崇禎十五年	4	清順治三年	布政司布政使
12	段上彩	明崇禎十五年	4	清順治三年	知縣
11	趙士俊	明崇禎三年	16	清順治三年	知縣
12	張翩	明崇禎十五年	4	清順治三年	監察御史
13	侯國泰	明崇禎六年	13	清順治三年	知縣
14	崔子明	明崇禎三年	16	清順治三年	戶部主事
15	王同春	明天啟七年	19	清順治三年	布政司參議
16	韓張	明崇禎十五年	13	清順治十二年	知縣

把明代澤州進士和清代澤州進士放在一起進行研究和分析，「鼎革之變」是避不開的話題，上文只期通過數據呈現來反應時代變革時明代澤州進士的個人選擇，同時歸納來源於明代舉人的清代進士體量，來展現當時背景下的時代特徵與個人選擇間的關聯性。

第二章　明清澤州進士徵錄

本章依據現存的登科錄、會試錄、鄉試錄、同年錄、履歷便覽等，以及各地方志中的任職記錄、人物傳記等，對明清兩代的澤州進士進行了資料的重新梳理，按照登科年份的排列次序，以姓名、字號、戶口、役籍、入試身份、習經科目、鄉試年次、會試年份、殿試名次，觀政記錄、任職生平、卒年、著作為基本體例，同時附列科舉文獻原文，以期能夠最大程度的補充和展現人物的生平，為地方歷史人物研究的同仁提供些許幫助。

第一節　明代澤州進士徵錄

洪武四年辛亥科

王砥：陵川人，軍籍，治《春秋》。洪武三年，庚戌科山西鄉試舉人。洪武四年，辛亥科會試第九十九名，殿試第三甲五十九名。

《洪武四年會試錄》：第九十九名，王砥，山西靈川縣人，《春秋》。

《洪武四年進士登科錄》：王砥，貫山西澤州靈川縣，軍籍，治《春秋》，鄉試第□名，會試第九十九名。

《明清歷科進士題名碑錄》：王砥，山西澤州靈川縣，軍籍。

《類姓登科考》：王砥，山西陵川人，三甲。

《皇明進士登科錄》：王砥，山西陵川縣人，缺。

王中：沁水人，民籍，治《春秋》。洪武三年，庚戌科山西鄉試舉人。洪武四年，辛亥科會試第三十三名，殿試第三甲七十一名。洪武十八年，任安

吉縣丞〔註 1〕。

  《洪武四年會試錄》：第三十三名，王中，山西沁水縣人，《春
秋》。

  《洪武四年進士登科錄》：王中，貫山西澤州沁水縣，民籍，治
《春秋》，鄉試第□名，會試第三十三名。授湖州府安吉縣丞。

  《明清歷科進士題名碑錄》：王中，山西澤州沁水縣，民籍。

  《類姓登科考》：王中，山西沁水人，三甲。

  《皇明進士登科考》：王中，山西沁水縣人，授湖州府安吉
縣丞。

洪武十八年乙丑科

  王粹：陽城人。洪武十七年，甲子科山西鄉試舉人。洪武十八年，乙丑
科進士。山東按察司僉事，卒於官。

  《皇明進士登科考》：王粹，山西陽城縣人。

  《澤州府志》：王粹，陽城人，山東僉事。

  成化《山西通志》：王粹，陽城人，中洪武辛酉鄉舉，登乙丑進
士第，歷陞山東按察司僉事，卒官。

  韓俞：陽城人。洪武十七年，甲子科山西鄉試舉人。洪武十八年，乙丑
科進士。刑科給事中。

  《皇明進士登科考》：韓瑜，山西陽城縣人。

  《類姓登科考》：韓瑜，山西陽城縣人。

  《澤州府志》：韓俞，陽城人，刑科給事中。

  成化《山西志》：韓俞，陽城人，中洪武甲子鄉舉，登乙丑進士
第，除刑科給事中。

  袁宗弼：陵川人。洪武十七年，甲子科山西鄉試舉人。洪武十八年，乙
丑科殿試第三甲四十四名。初官昌平縣丞，「為水災受鈔八十貫，戴絞罪還
職」。升順天府尹。

  《皇明進士登科考》：袁宗弼，山西陵川縣人。

  《皇明貢舉考》：袁宗弼，山西陵川縣。

〔註 1〕同治《安吉州志》縣丞欄作「李沁 山西沁水人 進士」，上方知縣欄為「王中 山
  西沁水人 進士」，疑為刊印錯誤，洪武十八年以前沒有名為李沁者中進士。

　　《明清歷科進士題名碑錄》：袁宗弼，山西陵川縣人。

　　《類姓登科考》：袁宗弼，山西陵川縣人，乙丑三甲，順天府尹。

張凝：陵川人。洪武十七年，甲子科山西鄉試舉人。洪武十八年，乙丑科殿試第三甲九十九名。福建道監察御史。墓在少傅川。

　　《皇明進士登科考》：張凝，山西陵川縣人。

　　《皇明貢舉考》：張凝，山西陵川縣。

　　《明清歷科進士題名碑錄》：張凝，山西陵川縣人。

　　《澤州府志》：張凝，陵川人，監察御史。

　　成化《山西通志》：張凝，陵川人，中洪武甲子鄉舉，登乙丑進
士第，除福建道監察御史，卒官。

　　《類姓登科考》：張凝，山西陵川人，三甲。

李亨：字元貞，澤州人。洪武十八年乙丑科進士。洪武三十一年，由大興知縣改任浙江鄞縣知縣，祀名宦祠。永樂元年，丁父憂。升蘇州同知。

　　《皇明進士登科考》：李亨，山西澤州人。

洪武二十七年甲戌科

楊砥：字大用，澤州小南村人，十歲入州學。洪武中，以貢生入國子監，使浙江盤鹽法，謹恪不欺，太祖書其名於朝堂，大為嘉慰。洪武二十六年，中癸酉科應天鄉試舉人。洪武二十七年，甲戌科殿試第三甲四十六名。授行人司右司副。洪武三十年正月，升湖廣布政司左參議。洪武三十五年十月，升鴻臚寺卿，丁父憂。永樂二年正月，起為禮部右侍郎，十二月，升禮部左侍郎。永樂四年，監察河渠失職，降工部營繕司主事。永樂五年，改禮部主客司主事。永樂十年八月，功授北京行太僕寺卿。永樂十一年正月，兼苑馬寺卿。永樂十五年，丁母憂。永樂十六年正月，哀卒，賜祭葬，胡儼志其墓，詳見《北京行太僕寺卿兼苑馬寺卿楊公墓誌銘》。

　　《皇明進士登科考》：楊砥，山西澤州人。

　　《明清歷科進士題名碑錄》：楊砥，山西澤州人。

　　《類姓登科考》：楊砥，山西澤州人，甲戌三甲，禮部左侍郎。

永樂二年甲申科

張藝：沁水（端氏中里）人。永樂元年，癸未科山西鄉試舉人。永樂二年，甲申科殿試第三甲三百名。初授行人司行人。升陝西平涼府知府。

《皇明進士登科考》：張藝，山西沁水縣人。

《明清歷科進士題名碑錄》：張藝，山西沁水縣人。

《類姓登科考》：張藝，山西沁水人，三甲。

宣德二年丁未科

侯璡：字廷玉，澤州呂匠人，治《易經》。永樂二十一年，癸卯科山西鄉試解元。宣德元年，入國子監。宣德二年，丁未科殿試第三甲八名。宣德五年，出使寧夏。宣德六年，授行人司行人。宣德十年，遷兵部職方司主事。正統元年，充丙辰科會試彌封官。正統三年，丁父憂。正統六年，升兵部郎中，征討麓川。正統七年，升禮部右侍郎。正統八年，賑饑雲南，征討麓川餘寇，遷禮部左侍郎。正統九年，丁母憂，服闋調兵部左侍郎，仍往雲南。正統十一年，修騰沖城。正統十二年，討賊。正統十四年，總督雲南兵務，討賊大捷，升兵部尚書。景泰元年八月，年五十三，以疾卒於貴州普定衛，王直、陳循先後撰其神道碑，詳見《明故資善大夫兵部尚書侯公神道碑》。

《皇明三元考》：永樂二十一年癸卯科解元 山西 侯璡，澤州人，字廷玉，年二十六，丁未進士，授行人，遷兵部主事。正統初，虜寇甘肅，璡以兵部侍郎會將官討平之，尋委集湖廣兵討麓川有功，復平貴州苗蠻，升兵部尚書，卒，年五十三。子爵，正統丁卯舉人，以功授錦衣衛世襲千戶。

《宣德二年進士題名碑》：侯璡，山西澤州。

《明清歷科進士題名碑錄》：侯璡，山西澤州人。

《類姓登科考》：侯璡，又名邏，山西澤州人，宣德丁未三甲，兵部尚書，鎮撫雲南貴州。

《正統元年會試錄》：彌封官 行在兵部職方清吏司主事侯璡，廷玉，山西澤州人，丁未進士。

正統四年己未科

王晏：字仲清，山西高平人，陝西安定籍，民籍，安定縣學增廣生，治《春秋》。宣德十年，乙卯科陝西鄉試第四名。正統四年，己未科會試第二十一名，殿試第三甲三十四名。正統七年六月，授行人司行人。升戶部主事，升南京戶部員外郎。

《正統四年會試錄》：第二十一名，王晏，山西高平縣人，陝西

安定縣學增廣生，《春秋》。

　　《正統四年進士登科錄》：王晏，貫山西澤州高平縣，民籍，安定縣學增廣生，治《春秋》。字仲清，行二，年三十六，十一月十五日生。曾祖思誠。祖鵬飛。父良，隴西縣學教諭。嫡母龐氏，母張氏。嚴侍下。弟昶、啟、昇。娶陳氏。陝西鄉試第四名，會試第二十一名。

　　《皇明進士登科考》：王晏，山西高平人。

　　《明清歷科進士題名碑錄》：王晏，山西澤州高平縣，民籍。

　　《類姓登科考》：王晏，山西高平人，三甲。

正統十年乙丑科

原傑：字子英，陽城下交人，民籍，國子生，治《詩經》。正統六年，辛酉科山西鄉試第十五名。正統十年，乙丑科會試第七十名，殿試第三甲九十七名。正統十二年，授南京浙江道監察御史。丁憂歸。景泰元年，補江西道監察御史。景泰七年，任江西按察使。天順五年，升山東布政司左布政使。天順六年八月，充壬午科山東鄉試提調官。成化元年，充乙酉科山東鄉試提調官。成化二年，升都察院右副都御史，巡撫山東。成化五年，升戶部左侍郎。成化六年，巡視河南，賑濟順天、永平、河間三府饑民。成化九年，巡視江西。成化十年，升都察院左副都御史。成化十二年，升都察院右都御史，荊襄等處撫治流民。成化十三年，升南京兵部尚書，未至卒，年六十一，商輅志其神道碑，詳見《南京兵部尚書贈太子少保原襄敏公神道碑》。贈太子少保，追諡襄敏。

　　《正統十年會試錄》：第七十名，原傑，山西陽城縣人，監生，《詩》。

　　《正統十年進士登科錄》：原傑，貫山西澤州陽城縣，民籍，國子生，治《詩經》。字子英，行三，年二十九，二月十三日生。曾祖世吉。祖仲和。父彥明。母吳氏。具慶下。兄瑢，汝州學訓導；璟。弟俊，祺。娶宋氏。山西鄉試第十五名，會試第七十名。

　　《皇明三元考》：正統十年乙丑科大魁　中式一百五十名　名臣原傑，陽城人，字子英，歷副都御使，撫治勳陽時，關陝川蜀荊襄，饑民以數十萬計，流聚山谷，不能衣食，遂肆處劉。傑招撫流民，

各安僑業，請設郡縣增置都司衛所以彈壓之，使烽燧之場進為化居之所，誠萬世利也。進右都御史，遷南京兵部尚書，未至，卒。漢南諸郡縣之民聞之，莫不流涕，皆為立祠焉。

《正統十年進士題名碑》：原傑，澤州陽城縣。

《明清歷科進士題名碑錄》：原傑，山西澤州陽城縣，民籍。

《成化元年山東鄉試錄》：提調官 山東等處承宣布政使司左布政史原傑，子英，山西陽城縣人，乙丑進士。

《類姓登科考》：原傑，山西陽城縣人，正統乙丑三甲，南京兵部尚書，贈太子少保，諡襄敏。

《天順六年山東鄉試錄》：提調官 山東等處承宣布政使司左布政史原傑，子英，山西陽城縣人，乙丑進士。

正統十三年戊辰科

李鏞：字廷器，沁水（上閣中里）人，民籍，縣學生，治《禮記》。正統十二年，丁卯科山西鄉試第四名。正統十三年，戊辰科會試第四十七名，殿試第三甲二十九名。選翰林院庶吉士。散館，授戶部主事。升河南汝寧府知府。

《正統十三年會試錄》：第四十七名，李鏞，山西沁水縣學生，《禮記》。

《正統十三年進士登科錄》：李鏞，貫山西澤州沁水縣，民籍，縣學生，治《禮記》。字廷器，行一，年二十三，十一月十五日生。曾祖成奇。祖伯原。父郁。母王氏。重慶下。弟鎮、鉛、釗。娶王氏。山西鄉試第四名，會試第四十七名。

《正統十三年進士題名碑》：李鏞，山西澤州沁水縣學生，《禮記》。

《類姓登科考》：李鏞，山西沁水縣人，三甲。

景泰二年辛未科

和維：字振綱，陵川人，軍籍，國子生，治《詩經》。正統九年，甲子科山西鄉試第二十八名。景泰二年，辛未科會試第一百七十四名，殿試第二甲四十名。刑部觀政。景泰三年二月，授刑部主事。天順元年四月，升浙江按察司僉事。天順八年，忤權貴免歸。著書飲酒三十年卒。撰有《福建都轉運鹽使

司同知王公墓神道銘》。

　　《景泰二年會試錄》：第一百七十四名，和維，山西陵川縣人，
　　監生。

　　《景泰二年進士登科錄》：和維，貫山西澤州陵川縣，軍籍。國
　　子生。治詩經。字振綱，行三，年三十二，正月二十四日生。曾祖
　　中立。祖好古，廣平縣學教諭。父琦，襄陵王府教授。從叔珣，泰
　　安州學訓導。母蘇氏。具慶下。兄縉，冠帶千長；綸。娶陶氏。山
　　西鄉試第二十八名，會試第一百七十四名。

　　《類姓登科考》：和維，山西陵川縣人，景泰辛未二甲。

天順元年丁丑科

　　楊繼宗：字承芳，號直齋，陽城匠禮人，民籍，國子生，治《詩經》。景
泰元年，庚午科山西鄉試第六名。天順元年，丁丑科會試第二百二十五名，
殿試第二甲七十二名。刑部觀政。天順三年，授刑部貴州司主事。成化元年，
丁父憂。成化五年，任浙江嘉興府知府。成化十四年，升浙江按察司按察使。
成化十六年八月，充庚子科浙江鄉試監視官。成化十七年，丁母憂。成化二
十年，升右僉都御史、巡撫順天。成化二十一年，升雲南按察司副使。弘治元
年，轉湖廣按察使，升左僉都御史，巡撫雲南，卒於官，黎淳志其墓，詳見
《中憲大夫都察院左僉都御史楊貞肅公墓碑》。萬曆三十七年，賜謚貞肅。著
有《龍巖集》。

　　《天順元年會試錄》：第二百二十五名，楊繼宗，山西陽城縣
　　人，監生，《詩》。

　　《天順元年進士登科錄》：楊繼宗，貫山西澤州陽城縣，民籍，
　　國子生，治《詩經》。字承芳，行一，年三十二，十二月初九日生。
　　曾祖彥亨。祖勝，知縣。父時乾。母原氏。具慶下。弟榮宗，顯宗，
　　慶宗，奉宗。娶李氏。山西鄉試第六名，會試第二百二十五名。

　　《類姓登科考》：楊繼宗，山西陽城縣人，二甲，右僉都御史，
　　巡撫雲南，改僉都御史，協理院事。

　　《成化十六年浙江鄉試錄》：監視官　浙江等處提刑按察司按察
　　使楊繼宗，承芳，山西陽城縣人，丁丑進士。

　　王雯：字慶祥，陽城人，民籍，國子生，治《詩經》。景泰四年，癸酉科

山西鄉試第七十九名。天順元年，丁丑科會試第一百二十六名，殿試第三甲一百九十名。天順六年五月，授行人司行人，卒於任。

> 《天順元年會試錄》：第一百二十六名，王雯，山西陽城縣人，監生，《詩》。

> 《天順元年進士登科錄》：王旻，貫山西澤州陽城縣，民籍，國子生，治《詩經》。字慶祥，行二，年三十八，十月二十六日生。曾祖友諒。祖敬達。父貴。母封氏，繼母李氏。具慶下。兄玘，弟章、福。娶段氏。山西鄉試第七十九名，會試第一百二十六名。

> 《類姓登科考》：王雯，山西陽城人，三甲。

天順四年庚辰科

司福：字希謙，澤州城內人，軍籍，國子生，治《書經》。正統十二年，丁卯科山西鄉試第二十四名。天順四年，庚辰科會試第七名，殿試第二甲四十名。天順七年三月，授廣西道監察御史，卒於任。

> 《天順四年會試錄》：第七名，司福，山西澤州人，監生，《書》。

> 《天順四年進士登科錄》：司福，貫山西澤州，軍籍，國子生，治《書經》。字希謙，行三，年三十五，十月二十七日生。曾祖禮卿。祖誠甫，贈審理正。父憲，審理正。母秦氏，封安人。嚴侍下。兄齊，訓導；壽。弟祿。娶官氏。山西鄉試第二十四名，會試第七名。

> 《類姓登科考》：司福，山西澤州人，天順甲申二甲。

張瓚：字宗器，陵川魏家莊人，民籍，縣學生，治《詩經》。天順三年，己卯科山西鄉試第十九名。天順四年，庚申科會試第七十一名，殿試第三甲八十九名。天順七年四月，授戶部主事。升戶部員外郎。成化九年二月，升鞏昌府知府。臨姚府知府。成化十八年九月，升陝西苑馬寺卿。墓在縣北八里魏家莊。撰有《順天府別駕李公碑》。

> 《天順四年會試錄》：第七十一名，張瓚，山西陵川縣學生，《詩》。

> 《天順四年進士登科錄》：張瓚，貫山西澤州陵川縣，民籍，縣學生，治《詩經》。字宗器，行三，年三十三，二月初三日生。曾祖仲保。祖式伍。父欽。前母袁氏，母段氏，繼母姬氏。慈侍下。兄

瑄、瓛。弟琦、連。娶韓氏。山西鄉試第十九名，會試第七十一名。

　　　　《類姓登科考》：張瓚，山西陵川人，三甲。

天順八年甲申科

　　楊振：字廷舉，高平南關人，民籍，國子生，治《易經》。景泰四年，癸酉科山西鄉試第二十五名。天順八年，甲申科會試第一百六十七名，殿試第三甲八十八名。授大理寺評事，卒於任。

　　　　《天順七年會試錄》〔註2〕：第一百六十七名，楊振，山西高
　　　　平縣人，監生，《易》。

　　　　《天順八年進士登科錄》：楊振，貫山西澤州高平縣，民籍，國
　　　　子生，治《易經》。字廷舉，行一，年三十九，十一月二十八日生。
　　　　曾祖思恭。祖郁。父升。母孔氏。永感下。弟祿、撝、撫。娶常氏，
　　　　繼娶李氏。山西鄉試第二十五名，會試第一百六十七名。

　　　　《類姓登科考》：楊振，山西高平縣人，三甲。

成化二年丙戌科

　　段正：字以中，號介庵，錦衣衛軍籍，山西澤州人，順天府學學生，治《易經》。成化元年，乙酉科順天鄉試第四名。成化二年，丙戌科會試第二百十二名，殿試第三甲八十名。成化四年，授直隸元城知縣。成化八年六月，選江西道監察御史。成化十一年，巡按河南。成化十三年正月，奉敕督理大同糧儲。成化十四年，巡按江西。成化十六年，充庚子科江西鄉試監視官。成化十七年七月，遷浙江按察司副使。成化十八年五月，謫柳州府同知；十二月起，停俸祿六個月。成化十九年，丁憂歸。成化二十一年，服闋，補河南汝寧府同知。弘治二年，升湖廣荊州府知府。弘治五年，充壬子科湖廣鄉試收掌試卷官。弘治八年，充己卯科湖廣鄉試收掌試卷官。弘治九年四月，升江西布政司左參政。弘治十一年八月，年五十八，卒於京，李傑志其墓，詳見《江西左參政段公墓誌銘》。著有《介庵集》三十卷、《宦遊記聞》十一卷、《栢臺公案》十五卷、《諸程日記》三卷。

　　　　《成化二年會試錄》：第二百十二名，段正，順天府學生，《易》。

　　　　《成化二年進士登科錄》：段正，貫山西澤州人，錦衣衛軍籍，

〔註2〕是科貢院大火，第二年殿試。

順天府學生，治《易經》。字以中，行一，年二十六，六月二十八日生。曾祖贊。祖奉先。父善。母常氏。具慶下。娶周氏。順天府鄉試第四名，會試第二百十二名。

《類姓登科考》：段正，錦衣衛人，成化丙戌三甲。

《弘治五年湖廣鄉試錄》：收掌試卷官 荊州府知府段正，以中，山西澤州人，丙戌進士。

成化五年己丑科

李經：字大經，陽城縣，民籍，縣學增廣生，治《詩經》。天順六年，壬午科山西鄉試第六名。成化五年，己丑科會試第一百七十四名，殿試第三甲二名。成化六年，任臨漳知縣，在任三年，有善政。成化十三年八月，選試雲南道監察御史。成化十六年十二月，實授河南道監察御史。成化十八年二月，任陝西道監察御史；十二月，賞綵緞一表裏、銀五兩。成化十九年七月，升陝西按察司僉事，分巡關西道。弘治二年三月，升陝西按察司副使，整飭固原兵備。弘治六年，丁憂歸。弘治八年，撰《重修太清觀廖陽殿記》。弘治九年春，撰《重修城隍廟記》；九月，服闕，補河南按察司副使。有詩《臨漳八景》《春日遊靈泉寺》等。

《天順六年山西鄉試錄》：第六名，李經，陽城縣學增廣生，《詩》。

《成化五年進士登科錄》：李經，貫山西澤州陽城縣，民籍，國子生，治《詩經》。字大經，行一，年二十七，十月初一日生。曾祖伯順。祖華，訓導。父珩，訓導。母孔氏。具慶下。弟紹、緯。娶劉氏。山西鄉試第六名，會試第一百七十四名。

《類姓登科考》：李經，山西陽城縣人，三甲。

成化八年壬辰科

衛邦：字翰之，澤州周村人，民籍，州學生，治《書經》。天順六年，壬午科山西鄉試第五十名。成化八年，壬辰科會試第六十名，殿試第三甲十名。刑部觀政。丁母憂。成化十一年，服闕，吏部尚書尹直察其賢，初授吏部稽勳司主事，三年考最進階。成化十四年，封贈父母妻氏。成化十七年，升吏部稽勳司員外郎。成化十八年十月，年四十六，卒於家，吳寬表其墓，詳見《衛稽勳墓表》。

《天順六年山西鄉試錄》：第五十名，衛邦，澤州學生，《書》。

《成化八年會試錄》：第六十名，衛邦，山西澤州人，《書》。

《成化八年進士登科錄》：衛邦，貫山西澤州，民籍，國子生，治《書經》。字翰之，行二，年三十六，四月十五日生。曾祖文瑞。祖景昭。父沖。母梁氏。慈侍下。兄麟。娶張氏。山西鄉試第五十名，會試第六十名。

《類姓登科考》：衛邦，山西澤州人，成化壬辰三甲。

李諒：字友信、有信，澤州渠頭人，民籍，國子生，治《詩經》，遊學江浙間。成化元年，乙酉科山西鄉試第六十名。成化八年，壬辰科會試第二百四十二名，殿試第三甲九十四名。授戶部山東司主事，奉命陝西犒軍，督理通州糧儲，因誣奏，下錦衣獄。事白，奉命江南督稅。成化十五年，從弟李讓奏澤州知州陳賢貪酷，陳賢訐李諒侄李玉為宣寧王府儀賓，隱情入選，得戶部主事，查明後仍任戶部主事。成化十九年，任戶部天津司主事。升南京禮部儀制司郎中。成化二十三年，赴京條陳時務十三事，上書戶部和兵部，建議改革經濟和行政制度方面的弊端，賜嘉納。弘治元年正月，上書吏部，建議於新中進士中選用御史。同年，考察下第，謫陝西靜寧州知州。弘治二年，到任靜寧州，言官彈劾其「竊搬公帑物」；五月，編發至湖廣靖州為民，經南京法司科道會勘，欲平反，因其「亦論劾言官，遂皆落職」。弘治五年九月，年五十四，卒於南京，苗時雍志其墓，詳見《明故承務郎前陝西靜寧州知州李公改葬墓誌銘》。

《成化八年會試錄》：第二百四十二名，李諒，山西澤州人，監生，《詩》。

《成化八年進士登科錄》：李諒，貫山西澤州，民籍，國子生，治《詩經》。字友信，行一，年三十四，二月二十三日生。曾祖得源。祖振。父綸，醫學典科。母張氏。具慶下。弟記、志。娶馮氏。山西鄉試第六十名，會試第二百四十二名。

《類姓登科考》：李諒，山西澤州人，三甲。

陳壁：字瑞卿，號貞庵，祖籍高平唐安，揚州高郵人，太原左衛官籍，陳魯從孫，陳卣從侄，國子生，治《易經》。天順六年，壬午科山西鄉試第四名。成化八年，壬辰科會試第十一名，殿試第三甲二十九名。成化十年，任浙江嘉興知縣。成化十七年，任武邑知縣，民立去思碑，祀名宦祠。成化二十年八

月，選江西道監察御史。弘治七年，任山東按察司副使，兵備臨清。升山東按察司按察使。弘治十五年，升南京太僕寺卿。弘治十八年，升都察院右副都御史，整飭薊州邊務，兼理撫順、永平知府。以疾告歸。嘉靖七年十一月，蔭其子陳況入國子監。

《天順六年鄉試錄》：第四名，陳壁，陽曲縣學生，《易》。

《成化八年會試錄》：第十一名，陳壁，山西太原左衛人，監生，《易》。

《成化八年進士登科錄》：陳壁，貫直隸揚州府高郵州人，山西太原左衛官籍，國子生，治《易經》。字瑞卿，行四，年三十六，十一月十三日生。曾祖亮。祖志杲。父敬。母王氏。具慶下。兄璠，百戶；璽；瑛。弟琺、瑛、琩。娶閻氏。山西鄉試第四名，會試第十一名。

成化十一年乙未科

郭定：字靜之，高平北莊人，官籍，縣學增廣生，治《詩經》。天順六年，壬午科山西鄉試第十二名。成化十一年，乙未科會試第二百六十六名，殿試第二甲六名。成化十二年，任通州知州。成化十六年，任邳州知州，得書《嬰童百問》，其子郭坤在藍田知縣任上刊刻於世，後代版本皆以此為本。成化二十年，任鄭州知州。成化二十二年，充丙午科河南鄉試彌封官。成化二十三年，太監藍忠於鄭州收買古董進用，郭定多取藏匿，以欺詐賑濟官銀事發。弘治六年，撰《重修長平驛碑記》。嘉靖二年，年七十八，卒於家，詳見《明故顯祖□三州刺史府君合葬墓誌銘》。

《天順六年山西鄉試錄》：第十二名，郭定，高平縣學增廣生，《詩》。

《成化十一年會試錄》：第二百六十六名，郭定，山西高平縣人，《詩》。

《成化十一年進士登科錄》：郭定，貫山西澤州高平縣，官籍，國子生，治《詩經》。字靜之，行四，年三十一，八月十一日生。曾祖景昭。祖欽，封監察御史。父質〔註3〕，知州。前母悅氏，母王

〔註3〕《皇明三元考》：正統十二年丁卯科解元，山西，郭文，高平人，任知縣。弟質，甲子舉人，光州知州。從子宗，景泰丙子舉人，知縣；定，天順乙未進士。

氏。慈侍下。兄寧；宗，知縣；宥。弟㞳、完、宏、蹇、拱宸、
拱宿。娶刑氏，繼娶崔氏。山西鄉試第十二名，會試第二百六十六
名。

> 《成化二十二年河南鄉試錄》：彌封官　開封府鄭州知州郭定，
> 靜之，山西高平縣人，乙未進士。

> 《類姓登科考》：郭定，山西高平縣人，乙未二甲。

和暲：字文輝，河南河陰縣軍籍，山西陵川人，縣學生，治《詩經》。成
化十年，甲午科河南鄉試第十一名。成化十一年，乙未科會試第一百三十八
名，殿試第二甲六十一名。未仕卒。

> 《成化十一年會試錄》：第一百三十八名，和暲，河南河陰縣學
> 生，《詩》。

> 《成化十一年進士登科錄》：和暲，貫山西陵川縣人，河南開封
> 府河陰縣軍籍，縣學生，治《詩經》。字文輝，行二，年二十七，六
> 月二十三日生。曾祖好古，教諭。祖琦，教授。父維，按察司僉事。
> 母陶氏，封安人。具慶下。兄晛。弟旼、時、旿、昀、旰。娶趙氏。
> 河南鄉試第十一名，會試第一百三十八名。

> 《類姓登科考》：和暲，河南河陰縣人，成化乙未二甲。

成化十四年戊戌科

田鐸：字振之，號西埜，陽城下交人，民籍，國子生，治《詩經》。成化
四年，戊子科山西鄉試第二十四名。成化十四年，戊戌科會試第三百四十七
名，殿試第二甲四十八名。授戶部廣東司主事，升戶部浙江司員外郎。弘治
二年二月，升戶部河南司郎中，奉敕四川督糧；十二月，調四川蓬州知州。弘
治十二年正月，升廣東按察司僉事。弘治十七年九月，升四川布政司右參議，
未赴任，以年老致仕歸家。正德三年，巡按御史查其廣東任職案牘未名事。
正德五年七月，被逮，年八十二，南行途中卒於九江舟船，王鴻儒志其墓，詳
見《四川右參議田公鐸墓誌銘》。祖田輔，元代至正間任四川行省參政，明初
避亂遷居陽城下交村。

> 《成化十四年會試錄》：第三百四十七名，田鐸，山西陽城縣
> 人，監生，《詩》。

> 《成化十四年進士登科錄》：田鐸，貫山西澤州陽城縣，民籍，

國子生，治《詩經》。字振之，行二，年三十九，八月□□日生。曾祖仕招。祖輔，左參政。父琮，驛丞。母□氏。永感下。兄鑛。弟鉉。娶趙氏。山西鄉試第二十四名，會試第三百四十七名。

《類姓登科考》：田鐸，山西陽城縣人，戊戌二甲。

車璽：字一之，順天宛平籍，山西澤州人，匠籍，順天府學增廣生，治《易經》。成化十三年，丁酉科順天府鄉試第十九名。成化十四年，戊戌科會試第九名，殿試第二甲九十五名。授行人司行人。成化二十三年三月，由行人司司副升河南按察司僉事，提督學政。弘治元年，為同年友通許賈定之母撰《敕封孺人鄭氏墓表》。弘治八年四月月，任河南按察司副使，提督學政；八月，撰《衛輝府輝縣新創欞星門記》。弘治十一年八月，撰《河汾諸老詩集序》。弘治十二年，過延津，撰《重修廟廡記》。弘治十四年十一月，升江西布政司左參政。正德二年十月，由河南布政司左參政升福建布政司右布政使。正德三年十二月，升山東布政司左布政使。正德四年九月，罰俸三百石。正德五年六月，奪俸六個月。有詩《扶溝夜雨》《百泉書院先賢祠》等。著有《漕河總考》《河南名賢祠錄》。

《成化十四年會試錄》：第九名，車璽，順天府學增廣生，《易》。

《成化十四年進士登科錄》：車璽，貫順天府宛平縣，匠籍，山西澤州人，府學增廣生，治《易經》。字一之，行二，年二十五，九月二十八日生。曾祖鐸。祖宣。父昱。母沈氏。具慶下。兄，□。弟，瑛、玘、琮、玹、□、琪、瑢。娶□氏。順天府鄉試第十九名，會試第九名。

《明清歷科進士題名碑錄》：車璽，順天府宛平縣，匠籍，山西澤州人。

《類姓登科考》：車璽，順天宛平縣人，戊戌二甲。

宋鑒：字克明，陽城東冶人，民籍，國子生，治《易經》，精力過人，讀書通宵不寐，人稱「宋鐵眼」。成化十年，甲午科山西鄉試第七名。成化十四年，戊戌科會試第二百七十六名，殿試第三甲一百二十四名。成化十五年，授河南舞陽知縣。成化二十年十月，選試監察御史。弘治二年，巡按直隸。弘治五年，巡按山東。升廬州府知府，在任七年，考績第一。弘治十一年，刻印宋戴復古《石屏詩集》。弘治十五年正月，罷官。

《成化十四年會試錄》：第二百七十六名，宋鑒，山西陽城縣

人，監生，《易》。

　　《成化十四年進士登科錄》：宋鑒，貫山西澤州[陽城]縣，民籍，
國子生，治《易經》。字克明，行一，年三十二，八月十五日生。曾
祖思誠。祖亨。父興。母馬氏。具慶下。弟鉉。娶馬氏。山西鄉試
第七名，會試第二百七十六名。

　　張澤：字堯民，澤州人，民籍，國子生，治《易經》，師從河津薛瑄。成
化四年，戊子科山西鄉試第十三名。成化十四年，戊戌科會試第一百九十七
名，殿試第三甲七十五名。成化十五年，授河南武安知縣。成化二十年十月，
選試河南道監察御史，連丁內外艱。弘治二年十二月，服闋，補南京浙江道
監察御史。弘治七年，封贈父母。弘治九年，升南陽府知府，未就感疾，乞
歸。居家深探易理。弘治十五年三月，年六十六，卒於家，王鴻儒志其墓，詳
見《南陽府知府張公墓誌銘》。父張翔，字騰遠，工書善記，景泰五年例貢生，
朝邑縣學訓導。

　　《成化十四年會試錄》：第一百九十七名，張澤，山西澤州人，
監生，《易》。

　　《成化十四年進士登科錄》：張澤，貫山西澤州，民籍，國子生，
治《易經》。字堯民，行一，年三十九，十月初[九]日生。曾祖仕禮。
祖文順。父翔，訓導。母袁氏。具慶下。弟漢、淳。娶王氏。山西
鄉試第十三名，會試第一百九十七名。

　　《類姓登科考》：張澤，山西澤州人，三甲。

成化十七年辛丑科

　　李瀚：字叔淵，沁水宣化坊人，軍籍，縣學生，治《詩經》。成化十六年，
庚子科山西鄉試解元。成化十七年，辛丑科會試第四十四名，殿試第三甲一
百三名。成化十八年，授樂亭知縣。成化二十二年十一月，選試四川道監察
御史。弘治十一年八月，充戊午科河南鄉試監臨官。弘治十二年九月，升湖
廣按察司副使。弘治十三年，丁憂歸。弘治十六年十二月，服闋，補河南按察
司副使。弘治十七年八月，充甲子科河南鄉試監視官。升湖廣按察司按察使。
正德二年正月，升河南布政司右布政使；閏正月，轉本司左布政使；五月，轉
順天府府尹；八月，充丁卯科順天府鄉試提調官；九月，升都察院右副都御
史。正德三年十二月，升都察院左副都御史。正德四年三月，掌通政司事。正

德五年二月，升吏部右侍郎；六月，因查理鹽法有功加一級；九月，改吏部左侍郎，因寧夏兵平，賞銀二十兩、絲二表裏。正德六年正月，升南京戶部尚書；十一月，受南京六科十三道彈劾，上命其自陳；十二月，乞致仕，允其歸。正德十二年四月，蔭其孫李希夔為國子生。嘉靖十二年十一月，年八十一，卒於家，張壁表其墓，詳見《詔進榮祿大夫南京戶部尚書李公墓表》。嘉靖十四年七月，賜祭葬，贈太子太保。

《皇明三元考》：成化十六年庚子科解元 山西 李瀚，沁水人，字叔淵，治《詩》。辛丑進士，仕至戶部尚書，致仕，卒，贈太子少保。瀚以風裁自持，不畏彊禦，所至以嚴正見憚，然持法平恕，人亦無怨言。

《成化十七年會試錄》：第四十四名，李瀚，山西沁水縣學生，《詩》。

《成化十七年進士登科錄》：李瀚，貫山西澤州沁水縣，軍籍，縣學生，治《詩經》。字叔淵，行三，年二十九，三月二十六日生。曾祖綸，知縣。祖勳。父聰，訓導。母譚氏。重慶下。兄灝、澤。弟溥、淡、淪。娶張氏。山西鄉試第一名，會試第四十四名。

《類姓登科考》：李瀚，山西沁水人，三甲，南京戶部尚書。

《弘治八年陝西鄉試錄》：監臨官 巡按陝西監察御史李瀚，叔淵，山西沁水縣人，辛丑進士。

《弘治十一年河南鄉試錄》：監臨官 巡按河南監察御史李瀚，叔淵，山西沁水縣人，辛丑進士。

《正德二年順天府鄉試錄》：提調官 嘉議大夫順天府府尹李瀚，叔淵，山西沁水縣人，辛丑進士。

《國朝列卿記》：李瀚，字叔淵，山西澤州沁水縣人，成化辛丑進士，十八年授樂亭知縣，二十二年行取，擢四川道監察御史。弘治四年丁憂，七年起復，補浙江道監察御史，十二年升湖廣副使，十三年丁憂，十六年補河南副使，十八年升湖廣按察使。正德二年升河南右布政使，本年轉本司左布政使，本年五月升順天府尹，本年九月升都察院右副都御史，總督糧儲；三年升本院左副都御史，佐理院事；五年升吏部右侍郎，本年八月升吏部左侍郎；六年升南京戶部尚書。詳南戶部。李瀚，山西澤州人，進士，正德五年右尋

轉左，本年升南京戶部尚書，贈太子少保。

常軓：字時用，沁水西樊莊人，民籍，國子生，治《詩經》。成化十年，甲午科山西鄉試第十七名。成化十七年，辛丑科會試第一百五十二名，殿試第三甲一百七十一名。初授大理寺評事。升大理寺右寺副。弘治三年，升河南按察司僉事，卒於官。

　　　　《成化十七年會試錄》：第一百五十二名，常軓，山西沁水縣人，《詩》。

　　　　《成化十七年進士登科錄》：常軓，貫山西澤州沁水縣，民籍，國子生，治《詩經》。字時用，行四，年三十六，正月二十日生。曾祖君美。祖謙。父瑜，倉大使。母楊氏。永感下。兄曇、懷、琪。娶萬氏。山西鄉試第十七名，會試第一百五十二名。

　　　　《類姓登科考》：常軓，山西沁水人，三甲。

成化二十年甲辰科

張黻：字廷儀，陽城人，張本孫，張狄子，監生，治《詩經》。成化七年，辛卯科山西鄉試舉人。成化二十年，甲戌科會試第七十一名，殿試第三甲五十七名。成化二十一年，任靈壽知縣。弘治五年七月，選四川道監察御史。弘治六年，巡視長蘆鹽課。弘治八年十一月，因事下錦衣獄。弘治十年七月，巡按陝西，以年老請辭不允。弘治十四年四月，升陝西按察司副使。弘治十七年六月，延安府巨積倉大火，罰俸兩月；八月，充甲午科陝西鄉試監視官；卒於任。

　　　　《成化二十年會試錄》：第七十一名，張黻，山西陽城縣人，監生，《詩》。

　　　　《明清歷科進士題名碑錄》：張黻，山西澤州陽城縣，民籍。

　　　　《弘治十七年陝西鄉試錄》：監視官　陝西等處提醒按察司副使張黻，廷儀，山西陽城縣人，甲辰進士。

弘治三年庚戌科

陳澍：字天澤，陳璧子，祖籍高平唐安，山西太原左衛官籍，直隸高郵州人，國子生，治《易經》。成化十九年，癸卯科山西鄉試第六十三名。弘治三年，庚戌科會試第一百四十五名，殿試第三甲一百九十一名。弘治十六年，任開封知府。正德三年五月，升山東按察司副使，分巡兵巡道。正德五年，刊

印王寵《東泉志》。

《弘治三年進士登科錄》：陳澍，貫山西太原左衛官籍，直隸高郵州人，國子生，治《易經》。字天澤，行二，年三十，十月二十五日生。曾祖志枭。祖敬，百戶。父璧，監察御史。母閻氏，封孺人。具慶下。兄漢，貢士。弟瀞，百戶；法；況。娶江氏，繼娶朱氏。山西鄉試第六十三名，會試第一百四十五名。

弘治六年癸丑科

常賜：字承恩，號思亭，沁水西樊莊人，民籍，國子生，治《禮記》。弘治二年，己酉科山西鄉試解元。弘治六年，癸丑科會試第二百四十九名，殿試第三甲十九名。授行唐知縣，選陝西道監察御史，正德元年，謫任天長知縣。升登州知州、武昌府同知。正德五年十一月，升陝西按察司僉事。正德六年正月，升陝西按察司副使。

《弘治六年會試錄》：第二百四十九名，常賜，山西沁水縣人，監生，《禮記》。

《弘治六年進士登科錄》：常賜，貫山西澤州沁水縣，民籍，國子生，治《禮記》。字承恩，行四，年二十六，三月二十三日生。曾祖謙。祖瑜，贈大理寺評事。父曇。母賈氏。永感下。兄贇、賢、質。弟貢、貫、勳。娶張氏。山西鄉試第一名，會試第二百四十九名。

《明清歷科進士題名碑錄》：常賜，山西澤州沁水縣，民籍。

《皇明三元考》：弘治二年己酉科解元 山西 常賜，沁水人，字承恩，治《禮記》，癸丑進士，授行唐知縣，狷介有為，民用不擾，以薦擢監察御史，歷官陝西副使，後其子大理評事倫過行唐，人皆曰我父母常侯之子。

《類姓登科考》：常賜，山西沁水人，癸丑三甲。

弘治九年丙辰科

孟春：字時元，號遲齋，澤州大陽人，民籍，州學生，治《詩經》。弘治八年，乙卯科山西鄉試第四十六名。弘治九年，丙辰科會試第二百六名，殿試第二甲八十七名。授刑部主事。正德三年，任浙江嚴州府知府。正德五年五月，升太僕寺少卿。正德八年正月，升都察院右僉都御史，巡撫宣府。正德

九年十二月，降級。正德十一年三月，降陝西布政司左參議。正德十二年七月，升陝西布政司右參政。正德十六年八月，升應天府尹；十一月，升都察院右副都御史，巡撫順天等府，設所部預備倉，積二十萬六千餘。嘉靖元年九月，上嘉之，賞銀若干。嘉靖二年十二月，升戶部右侍郎，總督倉場。嘉靖三年八月，改吏部右侍郎；十月，升吏部左侍郎。嘉靖四年正月，蔭其子孟階為國子生。嘉靖六年三月，乞罷不允；六月，大同急，推避不往；八月，上怒其不引咎求退，命法司收押。九月，革職歸里，年六十八，病卒。萬曆二十八年七月，復其官職，仍予祭葬。萬曆三十六年，追贈工部尚書。有詩《九日遊青蓮寺》等。著有《遲齋奏議》。

　　《弘治九年會試錄》：第二百六名，孟春，山西澤州學生，《詩》。

　　《弘治九年進士登科錄》：孟春，貫山西澤州，民籍，州學生，治《詩經》。字時元，行一，年三十七，九月初一日生。曾祖泰。祖鑒。父彪。母王氏。慈侍下。弟夏、秋、冬。娶李氏。山西鄉試第四十六名，會試第二百六名。

　　《科名盛事錄》：三代進士　澤州孟春，弘治丙辰，吏部侍郎；子陽，正德甲戌，行人；孫顏，嘉靖戊戌。

　　《明清歷科進士題名碑錄》：孟春，山西澤州，民籍。

　　《類姓登科考》：孟春，山西澤州人，字時元，丙辰二甲，吏部左侍郎，贈工部尚書。

　　《國朝列卿記》：孟春，字時元，山西澤州人，弘治丙辰進士，任浙江嚴州府知府，正德五年升太僕寺少卿，八年升右僉都御史，巡撫宣府，十一年降陝西參議，升參政；十六年升應天府尹，本年升右副都御史，巡撫順天等府，設所部預備倉，積二十萬六千餘，上嘉之。嘉靖二年升總儲，戶部右侍郎；三年升吏部左侍郎。

　　張璡：字伯純，號舜澤，澤州夏莊人，民籍，國子生，治《詩經》。弘治二年，己酉科山西鄉試第四十二名。弘治九年，丙戌科會試第一百十九名，殿試第三甲四十二名。弘治十年，授尉氏知縣。弘治十四年，任宜陽知縣，充辛酉科河南鄉試對讀官。弘治十六年三月，選試陝西道監察御史，逆王瑾。弘治十七年六月，實授陝西道監察御史。正德元年，刻印《東萊呂氏西漢精華》十四卷。正德五年二月，升河南按察司僉事，分巡汝南道；八月，充庚午科河南鄉試監視官；九月，提督學政。正德六年正月，考察，不宜學政；二

月，調陝西按察司僉事，分管河外收糧。正德九年十一月，削籍為民。嘉靖
初，再起為陝西按察司僉事。嘉靖十年五月，年六十四，卒於家，崔珖志其
墓，詳見《前陝西按察僉事舜澤張先生墓誌銘》。著有《程朱心印》《邃言》
《舜澤記》《文集總》。

《弘治九年會試錄》：第一百十九名，張璉，山西澤州人，監
生，《詩》。

《弘治九年進士登科錄》：張璉，貫山西澤州，民籍，國子生，
治《詩經》。字伯純，行一，年三十一，五月十六日生。曾祖彬。祖
喻。父廣，聽選官。母宋氏。具慶下。弟琛、珽。娶劉氏，繼娶宋
氏。山西鄉試第四十二名，會試第一百十九名。

《明清歷科進士題名碑錄》：張璉，山西澤州，民籍。

《弘治十四年河南鄉試錄》：對讀官 開封府尉氏縣知縣張璉，
伯純，山西澤州人，丙辰進士。

《國朝河南舉人名錄》：正德五年庚午科 監視官 僉事張璉，
山西澤州人，丙辰進士。

弘治十二年己未科

王錫：字天寵，高平人，軍籍，國子生，治《禮記》。弘治二年，己酉科
山西鄉試第三十九名。弘治十二年，己未科會試第一百七十四名，殿試第二
甲四十一名。授廣東新會知縣。弘治十四年，任河南裕州知州，充辛酉科河
南鄉試對讀官。調廣州知州。後世孫王順徙居澤州城。

《弘治十二年會試錄》：第一百七十四名，王錫，山西高平縣
人，監生，《禮記》。

《弘治十二年進士登科錄》：王錫，貫山西澤州高平縣，軍籍，
國子生，治《禮記》。字天寵，行一，年三十七，七月初五日生。曾
祖思明。祖宗泰。父文，知縣。母袁氏。具慶下。娶田氏。山西鄉
試第三十九名，會試第一百七十四名。

《明清歷科進士題名碑錄》：王錫，山西澤州高平縣，軍籍。

《類姓登科考》：王錫，山西高平人，二甲。

《弘治十四年河南鄉試錄》：對讀官 南陽府裕州知州王錫，天
寵，山西高平縣人，己未進士。

王玹：字邦器，號西溪，陽城化源里人，軍籍，縣學生，治《書經》。弘治十一年，戊午科山西鄉試第十八名。弘治十二年，己未科會試第二百七十七名，殿試第三甲五十七名。刑部觀政。丁父憂。服闋，授戶部湖廣清吏司主事，差委臨清、德州、居庸、通太等處督倉。正德二年，丁母憂。正德五年，服闋，升刑部雲南司員外郎，尋升刑部山東司郎中；五月，遷陝西按察司僉事；九月，調河南按察司僉事，分巡汝寧道。正德六年六月，商城失守，停俸。正德七年八月，逮問還職。正德九年五月，升山東按察司副使，整飭密雲、永平、薊州等處兵備，兼管永平等衛所州縣屯田。正德十三年，升山東布政司左參政，分守遼海東寧道。解組歸，居家十年，杜門不出。嘉靖十年，年七十五，卒於家，孟春志其墓，詳見《明故左參政王公玹墓誌銘》。

　　　　《弘治十二年會試錄》：第二百七十七名，王玹，山西陽城縣學生，《書》。

　　　　《弘治十二年進士登科錄》：王玹，貫山西澤州陽城縣，軍籍，縣學生，治《書經》。字邦器，行二，年四十三，六月初七日生。曾祖仁和。祖興。父庸，河泊所官。母郭氏。具慶下。兄玒，弟璋。娶田氏。山西鄉試第十八名，會試第二百七十七名。

　　　　《明清歷科進士題名碑錄》：王玹，山西澤州陽城縣，軍籍。

　　　　《類姓登科考》：王玹，山西高平人，三甲。

弘治十五年壬戌科

段豸：字世高，號丹川，錦衣衛軍籍，山西澤州人，段正子，儒士，治《易經》。弘治十四年，辛酉科順天府鄉試第十五名。弘治十五年，壬戌科會試第二百七名，殿試第三甲十二名。授河南府推官。正德二年三月，升工科給事中。正德三年二月，改戶科給事中。正德四年正月，選陝西道監察御史，查勘錢糧；五月，改兵科右給事中。正德五年二月，升兵科都給事中；九月，因劉瑾，降三級，調外任。正德六年，謫棄強縣知縣，守城而亡；十二月，贈光祿寺少卿〔註4〕，蔭子段崇文為錦衣衛百戶。正德八年四月，詔給米二旦、絹二尺。有詩《春日遊少林》《靜寧道中有懷祝鶴矙》。

　　　　《弘治十四年順天鄉試錄》：第十五名，段豸，錦衣衛軍餘，《易》。

〔註4〕編者按：《鳳臺縣志》載為贈太僕寺卿，據《明實錄》為贈光祿寺少卿。

《弘治十五年會試錄》：第二百七名，段豸，錦衣衛人，儒士，《易》。

《弘治十五年進士登科錄》：段豸，貫錦衣衛，軍籍，山西澤州人，儒士，治《易經》。字世高，行一，年三十一，六月初九日生。曾祖奉先。祖善，封監察御史，贈知府。父正，大中大夫，布政司左參政。母周氏，封恭人。慈侍下。娶焦氏。順天府鄉試第十五名，會試第二百七名。

《明清歷科進士題名碑錄》：段豸，錦衣衛軍籍，山西澤州人。

《類姓登科考》：段豸，錦衣衛人，正子，壬戌三甲。

武思明：字克誠，陵川東關人，民籍，國子生，治《書經》。弘治十一年，戊午科山西鄉試第十一名。弘治十五年，壬戌科會試第一百九十四名，殿試第三甲二十五名。授江西金壇知縣，未二載，卒於官。娶姬氏，無後，詳見都永思《姬孺人傳》。

《弘治十五年會試錄》：第一百九十四名，武思明，山西陵川縣人，監生，《書》。

《弘治十五年進士登科錄》：武思明，貫山西澤州陵川縣，民籍，國子生，治《書經》。字克誠，行一，年二十九，六月初二日生。曾祖鷥。祖鶴，旌表義民。父寧，義官。前母李氏、姬氏，母傅氏。永感下。兄思賢，義官。弟思恭、思孝、思敬、思義。娶姬氏。山西鄉試第十一名，會試第一百九十四名。

《明清歷科進士題名碑錄》：武思明，山西澤州陵川縣，民籍。

原軒：字公載，陽城下交人，民籍，國子生，治《書經》。弘治十一年，戊午科山西鄉試第三十九名。弘治十五年，壬戌科會試第二百二十九名，殿試第三甲八十九名。授樂亭知縣，改浚縣知縣。正德二年四月，選試雲南道監察御史。正德四年，巡按四川。正德五年八月，充庚午科順天府鄉試監視官。正德七年七月，巡按直隸，隨軍紀功。正德八年十一月，升陝西按察司僉事。升山東按察司副使。正德十二年九月，升浙江按察司按察使。致仕。

《弘治十五年會試錄》：第二百二十九名，原軒，山西陽城縣人，監生，《書》。

《弘治十五年進士登科錄》：原軒，貫山西澤州陽城縣，民籍，國子生，治《書經》。字公載，行一，年三十，十月二十六日生。曾

祖瑢，前知縣。祖宗善，左長史。父應奎，監生。母李氏，繼母石氏。重慶下。弟軾、軒、轂。娶梁氏。山西鄉試第三十九名，會試第二百二十九名。

《明清歷科進士題名碑錄》：原軒，山西澤州陽城縣，民籍。

《類姓登科考》：原軒，山西陽城縣人，壬戌三甲。

《正德五年順天府鄉試錄》：監視官 文林郎雲南道監察御史原軒，公載，山西陽城縣人，壬戌進士。

正德六年辛未科

常倫：字明卿，號樓居子，沁水西樊莊（西曲里）人，民籍，縣學生，治《禮記》。正德五年，庚午科山西鄉試第二名。正德六年，辛未科會試第四十名，殿試第三甲一百七十八名。禮部觀政。除大理寺評事。正德十二年，丁父憂。正德十六年，服闋，補壽州判官。嘉靖三年，忤上官，棄官歸里。遷寧羌州知州，不赴。嘉靖四年，年三十四，落水而亡。有詩《望山有懷故居》《客行篇寄山中所知》《和王玉溪過韓信嶺》《竹》《採蓮曲》。著有《校正字法》《常評事集》。

《正德六年會試錄》：第四十名，常倫，山西沁水縣學生，《禮記》。

《正德六年進士登科錄》：常倫，貫山西澤州沁水縣，民籍，縣學生，治《禮記》。字明卿，行四，年二十，十一月二十一日生。曾祖□，贈監察御史。祖曇，贈監察御史。父賜，按察司副使。母張氏，封孺人。具慶下。兄偉、儒。弟俊、儀。娶騰氏。山西鄉試第二名，會試第四十名。

《明清歷科進士題名碑錄》：常倫，山西澤州沁水縣，民籍。

《類姓登科考》：常倫，山西沁水人，賜子，正德辛未三甲。

《談氏筆乘》：〔科牘·爭解元占席〕正德庚午科，山西解額陳槀謨第一，沁山常倫次之……明年辛未倫成進士，授大理寺評事，以酣狂謫壽州判官……起寧羌州守，不赴。已謁選，騎出歸德，舞雙刀陷淖中伏刃死。年三十三，亡子。

正德九年甲戌科

李經：字文極，號南皋，河南真陽籍，山西澤州人，民籍，汝陽縣學生，

習《春秋》。正德五年，庚午科河南鄉試第九十一名。正德九年，甲戌科會試第二百七十名，殿試第三甲三十三名。本年，授吳縣知縣。歷戶部山東司主事、戶部員外郎、戶部郎中。嘉靖三年，奉命冊封徽藩，升青州知府，連丁父母憂。補西安知府。升陝西按察司副使，分巡西寧兵備道。升陝西布政司右參政。嘉靖二十七年九月，家居，與崇王爭田成怨，革職為民。嘉靖三十七年五月，年七十五，以疾卒於家，高拱志其墓，詳見《明故中憲大夫陝西承宣布政使司右參政南皋李公墓誌銘》。

《國朝河南舉人名錄》：李經，汝陽縣學生，《春秋》。

《正德九年會試錄》：第二百七十名，李經，河南真陽縣人，監生，《春秋》。

《皇明進士登科考》：李經，河南真陽縣籍，山西澤州人。

《明清歷科進士題名碑錄》：李經，河南汝寧府真陽縣，民籍，山西澤州人。

《類姓登科考》：李經，河南真陽縣人，三甲。

孟陽：字子乾，澤州大陽人，孟春子，民籍，州學附生，治《詩經》。正德二年，丁卯科山西鄉試第三名。正德九年，甲戌科會試第二百一名，殿試第三甲八十六名。本年，授行人司行人。正德十四年，諫武宗南巡，下錦衣獄，罰跪午門，越一日，卒於京邸，年僅三十四，呂柟志其墓，詳見《行人澤州孟子乾墓誌銘》；馬汝驥撰其碑，詳見《修職郎行人司行人贈山東道監察御史澤州孟公墓碑》。正德十六年五月，贈監察御史，賜祭葬，蔭一子入太學。南明福王時，追諡忠介。

《正德二年山西鄉試錄》：第三名，孟陽，澤州學附學生，《詩》。

《正德九年會試錄》：第二百一名，孟陽，山西澤州人，監生，《詩》。

《科名盛事錄》：三代進士 澤州孟春，弘治丙辰，吏部侍郎；子陽，正德甲戌，行人；孫顏，嘉靖戊戌。

《明清歷科進士題名碑錄》：孟陽，山西澤州，民籍。

《類姓登科考》：孟陽，山西澤州人，春子，三甲。

鍾錫：字爾祉，號三谷，澤州鍾莊人，民籍，州學生，治《禮記》。正德八年，癸酉科山西鄉試第四名。正德九年，甲戌科會試第三百五十三名，殿試第三甲九十名。授山東鄒平知縣。正德十一年，充丙子科山西鄉試對讀官。

正德十四年，任武進知縣。升刑部主事。升鳳翔府同知。嘉靖二年八月，升陝西按察司僉事，分巡關西道。嘉靖十一年，改四川按察司僉事，專管水利。嘉靖十二年，刻印《讀史備忘》。嘉靖十三年，升陝西按察司副使，分巡河西道。撰有《郡城南關重修白水河橋記》。著有《王屋稿》。

《正德八年山西鄉試錄》：第四名，鍾錫，澤州學生，《禮記》。

《正德九年會試錄》：第三百五十三名，鍾錫，山西澤州學生，《禮記》。

《明清歷科進士題名碑錄》：鍾錫，山西澤州，民籍。（碑錄）

《類姓登科考》：鍾錫，山西澤州人，三甲。

《正德十一年山東鄉試錄》：對讀官　濟南府鄒平縣知縣鍾錫，爾祉，山西澤州人，甲戌進士。

張好爵：字尚德，陽城郭峪人，民籍，國子生，治《易經》。正德五年，庚午科山西鄉試舉人。正德九年，甲戌科會試第一百十四名，殿試第三甲一百七十六名。授戶部山東司主事。正德十三年，運銀宣府。嘉靖二年，任戶部廣東司郎中。

《正德九年會試錄》：第一百十四名，張好爵，山西陽城縣人，監生，《易》。

《明清歷科進士題名碑錄》：張好爵，山西澤州陽城縣，民籍。

《類姓登科考》：張好爵，山西陽城人，三甲，好古弟。

《皇明貢舉錄》：張好爵，山西陽城縣。

《皇明進士登科考》：張好爵，山西陽城縣人。

正德十二年丁丑科

李東：字震卿，號兩峰，陝西藍田籍，山西澤州人，民籍，國子生，治《春秋》。正德八年，癸酉科陝西鄉試第四十名。正德十二年，丁丑科會試第二百二十八名，殿試第三甲六十四名。都察院觀政。正德十三年，授直隸丹徒知縣。正德十四年，刻印《藍田呂氏遺書》。正德十五年，纂修《丹徒縣志》。嘉靖元年二月，選試雲南道監察御史。嘉靖三年，巡按直隸。嘉靖四年，巡按江北。嘉靖六年九月，巡按四川。嘉靖七年二月，賞銀幣。謫回籍閒住。撰有《輞川說》《王大令修理記》《保豐堂記》。著有《滄州別業》《兩峰文集》《兩巡奏疏》《藍田縣志遺稿》。子二，李進思，嘉靖十四年舉人，安岳、容城知

縣；李舟思，嘉靖三十一年舉人，鞏縣知縣。

《正德十二年會試錄》：第二百二十八名，李東，陝西藍田縣人，監生，《春秋》。

《正德十二年進士登科錄》：李東，貫陝西西安府藍田縣，民籍，國子生，治《春秋》。字震卿，行一，年三十七，十月初五日生。曾祖璠，壽官。祖俊。父廷實，訓導。母劉氏。永感下。弟采。娶吳氏。陝西鄉試第四十名，會試第二百二十八名。

《正德丁丑同年增注會錄》：李東，字震卿，號兩峰，年三十七，十月初五日生，陝西藍田縣人，都察院觀政，授丹徒縣知縣，升監察御史，謫回籍閒住。陝西癸酉鄉試四十名，會試二百二十八名，廷試三甲六十四名。

《明清歷科進士題名碑錄》：李東，陝西西安府藍田縣，民籍。

《類姓登科考》：李東，陝西藍田人，三甲。

司迪：字允吉，澤州城內人，軍籍，國子生，治《易經》。正德二年，丁卯科山西鄉試第十二名。正德十二年，丁丑科會試第二百十五名，殿試第三甲一百十六名。工部觀政。正德十四年，授萊陽知縣，改修萊陽城牆，祀名宦祠。升保定府同知、員外郎。升陝西按察司僉事，分巡隴右道，駐秦州。致仕歸。有詩《南樓晴望》。

《正德十二年會試錄》：第二百十五名，司迪，山西澤州人，監生，《易》。

《正德十二年進士登科錄》：司迪，貫山西澤州，軍籍，國子生，治《易經》。字允吉，行三，年三十七，四月十六日生。曾祖憲，推官。祖齊，審理正。父文，訓導。母牛氏。永感下。兄道、遜。弟遠；進，貢士。娶張氏。山西鄉試第十二名，會試第二百十五名。

《正德丁丑同年增注會錄》：司迪，字允吉，號□，年三十七，四月十六日生。山西澤州人。工部觀政。授萊陽知縣，升保定府同知、員外、僉事，致仕，卒。山西丁卯鄉試十二名，會試二百十五名，廷試二甲三十七名。

《明清歷科進士題名碑錄》：司迪，山西澤州，軍籍。

《類姓登科考》：司迪，山西澤州人，正德丁丑三甲。

正德十六年辛巳科

裴騫：字子孝，號吾山，澤州大陽人，民籍，州學生，治《書經》。正德十一年，丙子科山西鄉試第四十九名。正德十五年，庚辰科會試第三百二十四名。正德十六年，辛巳科殿試第三甲一百四十七名。嘉靖六年十二月，由刑部湖廣司主事升通政使司右參議。嘉靖七年七月，自稱每遇奏對，聲不能揚，乞量為別用，得旨準改尚寶司司丞。嘉靖十一年四月，升山東按察司副使，奉敕整飭密雲等處兵備。嘉靖十二年四月，降一級，調外任滁州同知。嘉靖十七年，任河南衛輝府同知。撰有《石廠石記》《重修太師殷比干祠墓碑記》《元妙觀重修鐘樓記》《遊靈山記》《春日遊豐樂亭》《龍蟠寺》等，有詩《哭孟忠臣祠》《藺相如廟》《海》《白塔寺》等。著有《滁陽集》《薊門集》。

　　《正德十一年山西鄉試錄》：第四十九名，裴騫，澤州學生，《書》。

　　《正德十五年會試錄》：第三百二十四名，裴騫，山西澤州人，《書》。

　　《正德十六年進士登科錄》：裴騫，貫山西澤州，民籍，國子生，治《書經》。字子孝，行三，年二十七，六月十七日生。曾祖廣。祖椿，縣丞，旌表孝子。父巚。母李氏，繼母李氏。重慶下。兄宣，寵。弟寧，守，宇，宸。娶金氏。山西鄉試第四十九名，會試第三百二十四名。

　　《明清歷科進士題名碑錄》：裴騫，山西澤州，民籍。

　　《類姓登科考》：裴騫，山西澤州人，辛巳三甲。

龐浩：字師孟，號東皋，澤州大陽人，民籍，國子生，治《書經》。正德五年，庚午科山西鄉試第十九名。正德十五年，庚辰科會試第三百四十八名。正德十六年，辛巳科殿試第三甲一百五十七名。嘉靖元年六月，授刑科右給事中。彈劾外戚，下獄，得翰林羅玘相救得釋。嘉靖五年四月，升刑科左給事中。嘉靖六年八月，升兵科都給事中。嘉靖十二年，任霸州兵備道副使。嘉靖十三年，任陝西布政司右參議，分巡西寧道。升陝西布政司右參政。嘉靖十七年八月，升河南按察司按察使。嘉靖十八年，世宗南巡，夜宿汲縣，行宮失火，上怒，以「不恭王事」罪將龐浩等罷黜為民。撰有《重修廟學記》。

　　《正德十五年會試錄》：第三百四十八名，龐浩，山西澤州人，監生，《書》。

《正德十六年進士登科錄》：龐浩，貫山西澤州，民籍，國子生，治《書經》。字師孟，行一，年四十，二月二十三日生。曾祖毅，兵部郎中。祖聰。父能。母牛氏。具慶下。弟澤，沐。娶顏氏。山西鄉試第十九名，會試第三百四十八名。

《明清歷科進士題名碑錄》：龐浩，山西澤州，民籍。

嘉靖二年癸未科

尚志：字士先，山西高平縣人，金吾左衛軍籍，儒士，治《書經》。正德八年，癸酉科順天府鄉試第六十七名。嘉靖二年，癸未科會試第一百六十九名，殿試第三甲六十七名。河南臨漳知縣。

《正德八年順天府鄉試錄》：第六十七名，尚志，金吾左衛儒士，《書》。

《嘉靖二年會試錄》：第一百六十九名，尚志，金吾左衛人，監生，《書》。

《嘉靖二年進士登科錄》：尚志，貫金吾左衛，軍籍。山西高平縣人。國子生。治《書經》。字士先，行十二，年四十八，十月十一日生。曾祖整。祖鶴。父寬。母劉氏。永感下。兄壽、福、祿。娶王氏，繼娶蕭氏。順天府鄉試第六十七名，會試第一百六十九名。

《明清歷科進士題名碑錄》：尚志，金吾左衛軍籍，山西高平縣人。

張好古：字尚友，號東峰，陽城郭峪人，民籍，縣學生，治《易經》。正德十四年，己卯科山西鄉試第四十名。嘉靖二年，癸未科會試第三百二十四名，殿試第三甲一百三十名。本年，授元城知縣。嘉靖四年七月，擅拘國戚非刑致死，下錦衣獄；十月，降用。嘉靖六年正月，削籍為民。嘉靖八年，起為靈臺典史，升鹽城知縣。升南京刑部主事、南京刑部員外郎。嘉靖十四年二月，升四川按察司僉事。

《正德十四年山西鄉試錄》：第四十名，張好古，陽城縣學生，《易》。

《嘉靖二年會試錄》：第三百二十四名，張好古，山西陽城縣人，監生，《易》。

《嘉靖二年進士登科錄》：張好古，貫山西澤州陽城縣，民籍，

國子生，治《易經》。字尚友，行一，年四十五，十一月十九日生。
曾祖廣。祖車。父玠，贈戶部主事。母暢氏，贈安人。繼母劉氏，
封安人。慈侍下。弟好忍；好愍；好爵，戶部主事；好問；好察；
好禮；好誨。娶王氏，繼娶李氏。山西鄉試第四十名，會試第三百
二十四名。

《皇明進士登科考》：張好古，山西陽曲縣人。

《皇明貢舉考》：張好古，山西陽曲縣。

《明清歷科進士題名碑錄》：張好古，山西澤州陽城縣，民籍。

《類姓登科考》：張好古，山西陽城人，三甲。

嘉靖五年丙戌科

丁謹：字惟安，澤州城內人，寧山衛軍籍。嘉靖四年，乙酉科山西鄉試
舉人。嘉靖五年，丙戌科殿試第三甲一百四十名。戶部觀政，勞軍固原。嘉靖
六年十一月初一日，到任直隸常州府宜興縣知縣。嘉靖七年，上疏均田賦。
嘉靖八年，因疾卒於官，宜興民眾立去思碑，入名宦祀。入澤州鄉賢祠。

《明清歷科進士題名碑錄》：丁謹，直隸寧山衛軍籍。

《類姓登科考》：丁謹，直隸寧山衛人，嘉靖丙戌三甲。

嘉靖八年己丑科

孟雷：字孔敬，號石盟，澤州大陽人，民籍，州學生，治《書經》。嘉靖
四年，乙酉科山西鄉試第九名。嘉靖八年，己丑科會試第二百六十六名，殿
試第二甲九十四名。嘉靖十一年，任和州知州。嘉靖十五年，任揚州府同知，
下獄。嘉靖十八年，事白，改調雷州同知，有善政。擢陝西按察司僉事，分巡
隴右道。嘉靖四十二年，居家。撰有《澤州始修北城樓碑記》，有詩《秋日飲
松嶺寺》，著有《修趾集》。

《嘉靖八年會試錄》：第二百六十六名，孟雷，山西澤州學生，
《書》。

《嘉靖八年進士登科錄》：孟雷，貫山西澤州，民籍，州學生，
治《書經》。字孔敬，行二，年二十七，八月二十六日生。曾祖瑋。
祖鎬，義官。父漢，義官。前母趙氏，母韓氏。具慶下。兄霓；霏，
同科進士；弟霽、霏、需、霍。娶顏氏。山西鄉試第九名，會試第
二百六十六名。

《嘉靖己丑進士同年便覽錄》：澤州孟雷，字孔敬，號石盟，癸亥，知州，同知，家居。〔註5〕

《皇明三元考》：嘉靖八年己丑科大魁 中式三百三十名 兄弟同榜 王培齡、王與齡，寧鄉縣人；孟霈、孟雷，澤州人；俱同父。李易、李祺，永興人，同族。

《科名盛事錄》：兄弟同榜進士 俱同父，嘉靖己丑科，孟霈、孟雷，山西澤州人。

《類姓登科考》：孟雷，山西澤州人，霈弟，兄弟同榜，字孔敬。乙丑二甲。

鍾鑑：字爾正，號方塘，澤州鍾莊人，民籍，州學附學生，治《禮記》。嘉靖四年，乙酉科山西鄉試第五名。嘉靖八年，己丑科會試第二百五十三名，殿試第三甲五十名。同年，授巢縣知縣。嘉靖九年，任獻縣知縣，入名宦祠。丁憂歸。服闋，補洛陽知縣。升河南府知府。嘉靖二十三年，由河南府知府升陝西按察司副使，分巡西寧道，駐甘州。升陝西布政司參政。嘉靖三十八年，考察下第。著有《禮經主意》。

《嘉靖八年會試錄》：第二百五十三名，鍾鑑，山西澤州學附學生，《禮記》。

《嘉靖八年進士登科錄》：鍾鑑，貫山西澤州，民籍，州學附學生，治《禮記》。字爾正，行七，年三十一，十月初七日生。曾祖厚，府經歷。祖儼。父珣。前母李氏，母秦氏。嚴侍下。兄錫，按察司僉事；銓；銳；鑾；鏊；鐮。弟鑄；鍔，貢士；釗；銑；鎏；鈜；鐏；欽；鈞；鋒。娶張氏。山西鄉試第五名，會試第二百五十三名。

《嘉靖己丑進士同年便覽錄》：澤州鍾鑑，字爾正，號方塘。己未，知縣，同知，知府，副使，考察去。

《類姓登科考》：鍾鑒，山西澤州人，字爾正，三甲。（類姓登科考）

孟霈：字孔章、符章，號味泉、泉坡，澤州大陽人，民籍，州學生，治《書經》。嘉靖四年，乙酉科山西鄉試第三名。嘉靖八年，己丑科會試第七名，殿試第三甲八十名。嘉靖九年，任封丘縣知縣。嘉靖十六年，任南陽府同知，

〔註5〕未見原本，據歙縣王紅春博士抄錄所得。

充丁酉科河南鄉試謄錄官。嘉靖十七年，任陝西按察司僉事，分巡寧夏河西道，管糧兼理鹽法兵備，史志載其「督儲多方，師行有道。嘉靖二十年三月，賞銀幣。山東布政司參議，分巡遼海東寧道。嘉靖二十六年，校訂《寧夏新志》，撰寫《寧夏新志後序》《觀赤木口詩序》等。嘉靖四十年，任雲南按察司僉事，居家。撰有《天井關重修孔子廟碑》。有詩《寧夏吟》《遊鼇山》《登黑寶塔》。著有《詩紀集》。

《嘉靖八年會試錄》：第七名，孟霦，山西澤州學生，《書》。

《嘉靖八年進士登科錄》：孟霦，貫山西澤州，民籍，州學生，治《書經》。字孔章，行一，年二十九，正月二十七日生。曾祖瑋。祖鎬，義官。父漢，義官。前母趙氏，母韓氏。具慶下。兄霓。弟雷，同科進士；霽；霏；需；霍。娶李氏，繼娶成氏。山西鄉試第三名，會試第七名。

《嘉靖己丑進士同年便覽錄》：澤州孟霦，字孔章，號味泉，辛酉，雲南僉事，家居。

《皇明三元考》：嘉靖八年己丑科大魁　中式三百三十名　兄弟同榜　王培齡、王與齡，寧鄉縣人；孟霦、孟雷，澤州人；俱同父。李易、李禖，永興人，同族。

《科名盛事錄》：兄弟同榜進士　俱同父　嘉靖己丑科，孟霦、孟雷，山西澤州人。

《類姓登科考》：孟霦，山西澤州人，字符章，三甲。

《嘉靖十六年河南鄉試錄》：謄錄官　南陽府同知孟霦，孔彰，山西澤州人，己丑進士。

嘉靖十一年壬辰科

郭鋆：字允重，號一泉，高平北莊人，居高平城，民籍，縣學增廣生，治《春秋》。正德十四年，己卯科山西鄉試第五名。嘉靖十一年，壬辰科會試第四名，殿試第三甲一百十六名。戶部觀政。授行人司行人。嘉靖十四年，選工科給事中，歷禮科、刑科左右給事中。嘉靖十八年，升戶科都給事中。嘉靖二十一年，升太常寺少卿，提督四夷館。嘉靖二十四年，丁母憂。嘉靖二十七年，復任四品職。嘉靖二十八年，升南京光祿寺卿，尋轉順天府尹。嘉靖二十九年，任南京大理寺卿。嘉靖三十一年，升工部右侍郎，奉敕總理盧溝橋、玄

雷殿、寶源局，鑄嘉靖通寶，以三品考績第一，進階通議大夫。嘉靖三十三年，升工部左侍郎，督修京師外城，工竣加尚書俸。嘉靖三十五年，致仕。嘉靖四十二年，年六十六，卒於家，裴宇志其墓，詳見《工部左侍郎郭公鋆慕誌銘》。著有《一泉稿》。

《正德十四年山西鄉試錄》：第五名，郭鋆，高平縣學增廣生，《春秋》。

《嘉靖十一年會試錄》：第四名，郭鋆，山西高平縣人，監生，《春秋》。〔註6〕

《嘉靖十一年進士登科錄》：郭鋆，貫山西澤州高平縣，民籍，國子生，治《春秋》。字允重，行一，年三十五，十月初八日生。曾祖質，知州。祖定，知州。父坤，知州。母王氏。慈侍下。兄鑾，貢士。弟釜；鍪，貢士；鑒；金；鎣；鉴。娶劉氏，繼娶刑氏。山西鄉試第五名，會試第四名。

《嘉靖壬辰科進士同年序齒錄》：山西。郭鋆，字允重，治《春秋》。戊午年十月初八日生。高平縣人。觀戶部政。授行人，歷工給事中、戶都給事、太常少卿，升南光祿卿、順天府尹、南大理卿，改大理卿、工侍郎止。號一泉。曾祖質，知州。祖定，知州。父坤，知州。母王氏。兄鑾，貢士。弟釜，生員；鍪，貢士；鑒，生員。子治己；治統，郎中。己卯鄉試五名，會試四名，廷試三甲一百十六名。

《類姓登科考》：郭鋆，山西高平縣人，字允重，壬辰三甲，工部左侍郎。

嘉靖十四年乙未科

趙繼孟：字宗之，澤州大陽人，民籍，州學附學生，治《詩經》。嘉靖十年，辛卯科山西鄉試第五十七名。嘉靖十四年，乙未科會試第二百四名，殿試第三甲六十九名。歷官太常寺博士、刑部員外郎、濟南府同知、南京戶部郎中。嘉靖二十六年，任河南懷慶府知府。嘉靖三十二年，任青州鹽轉運司同知。四川夔州府知府。著有《憩鶴道人漫稿》。

《嘉靖十年山西鄉試錄》：第五十七名，趙繼孟，澤州學附學

〔註6〕《嘉靖十一年會試錄》缺第1到16名，據登科錄補。

生，《詩》。

　　《嘉靖十四年進士登科錄》：趙繼孟，貫山西澤州，民籍，州學
附學生，治《詩經》。字宗之，行一，年二十一，八月初九日生。曾
祖貴。祖厚。父龐。母孟氏。永感下。弟繼爵、繼祖、繼宗、繼先。
娶顏氏，繼聘李氏。山西鄉試第五十七名，會試第二百四名。

郭鎜：字允新，號三泉，高平北莊人，民籍，縣學生，治《春秋》。嘉靖
十年，辛卯科山西鄉試第六十四名。嘉靖十四年，乙未科會試第二百四十二
名，殿試第三甲四十四名。選庶吉士。嘉靖二十年，授檢討，丁父憂。嘉靖二
十三年，升修撰。嘉靖二十八年，奉命修《大明會典》。嘉靖三十一年，充壬
子科應天鄉試考官。嘉靖三十三年，升司經局洗馬兼修撰。嘉靖三十四年，
升國子監祭酒，纂修《皇明太學誌》。嘉靖三十六年，升南京工部右侍郎。嘉
靖三十七年六月，年六十，卒於南京，上遣官祭葬，李璣志其墓，詳見《明
故嘉議大夫南京工部侍郎泉南郭公墓表》。著有《翰林詩稿》《國學文集》《家
居集》。

　　《嘉靖十年山西鄉試錄》：第六十四名，郭鎜，高平縣學生，《春
秋》。

　　《嘉靖十四年進士登科錄》：郭鎜，貫山西澤州高平縣，民籍，
國子生，治《春秋》。字允新，行四，年三十三，十二月初三日生。
曾祖質，知州。祖定，知州。父城，州判。母李氏。嚴侍下。兄鑾，
貢士；鋆，行人；釜。弟鑑，同科；鼇；鋆；鎣；鑑。□娶趙氏。
山西鄉試第六十四名，會試第二百四十二名。

　　《皇明三元考》：嘉靖十四年乙未科大魁　中式三百三十名　兄弟
同榜　李念、李愈，平定州人，同父。郭鎜、郭鑑，高平人，同族。

　　《類姓登科考》：郭鎜，山西高平縣人，鋆弟，同胞三進士。三
甲，庶吉士，南京工部右侍郎。

　　《明貢舉考略》：壬子科　嘉靖三十一年　應天　修撰郭鎜，允
新，山西高平人，乙未。

　　《嘉靖三十一年應天府鄉試錄》：考試官　翰林院修撰郭鎜，允
新，山西高平縣人，乙未進士。

郭鑑：字允明，號丹泉，高平北莊人，居高平城內，民籍，縣學生，治
《春秋》。嘉靖十三年，甲午科山西鄉試第十六名。嘉靖十四年，乙未科會試

第二百五十九名，殿試第二甲五十六名。嘉靖十五年，授刑部陝西司主事。嘉靖十八年，升刑部員外郎。嘉靖十九年，告病歸，日理方藥，遂精醫術，著《醫方輯略》。嘉靖二十二年，病癒，補戶部貴州司員外郎。嘉靖二十三年正月，升戶部廣西司郎中；四月，封贈父母妻室；六月，丁母憂。嘉靖二十六年，服闋，補戶部湖廣司郎中，奉旨監稅儀真，釐正積弊；十月，升順德府知府。萬曆二十九年，改永平府知府。嘉靖三十一年，考績，進階中憲大夫，升河南按察司副使。嘉靖二十二年，率兵入羊口衛駐守，舊疾復發不起。嘉靖三十三年二月，年四十五，卒於官，程文德志其墓，詳見《明故中憲大夫河南按察司副使丹泉郭君墓誌銘》。

　　《嘉靖十四年進士登科錄》：郭鑒，貫山西澤州高平縣，民籍，縣學生，治《春秋》。字允明，行五，年二十六，四月二十九日生。曾祖質，知州。祖定，知州。父坤，知州。母王氏。慈侍下。兄鑾，貢士；鋆，行人；釜；鑒，同科進士。弟鏊；鎣；鎏；鑑。娶申氏。山西鄉試第十六名，會試第二百五十九名。

　　《皇明三元考》：嘉靖十四年乙未科大魁　中式三百三十名　兄弟同榜　李念、李愈，平定州人，同父。郭鑒、郭鑒，高平人，同族。

　　《類姓登科考》：郭鑒，山西高平縣人，二甲，鋆弟，兄弟同榜進士。

嘉靖十七年戊戌科

　　孟顏：字學顏、汝學，號懷溪、小溪，澤州大陽人，孟陽子，民籍，恩生，治《詩經》。嘉靖十六年，丁酉科山西鄉試第三名。嘉靖十七年，戊戌科會試第一百九十一名，殿試第三甲一百三十五名。嘉靖十九年，任常熟知縣。升戶部山東監兌分司主事。嘉靖二十八年，任陝西按察司僉事，分守關西道，充己酉科陝西鄉試監視官。嘉靖三十年，升四川布政司左參議，棄官孝親。撰有《陽阿鎮建三峻廟記》《青蓮寺下院古淨影寺碑》等。有詩《陪祀吳山》《遊青蓮寺》《登玨山》等。著有《孟亭恒隱集》。

　　《嘉靖十六年山西鄉試錄》：第三名，孟顏，澤州恩生，《詩》。

　　《嘉靖十七年進士登科錄》：孟顏，貫山西澤州，民籍，國子生，治《詩經》。字學顏，行一，年二十四，三月初一日生。曾祖彪，贈太僕寺少卿，加贈都察院右副都御史。祖春，通議大夫，吏部左侍

郎。父陽，行人，贈監察御史。母顏氏，封孺人。永感下。弟學孔、學思、頗、項、學堯。娶龐氏。山西鄉試第三名，會試第一百九十一名。

《科名盛事錄》：三代進士 澤州孟春，弘治丙辰，吏部侍郎；子陽，正德甲戌，行人；孫顏，嘉靖戊戌。

《類姓登科考》：孟顏，山西澤州人，三甲。

《嘉靖二十八年陝西鄉試錄》：監試官 陝西等處提刑按察司僉事孟顏，汝學，山西澤州人，戊戌進士。

嘉靖二十年辛丑科

楊謨：字汝承，澤州籍，大同縣人，民籍，州學生，治《書經》。嘉靖元年，壬午科山西鄉試第一名解元。嘉靖十一年，撰《澤守喬祺政績記》。嘉靖二十年，辛丑科會試第一百二十二名，殿試第二甲十名。嘉靖二十五年，任四川潼川州知州，充丙午科四川鄉試對讀官。嘉靖二十八年，任鳳翔府同知，充己酉科陝西鄉試彌封官。嘉靖二十九年，升平涼府知府。嘉靖三十一年，升甘肅慶陽府知府。

《嘉靖元年山西鄉試錄》：第一名，楊謨，澤州學生，《書》。

《嘉靖二十年會試錄》：第一百二十二名，楊謨，山西澤州人，監生，《書》。

《嘉靖二十年進士登科錄》：楊謨，貫山西澤州，民籍，大同府大同縣人，國子生，治《書經》。字汝承，行一，年三十九，二月十三日生。曾祖理。祖洪，儀賓。父森，義官。母趙氏，繼母梁氏。永感下。弟訓。娶續氏。山西鄉試第一名，會試第一百二十二名。

《皇明三元考》：嘉靖元年壬午科解元 山西 楊謨，澤州人，治《書》，辛丑進士。

《類姓登科考》：楊謨，山西澤州人，辛丑二甲。

《嘉靖二十五年四川鄉試錄》：對讀官 潼川州知州楊謨，汝承，山西澤州籍，大同縣人，辛丑進士。

《嘉靖二十八年陝西鄉試錄》：彌封官 鳳翔府同知楊謨，汝承，山西澤州人，辛丑進士。

王學柳：字宗文，號子奇，疑為澤州川底王虎山人，民籍，州學生，治

《書經》。嘉靖十九年，庚子科山西鄉試第十八名。嘉靖二十年，辛丑科會試第二百四十名，殿試第三甲十六名。本年，授長安縣知縣。嘉靖二十三年，任松江府同知。

《嘉靖二十年會試錄》：第二百四十名，王學柳，山西澤州學生，《書》。

《嘉靖二十年進士登科錄》：王學柳，貫山西澤州，民籍，州學生，治《書經》。字宗文，行二，年三十七，五月初五日生。曾祖進，縣主簿。祖原。父相，府知事。母張氏。具慶下。兄，學韓。弟，學歐、學蘇、學周、學召、學曾。娶孫氏。山西鄉試第十八名，會試第二百四十名。

《類姓登科考》：王學柳，山西澤州人，三甲。

李豸：字直卿，號西谷，陽城中莊人，軍籍，國子生，治《易經》。嘉靖十六年，丁酉科山西鄉試第三十七名。嘉靖二十年，辛丑科會試第一百二十一名，殿試第三甲二十五名。陝西郃陽知縣。嘉靖二十五年，行取，以王親例升河間府同知，丁憂歸。嘉靖三十三年二月，任河南按察司僉事，賞銀二十兩、絲一表裏。升河南布政司右參議、河南按察司副使、河南布政司右參政、湖廣按察司按察使。嘉靖四十三年，任山東布政司左布政使，刻印《西山真文忠公文章正宗》；八月，充甲子科山東鄉試提調官。隆慶元年八月，充丁卯科山東鄉試提調官；十一月，加俸一級，食從一品俸祿。年七十一，卒於家。有詩《再遊龍泉寺》等。

《嘉靖十六年山西鄉試錄》：第三十七名，李豸，陽城縣監生，《易》。

《嘉靖二十年會試錄》：第一百二十一名，李豸，山西陽城縣人，監生，《易》。

《嘉靖二十年進士登科錄》：李豸，貫山西澤州陽城縣，軍籍，國子生，治《易經》。字直卿，行一，年三十三，二月二十日生。曾祖子釗。祖譽。父思忠。母延氏。重慶下。弟孚，爵。娶梁氏。山西鄉試第三十七名，會試第一百二十一名。

《嘉靖四十三年山東鄉試錄》：提調官 山東等處承宣布政使司左布政史李豸，直卿，山西陽城縣人，辛丑進士。

《隆慶元年山東鄉試錄》：提調官 山東等處承宣布政使司左布

政史李豸，直卿，山西陽城縣人，辛丑進士。

《類姓登科考》：李豸，山西陽城縣人，三甲。

裴宇：字子大，號內山，澤州大陽人，裴騫弟，民籍，國子生，治《書經》。嘉靖十三年，甲午科山西鄉試第二十名。嘉靖二十年，辛丑科會試第三十名，殿試第三甲一百三十四名。選翰林院庶吉士。嘉靖二十二年十月，授翰林院檢討。纂修《大明會典》。嘉靖三十五年，充丙辰科會試同考官。嘉靖三十七年十一月，由修撰升司經局洗馬兼翰林院侍講。嘉靖三十八年，充己未科殿試受卷官。嘉靖四十年，以司經局洗馬主考辛酉科順天鄉試。嘉靖四十一年二月，由司經局洗馬兼翰林侍講升侍讀學士，掌院事；三月，充壬戌科殿試讀卷官；十月，升太常寺卿，兼南京國子監祭酒。嘉靖四十二年五月，升南京禮部右侍郎。隆慶元年三月，致仕不允；五月，改南京吏部右侍郎；十月，升南京工部尚書。隆慶二年二月，改南京禮部尚書。隆慶三年，求罷不允，丁母憂。隆慶四年十一月，賜祭葬裴宇繼母郜氏。隆慶五年，修《澤州志》。萬曆八年三月，年七十一，卒於家，張養蒙撰其行狀，詳見《資政大夫南京禮部尚書內山裴公行狀》；五月，賜祭葬。撰有《明故四川保寧府同知進階朝列大夫誠庵馬公墓誌銘》《明故郡庠生員裴子敬德配宋孺人合葬墓誌銘》《工部左侍郎郭公銎慕誌銘》。有詩《遊豐樂亭》等。著有《內山稿》。

《嘉靖二十年會試錄》：第三十名，裴宇，山西澤州人，監生，《書》。

《嘉靖二十年進士登科錄》：裴宇，貫山西澤州，民籍，國子生，治《書經》。字子大，行六，年三十二，五月初八日生。曾祖廣。祖椿，縣丞，旌表孝子。父爵，知縣。母楊氏，繼娶郜氏。具慶下。兄宣；寵，歲貢生；騫，按察司副使；寧；守。弟宸；宷，貢士；宦；□。娶田氏。山西鄉試第二十名，會試第三十名。

《類姓登科考》：裴宇，山西澤州人，辛丑三甲。南京禮部尚書，庶吉士。

《國朝列卿記》：〔吏部左右侍郎〕裴宇，山西澤州人，嘉靖辛丑進士，隆慶元年任右。

《嘉靖三十五年會試錄》：同考試官　翰林院檢討徵士郎裴宇，字子大，山西澤州人，辛丑進士。

《嘉靖三十八年進士登科錄》：受卷官　奉訓大夫、司經局洗馬

兼翰林院侍講裴宇，辛丑進士。

《明貢舉考略》：辛酉科 嘉靖四十年 順天 侍讀裴宇，子大，山西澤州人，辛丑。

《嘉靖四十一年進士登科錄》：讀卷官 奉直大夫翰林院侍讀學士掌院士裴宇，辛丑進士。

嘉靖二十三年甲辰科

陳天祐：字謙甫，號容山，澤州人，居陽城，民籍，國子生，治《詩經》。嘉靖十三年，甲午科山西鄉試第十一名。嘉靖二十三年，甲辰科會試第一百十六名，殿試第二甲十二名。嘉靖三十九年九月，戶部主事，督理糧餉。升陝西西安府知府。升陝西按察司副使，分巡荊西道。著有《容山詩集》。

《嘉靖二十三年會試錄》：第一百十六名，陳天祐，山西澤州人，監生，《詩》。

《嘉靖二十三年進士登科錄》：陳天祐，貫山西澤州，民籍，國子生，治《詩經》。字謙甫，行二，年三十六，正月初九日生。曾祖林。祖秀，典史。父珏，典史。母裴氏。慈侍下。兄仁，儒，偉。弟俊、僑、傑、修、信。娶張氏。山西鄉試第十一名，會試第一百十六名。

《皇明進士登科考》：陳天祐，山西澤州人。

《皇明貢舉考》：陳天佑，山西澤州。

《類姓登科考》：陳天祐，山西澤州人，甲辰二甲。

趙軏：字以載，號輞川，高平趙莊人，居高平城內，民籍，國子生，治《易經》。嘉靖十六年，丁酉科山西鄉試第十一名。嘉靖二十三年，甲辰科會試第五十名，殿試第三甲二百三名。行人司行人。嘉靖二十七年十一月，選工科給事中。嘉靖二十八年十月，削籍為民。謫封丘縣丞，尋罷歸。隆慶元年正月，起補禮科給事中，帝戎服教祀，軏遮道諫止，疏請薛瑄從祀，帝從之；八月，升禮科右給事中；十一月，升南京大理寺右寺丞。隆慶四年五月，升南京太僕寺少卿。

《嘉靖十六年山西鄉試錄》：第十一名，高平縣監生，《易》。

《嘉靖二十三年會試錄》：第五十名，趙軏，山西高平縣人，監生，《易》。

《嘉靖二十三年進士登科錄》：趙軏，貫山西澤州高平縣，民
籍，國子生，治《易經》。字以載，行二，年三十六，六月十六日生。
曾祖子成，義官。祖倫，義官。父科，典膳。母秦氏，繼母范氏。
具慶下。兄軸。弟金，監生；轔。娶李氏。山西鄉試第十一名，會
試第五十名。

王國光：字汝觀，號疏庵，陽城上莊人，民籍，國子生，治《易經》。嘉
靖二十二年，癸卯科山西鄉試第十九名。嘉靖二十三年，甲辰科會試第一百
九十四名，殿試第三甲一百八十九名。嘉靖二十五年，授吳江知縣，改儀封
知縣。升兵部主事，改吏部主事，升吏部文選司郎中。嘉靖三十年，任河南儀
封縣知縣。嘉靖三十七年，升太僕寺少卿。嘉靖三十八年，升通政使司右通
政，提督膳黃。嘉靖四十年，升太僕寺卿兼順天府府尹。嘉靖四十二年，任戶
部右侍郎，總督倉場，督理西苑農事。嘉靖四十四年，謝病歸。隆慶元年，起
戶部右侍郎，兼都察院右僉都御史，巡撫河南。隆慶三年，致仕。隆慶四年，
升刑部左侍郎。隆慶五年，升南京刑部尚書，升戶部尚書，總督倉場。萬曆四
年，準乞休。萬曆五年，任吏部尚書，加太子太保。萬曆十年，落職閒住，復
官致仕。萬曆二十二年，卒於家，張慎言志其墓，詳見《明故光祿大夫太子太
保吏部尚書疏庵王公墓表》。輯有《萬曆會計錄》。著有《王疏庵率意稿》。

《嘉靖二十三年會試錄》：第一百九十四名，王國光，山西陽城
縣人，監生，《易》。

《嘉靖二十三年進士登科錄》：王國光，貫山西澤州陽城縣，民
籍，國子生。治《易經》。字汝觀，行二，年三十三，十一月初一日
生。曾祖子文，義官。祖昺。父承祖。母原氏。繼母曹氏、張氏。
具慶下。兄重光。弟爭光、前光、奎光、近光、耿光。娶張氏，繼
娶衛氏。山西鄉試第十九名，會試第一百九十四名。

《科名盛事錄》：一榜二十尚書　嘉靖甲辰榜，陽城王國光，太
子太保。

《類姓登科考》：王國光，山西陽城人，三甲。太子太保，吏部
尚書。

馬汝松：字節甫，號禹山，直隸東光籍，山西陵川人，民籍，縣學生，治
《書經》。嘉靖十九年，庚子科順天府鄉試第十七名。嘉靖二十三年，甲辰
科會試第一百八十九名，殿試第三甲一百九名。授中書舍人。嘉靖二十九年

十二月，任兵科右給事中。嘉靖三十年九月，升禮科左給事中。升工科都給事中。疏論權相不報，致仕歸里。年五十二，卒於家。著有《清門先生詩遺稿》。

　　《嘉靖二十三年會試錄》：第一百八十九名，馬汝松，直隸東光縣學生，《書》。

　　《嘉靖二十三年進士登科錄》：馬汝松，貫直隸河間府景州東光縣，民籍，山西陵川人，縣學生。治《書經》。字節甫，行一，年二十九，八月二十三日生。曾祖進。祖杲。父堯輔，驛丞。母楊氏。重慶下。娶曲氏。順天府鄉試第十七名，會試第一百八十九名。

　　《類姓登科考》：馬汝松，北直東廣人，三甲。

　　《馬氏家乘》：汝松，字節甫，號禹山，嘉靖庚子科舉人，甲辰科進士，授中書舍人，晉階徵仕郎，秩滿奏績，擢工科給事中，旋晉都本科，為名諫臣七年，因疏論權相不報，引疾致仕歸田，後惟閉戶課子，世號清門先生，壽五十二，著有《清門先生詩遺稿》，敕贈文林郎，崇祀鄉賢祠，配曲氏，封孺人，贈孺人。繼徐氏，封太孺人。子三，允眾、允述、允登。

嘉靖二十六年丁未科

　　張雲路：字伯登，號雲峰，高平城內人，軍籍，縣學生，師從郭鋆，治《春秋》。嘉靖十六年，丁酉科山西鄉試第十二名。嘉靖二十六年，丁未科會試第二百名，殿試第三甲九十一名。戶部觀政。授行人司行人，使周藩。嘉靖二十八年，選四川道監察御史。嘉靖三十一年，巡視關東，受祗棄官歸。嘉靖三十六年正月，年四十七，卒於家，郭鋆志其墓，詳見《明故文林郎監察御史望峰張君墓誌銘》。撰有《文則序》。

　　《嘉靖十六年山西鄉試錄》：第十二名，張雲路，高平縣學生，《春秋》。

　　《嘉靖二十六年會試錄》：第二百名，張雲路，山西高平縣人，監生，春秋。

　　《嘉靖二十六年進士登科錄》：張雲路，貫山西澤州高平縣，軍籍，國子生，治《春秋》。字伯登，行三，年三十三，十二月初二日生。曾祖廠。祖子能。父壘。母范氏。永感下。兄天德、雲騰。娶

郭氏。山西鄉試第十二名，會試第二百名。

　　　《嘉靖丁未科進士序齒錄》：張雲路，字伯登，號復貞，治《春秋》，己巳年十二月初二日生，高平人。丁酉鄉試十二名，會試二百名，廷試三甲九十一名。觀戶部政。歷行人，四川道御史，歸德府知府。娶郭氏。

劉崇文：字原質，號彬泉，高平米山鎮人，民籍，縣學生。治《易經》。嘉靖二十二年，癸卯科山西鄉試第二十四名。嘉靖二十六年，丁未科會試第一百九十一名，殿試第三甲一百八名。初授內丘知縣，果敢有位，民立祠記之。嘉靖二十九年，未考滿，以急用升戶部主事，監兌江西。嘉靖三十三年，司餉昌平。嘉靖三十五年，督使儀真未至，值倭亂，急升淮安府知府。平倭亂，按功應加一級，被誣下獄。嘉靖三十八年，罷官歸。萬曆三年，撰《重修鐵佛寺記》。萬曆五年，撰《高平重修預備倉記》。萬曆十年，冠帶閒住。萬曆十九年，以子劉虞夔貴封通議大夫、詹事府詹事兼翰林院侍讀學士。萬曆二十四年二月，年七十五，卒於家，賜祭葬，張養蒙志其墓，詳見《誥封通議大夫詹事府詹事兼翰林院侍讀學士前淮安府知府彬泉劉公墓誌銘》。

　　　《嘉靖二十六年會試錄》：第一百九十一名，劉崇文，山西高平縣學生，《易》。

　　　《嘉靖二十六年進士登科錄》：劉崇文，貫山西澤州高平縣，民籍，縣學生。治《易經》。字原質，行三，年二十六，二月初九日生。曾祖擴。祖贇。父韜，歲貢生。前母程氏、袁氏，母陳氏。具慶下。兄崇道，崇德。弟崇儒。娶張氏。山西鄉試第二十四名，會試第一百九十一名。

　　　《嘉靖丁未科進士序齒錄》：劉崇文，字原質，號彬泉，治《易經》，壬午年二日初九日生，高平人。癸卯鄉試二十四名，會試一百九十一名，廷試三甲一百八名。觀禮部政。歷內丘知縣，戶部主事、員外、郎中，淮安知府。父韜，教諭。娶張氏。子虞夔，辛未進士，庶吉士，授翰林編修、詹事。

嘉靖二十九年庚戌科

衛心：字之正，號太軒，陽城人，民籍，國子生，治《易經》。嘉靖二十五年，丙午科山西鄉試第七名。嘉靖二十九年，庚戌科會試第一百八十三名，

殿試第三甲一百二十一名。嘉靖二十九年，任河南宜陽知縣，刻書《流澤》
《平賦》。嘉靖三十一年八月，充壬子科河南鄉試謄錄官。嘉靖三十四年八月，
充乙卯科河南鄉試彌封官。嘉靖三十五年，任山東臨淄知縣。嘉靖三十八年，
任河北寧晉知縣。有詩《遊仙洞》。

> 《嘉靖二十五年山西鄉試錄》：第七名，衛心，陽城縣學生，
> 《易》。

> 《嘉靖二十九年會試錄》：第一百八十三名，衛心，山西陽城縣
> 人，監生，《易》。

> 《嘉靖二十九年進士登科錄》：衛心，貫山西澤州陽城縣，民
> 籍，國子生，治《易經》。字之正，行一，年四十，十二月初二日生。
> 曾祖完。祖成德。父縉，冠帶生員。母李氏。具慶下。娶王氏。山
> 西鄉試第七名，會試第一百八十三名。

> 《類姓登科考》：衛心，山西陽城縣人，三甲。

> 《嘉靖三十一年河南鄉試錄》：謄錄官　河南府宜陽縣知縣衛
> 心，之正，山西陽城縣人，庚戌進士。

> 《嘉靖三十四年河南鄉試錄》：彌封官　河南府宜陽縣知縣衛
> 心，之正，山西陽城縣人，庚戌進士。

牛輗：字伯行，高平城內人，民籍，國子生，治《易經》。嘉靖七年，戊
子科山西鄉試第十一名。嘉靖二十九年，庚戌科會試第三百二名，殿試第三
甲一百七十四名。授中書舍人。歷官戶部員外郎、郎中。嘉靖四十年，任陝西
慶陽府知府。子牛承德，廩生。

> 《嘉靖二十九年會試錄》：第三百二名，牛輗，山西高平縣人，
> 監生，《易》。

> 《嘉靖二十九年進士登科錄》：牛輗，貫山西澤州高平縣，民
> 籍，國子生，治《易經》。字伯行，行三，年四十二，四月二十六日
> 生。曾祖睿。祖拳。父璡。母李氏。永感下。兄輔、軒。弟軓。娶
> 秦氏，繼娶李氏。山西鄉試第十一名，會試第三百二名。

張昇：字伯東，號田南，陽城屯城人，民籍，縣學生，治《易經》。嘉靖
二十五年，丙午科山西鄉試第二十二名。嘉靖二十九年庚戌科會試第一百十
一名，殿試第三甲一百九十四名。嘉靖三十一年，授清苑知縣。嘉靖三十二
年，升戶部郎中，改兵部郎中。丁憂歸，服闋，補刑部郎中。嘉靖四十三年，

任衛輝府知府，祀衛輝名宦祠。隆慶二年四月，升陝西按察司副使。萬曆八年正月，起陝西按察司副使。八月，改河南按察司副使。萬曆十年正月，升河南布政司左參政；五月，以左參政銜致仕。萬曆二十八年，年八十七，卒於家，李維楨志其墓，詳見《河南布政司右參政張公墓誌銘》。

　　《嘉靖二十五年山西鄉試錄》：第二十二名，張昇，陽城縣學生，《易》。

　　《嘉靖二十九年會試錄》：第一百十一名，張昇，山西陽〔註7〕城縣人，監生，《易》。

　　《嘉靖二十九年進士登科錄》：張昇，貫山西澤州陽城縣，民籍，國子生，治《易經》。字伯東，行一，年三十七，正月十一日生。曾祖演。祖表。父曉。母王氏。慈侍下。弟冕、鼎。娶尹氏，繼娶王氏。山西鄉試第二十二名，會試第一百十一名。

陳策：字效愚，號沁泉，沁水賈寨（下梁南里）人，民籍，縣學生，治《書經》。嘉靖二十八年，己酉科山西鄉試第五十六名。嘉靖二十九年，庚戌科會試第九十三名，殿試第三甲二百十九名。吏部觀政。授工部主事。嘉靖三十五年，升員外郎、郎中。嘉靖三十七年，任河北真定府知府。升山東按察司副使，分巡霸州兵備道。

　　《嘉靖二十八年山西鄉試錄》：第五十六名，陳策，沁水縣學生，《書》。

　　《嘉靖二十九年會試錄》：第九十三名，陳策，山西沁水縣學生，《書》。

　　《嘉靖二十九年進士登科錄》：陳策，貫山西澤州沁水縣，民籍，縣學生，治《書經》。字效愚，行一，年三十五，九月初十日生。曾祖璉。祖良政，壽官。父楚。母楊氏，繼母楊氏。具慶下。弟謨、詩、篆。娶康氏。山西鄉試第五十六名，會試第九十三名。

　　《類姓登科考》：陳策，山西沁水縣人，三甲。

嘉靖三十二年癸丑科

李春芳：字元實，號鳳岡，沁水李莊村人，民籍，國子生，治《詩經》。嘉靖二十二年，癸卯科山西鄉試第六名。嘉靖三十二年，癸丑科會試第一百

〔註 7〕原文缺，據登科錄補。

八十六名，殿試第三甲二十一名。都察院觀政。陝西盩厔縣知縣，選兵科給
事中。嘉靖三十七年七月，升兵科右給事中。嘉靖三十九年五月，升戶科左
給事中。隆慶元年，以疾歸。

《嘉靖三十二年會試錄》：第一百八十六名，李春芳，山西沁水
縣人，監生，《詩》。

《嘉靖三十二年進士登科錄》：李春芳，貫山西澤州沁水縣，民
籍，國子生，治《詩經》，字元實，行一，年三十四，十二月初三日
生。曾祖憲。祖雄。父價，歲貢生。母張氏。具慶下。弟良士、良
相、繼芳、時芳、良臣。娶牛氏。山西鄉試第六名，會試第一百八
十六名。

《嘉靖癸丑科進士同年便覽錄》：澤州屬一人 李春芳，元實，
號鳳岡，山西沁水人，庚辰十二月初三日生。癸卯鄉試，會《詩》
一房三甲。觀都察院政，陝西盩厔縣知縣，選兵科。祖雄。父價，
貢士。母張氏。具慶下。弟良士，生員；良相；繼芳；時芳；良臣。
娶牛氏。子滋、汀、沽、濟、渥。

《類姓登科考》：李春芳，山西沁水人，字符實，三甲。

嘉靖三十五年丙辰科

郜大經：字汝修，號北溪，直隸吳橋籍，山西陵川人，民籍，縣學生，治
《詩經》。嘉靖三十四年，乙卯科順天鄉試第四十名。嘉靖三十五年，丙辰科
會試第二百三十五名，殿試第三甲一百九名。兵部觀政。授江吉安府推官。
庚申升吏部考功司主事。嘉靖四十一年十月，升陝西按察司僉事。嘉靖四十
二年，謫泰安州清軍同知。嘉靖四十三年八月，充甲子科山東鄉試彌封官。
嘉靖四十四年，升兗州府同知。隆慶元年三月，升陝西按察司僉事。隆慶二
年十二月，升陝西布政司左參議。隆慶四年，丁憂歸。隆慶六年十一月，改河
南布政司左參議。萬曆元年九月，升陝西按察司副使，分巡洮岷兵備道。萬
曆三年，調簡僻。

《嘉靖三十五年會試錄》：第二百三十五名，郜大經，直隸吳橋
縣學生，《詩》。

《嘉靖三十五年進士登科錄》：郜大經，貫直隸河間府吳橋縣，
民籍，山西潞安府陵川縣人，縣學生，治《詩經》。字汝修，行一，

年三十二，八月初四日生。曾祖淮，壽官。祖琛，歲貢。父良臣，歲貢。母杜氏。具慶下。弟大觀、大鯤、大綱、大壯、大綏、大年、大有、大樂。娶周氏，繼娶馮氏、田氏。順天府鄉試第四十名，會試第二百三十五名。

《嘉靖丙辰同年世講錄》：河間府七人：郜大經，《詩》一房，吳橋縣。□郜大經，□字汝脩，號北溪，治《詩經》。乙酉年八月初四日生，直隸河間府吳橋縣籍，山西陵川縣人。觀兵部政。曾祖淮。祖琛，貢士。父良臣，貢士。母杜氏，封孺人。具慶下。兄□。弟大觀、大鯤、大綱、大綏、大年、大有。娶周氏；繼娶馮氏；田氏，封孺人。子□。乙卯鄉試四十名，會試二百三十五名，廷試三甲一百九名。授江吉安府推官，庚申升吏部主事，壬戌升陝西僉事，癸亥謫泰安州同知，乙丑升兗州府同知，丁卯升陝西僉事，戊辰升參議。

《明清歷科進士題名碑錄》：郜大經，直隸河間府吳橋縣，民籍，山西潞安府陵川縣人。

《類姓登科考》：郜大經，北直吳橋縣人，嘉靖丙辰三甲。

《嘉靖四十三年山東鄉試錄》：彌封官　濟南府泰安州同知郜大經，汝脩，直隸吳橋縣籍，山西陵川縣人，丙辰進士。

郭東：字仁府，號春吾，高平建寧人，民籍，縣學生，治《詩經》。嘉靖二十五年，丙午科山西鄉試第二十名。嘉靖三十五年，丙辰科會試第一百二十名，殿試第三甲一百七十四名。兵部觀政。嘉靖三十六年，授浙江嘉興縣知縣，民立去思碑。嘉靖四十二年，復除河南嵩縣。嘉靖四十三年，升刑部主事。隆慶元年，疏請終養，里居十八年。萬曆十五年三月，由尚寶司丞升光祿寺少卿。萬曆十六年六月，升順天府丞。萬曆十七年八月，升南京太僕寺卿；十二月，乞休不允。萬曆十九年三月，致仕歸。著有《鳴春集》《萌春集》《長春集》。

《嘉靖二十五年山西鄉試錄》：第二十名，郭東，高平縣學生，《詩》。

《嘉靖三十五年會試錄》：第一百二十名，郭東，山西高平縣人，監生，《詩》。

《嘉靖三十五年進士登科錄》：郭東，貫山西澤州高平縣，民

籍，國子生，治《詩經》。字仁府，行一，年三十三，八月十八日生。曾祖宗，知縣。祖峻。父紹芳。母申氏。具慶下。娶刑氏，繼娶王氏、楊氏。山西鄉試第二十名，會試第一百二十名。

《嘉靖丙辰同年世講錄》：澤州二人：郭東，《詩》三房，高平縣。郭東，字仁府，號春吾，治《詩經》。癸未年八月十八日生，山西澤州高平縣人。觀兵部政。曾祖宗，知縣。祖峻，生員。父紹芳，贈刑部主事。母申氏，封太安人。兄□。弟□。娶刑氏，贈安人；繼娶王氏；楊氏，封安人。子嗣燃、嗣炳、嗣煥。丙午鄉試二十名，會試一百二十名，廷試三甲一百七十四名。授浙江嘉興縣知縣，癸亥復除河南嵩縣，甲子升刑部主事，丁卯疏請終養。

《明清歷科進士題名碑錄》：郭東，山西澤州高平縣，民籍。

《類姓登科考》：郭東，山西高平縣人，三甲，南京太僕寺卿。

韓君恩：字元寵，號月溪，沁水郭北人，民籍，縣學生，治《春秋》。嘉靖三十四年，乙卯科山西鄉試第三十六名。嘉靖三十五年，丙辰科會試第一百十四名，殿試第三甲一百八十二名。授直隸廬州府推官。嘉靖四十年九月，選陝西道試監察御史。嘉靖四十一年三月，實授陝西道監察御史。隆慶二年正月，升浙江按察司副使，分巡兵巡道。隆慶五年正月，因疾致仕。

《嘉靖三十四年山西鄉試錄》：第三十六名，韓君恩，沁水縣學生，《春秋》。

《嘉靖三十五年會試錄》：第一百十四名，韓君恩，山西沁水縣學生，《春秋》。

《嘉靖三十五年進士登科錄》：韓君恩，貫山西澤州沁水縣，民籍，縣學生，治《春秋》。字元寵，行一，年三十三，十一月二十六日生。曾祖聰，監生。祖盈。父永實。母李氏。慈侍下。弟君相、君謨。娶李氏。山西鄉試第三十六名，會試第一百十四名。

《嘉靖丙辰同年世講錄》：澤州二人：韓君恩，《春》二房，沁水縣。韓君恩，字元寵，號月溪，治《春秋》。甲申年十一月二十六日生，山西澤州沁水縣人。觀大理寺政。曾祖聰，監生。祖盈。父永實，贈御史。母李氏，封太孺人。兄□。弟君相、君謨。娶李氏，封孺人。子可久、可敬、可愛。乙卯鄉試三十六名，會試一百十四名，廷試三甲一百八十二名。授直隸廬州府推官，辛酉選陝西道御

史，戊辰升浙江副使。

　　《明清歷科進士題名碑錄》：韓君恩，山西澤州沁水縣，民籍。

嘉靖三十八年己未科

　　栗魁周：字汝元，號鎬山，陽城東峪人，民籍，縣學生，治《易經》。嘉靖二十八年，己酉科山西鄉試第三十六名。嘉靖三十八年，己未科會試第三十一名，殿試第二甲三十九名。授戶部主事。升戶部員外郎。隆慶元年四月，升陝西按察司僉事，分巡關西道。隆慶五年正月，升陝西布政司右參議，分守隴右道。隆慶六年五月，革職閒住。萬曆八年，纂修《陽城縣志》。著有《秦中詩文集》。

　　　　《嘉靖二十八年山西鄉試錄》：第三十六名，栗魁周，陽城縣學生，《易》。

　　　　《嘉靖三十八年會試錄》：第三十一名，栗魁周，山西陽城縣人，監生，《易》。

　　　　《嘉靖三十八年進士登科錄》：栗魁周，貫山西澤州陽城縣，民籍，國子生，治《易經》。字汝元，行一，年三十五，十二月初九日生。曾祖春，縣丞。祖坤。父鉞。母武氏。嚴侍下。弟用周。娶郭氏。山西鄉試第三十六名，會試第三十一名。

　　牛若愚：字睿卿，號思明，山西澤州籍，河南祥符人，民籍，國子生，治《易經》。嘉靖二十八年，己酉科河南鄉試第十六名。嘉靖三十八年，己未科會試第二百九十三名，殿試第三甲十三名。隆慶四年，任濟南府同知，充庚午科山東鄉試對讀官。萬曆二年，任工部都水司郎中。萬曆四年三月，升陝西按察司僉事。父牛揚，嘉靖四年乙酉科河南鄉試舉人，教諭。兄牛若虛，嘉靖三十四年乙卯科河南鄉試舉人，同知。

　　　　《嘉靖三十八年會試錄》：第二百九十三名，牛若愚，河南祥符縣人，監生，《易》。

　　　　《嘉靖三十八年進士登科錄》：牛若愚，貫山西澤州，民籍，河南開封府祥符縣人，國子生，治《易經》。字睿卿，行三，年三十一，九月十五日生。曾祖政，壽官。祖瓚，壽官。父揚，教諭。母劉氏。慈侍下。兄若琦；若虛，貢士。弟若魯、若納、若晦。娶吳氏。河南鄉試第十六名，會試第二百九十三名。

《明清歷科進士題名碑錄》：牛若愚，山西澤州民籍，河南開封府祥符縣人。

《類姓登科考》：牛若愚，河南祥符縣人，己未三甲。

《隆慶四年山東鄉試錄》：對讀官 濟南府同知牛若愚，思明，河南祥符縣人，己未進士。

楊樞：字運卿，號慎齋，陽城下莊人，民籍，縣學增廣生，治《易經》。嘉靖三十一年，壬子科山西鄉試第二十五名。嘉靖三十八年，己未科會試第一百四名，殿試第三甲一百九十九名。工科給事中。隆慶元年十一月，任吏科給事中。隆慶二年四月，升兵科右給事中。隆慶二年八月，升禮科左給事中。隆慶三年二月，升陝西布政司右參議。河南按察使。隆慶五年三月，升山東按察司副使，整飭天津兵備道。萬曆二年正月，升河南布政司右參政。萬曆四年九月，升河南按察司按察使。

《嘉靖三十一年山西鄉試錄》：第二十五名，楊樞，陽城縣學增廣生，《易》。

《嘉靖三十八年會試錄》：第一百四名，楊樞，山西陽城縣人，《易》。

《嘉靖三十八年進士登科錄》：楊樞，貫山西澤州陽城縣，民籍，國子生，治《易經》。字運卿，行三，年二十八，四月十五日生。曾祖愷。祖克美。父玠。母茹氏。慈侍下。兄枝，貢士；棟。娶王氏。山西鄉試第二十五名，會試第一百四名。

《類姓登科考》：楊樞，山西陽城縣人，三甲。

嘉靖四十一年壬戌科

陳學曾：字汝魯，東勝右衛軍籍，山西陽城人，縣學生，治《易經》。順天府鄉試第五十三名。嘉靖四十一年，壬戌科會試第一百八十二名，殿試第二甲三十三名。歷官安徽六安州知州、山東平度州知州。隆慶二年，任高唐州知州。升陝西按察司副使，分巡寧夏河東道。萬曆二年，任鴻臚寺左少卿，充甲戌科殿試彌封官。萬曆五年，升通政司左通政，充丁丑科殿試彌封官。萬曆十二年，調南京別用。父陳琮，嘉靖四年舉人，山東鄆城知縣。弟陳學孟，嘉靖四十三年舉人。

《嘉靖三十七年順天府鄉試錄》：第五十三名，陳學曾，遵化縣

學生，《易》。

《嘉靖四十一年會試錄》：第一百八十二名，陳學曾，順天府遵化縣學生，《易》。

《嘉靖四十一年進士登科錄》：陳學曾，貫東勝右衛，軍籍，山西平陽府陽城縣人，順天府遵化縣學生。治《易經》。字汝魯，行六，年二十九，四月二十一日生。曾祖鼎，壽官。祖明，訓導。父琮，知縣。母馮氏。慈侍下。兄學詩；學禮，貢生；學易；學書；學孔。弟學孟。娶李氏。順天府鄉試第五十三名，會試第一百八十二名。

《國朝歷科題名錄初集》：陳學曾，東勝右衛軍籍。

《類姓登科考》：陳學曾，山西陽城人，字汝魯，二甲。

《國朝列卿記》：陳學曾，順天遵化籍，山西陽城人，嘉靖壬戌進士。萬曆五年，由鴻臚寺少卿升右通政轉左。十一年，調用。

李可久：字之德，號易齋，陽城中莊人，李豸子，軍籍，國子生，治《易經》。嘉靖三十七年，戊午科山西鄉試第十六名。嘉靖四十一年，壬戌科會試第六十三名，殿試第三甲一百三十五名。本年，授唐縣知縣，祀名宦祠。嘉靖四十三年八月，充甲子科河南鄉試謄錄官。嘉靖四十五年，升河間府同知。隆慶元年，充丁卯科順天府鄉試收掌試卷官。隆慶二年六月，升山東按察司僉事，分守萊州分守道。隆慶五年，降一級，謫華州知州。升南京兵部武選司郎中。萬曆六年五月，升四川按察司僉事，分巡上川南道。罷歸。

《嘉靖四十一年會試錄》：第六十三名，李可久，山西陽城縣人，監生，《易》。

《嘉靖四十一年進士登科錄》：李可久，貫山西澤州陽城縣，軍籍，國子生，治《易經》。字之德，行一，年三十一，十一月初四日生。曾祖譽，壽官。祖思忠，贈知縣。父豸，右布政使。母梁氏，封孺人。具慶下。弟可大，可教。娶王氏。山西鄉試第十六名，會試第六十三名。

《類姓登科考》：李可久，山西陽城縣人，字之德，三甲。

《嘉靖四十三年河南鄉試錄》：南陽府唐縣知縣李可久，之德，山西陽城縣人，壬戌進士。

《隆慶元年順天府鄉試錄》：收掌試卷官　直隸河間府同知，之德，山西陽城縣人，壬戌進士。

嘉靖四十四年乙丑科

蘇民牧：字乃傒，號孔鄰，高平古寨人，民籍，縣學生，治《春秋》。嘉靖三十七年，戊午科山西鄉試第六十三名。嘉靖四十四年，乙丑科會試第二百十六名，殿試第三甲五十一名。大理寺觀政。本年六月，授長安知縣。隆慶元年八月，充丁卯科陝西鄉試彌封官。隆慶二年六月，升刑部主事。隆慶四年八月，調戶部主事；十二月，改兵科給事中。隆慶五年二月，丁憂。萬曆元年二月，復除兵科給事中。萬曆二年正月，升山東按察司僉事。萬曆五年正月，升四川布政司左參議，丁憂歸。萬曆九年三月，服闋，復除山東布政司左參議，兼山東按察司僉事，分巡兵巡道。萬曆十年九月，升湖廣按察司副使，分巡上江防道。萬曆十三年二月，升陝西布政司左參政。萬曆十四年正月，降用。

《嘉靖四十四年會試錄》：第二百十六名，蘇民牧，山西高平縣學生，《春秋》。

《嘉靖四十四年進士登科錄》：蘇民牧，貫山西澤州高平縣，民籍，縣學生，治《春秋》。字乃傒，行二，年三十，八月十四日生。曾祖美。祖黨。父實，貢士。母段氏。具慶下。兄，民望。弟民困、民化。娶李氏。山西鄉試第六十三名，會試第二百十六名。

《嘉靖四十四年乙丑科進士履歷便覽》：蘇民牧，孔鄰，《春》一房，丙申八月十四日生。具慶。高平人。鄉試六十三名，會試二百十六名，三甲五十一名。大理寺政。乙丑六月，授長安知縣。戊辰六月，升刑部主事。庚午八月，調戶部。十二月，改兵科給事中。辛未二月，丁憂。癸酉二月，復除本科。甲戌正月，升山東僉事。丁丑正月，升四川參議，丁憂。辛巳三月，復除山東海道兼僉事。壬午九月，升湖廣副使。乙酉二月，升陝西參政。丙戌正月，降用。曾祖美。祖黨。父實，贈兵科給事中。

《嘉靖乙丑科進士同年鄉譜》：山西二十二人 澤州，蘇民牧，孔鄰。山西 蘇民牧，高平人，丙申八月十四日生，字乃傒，號孔鄰，治《春秋》。大理寺觀政。授長安知縣。升刑部主事。調戶部。改兵科給事中。復除本科。升山東僉事、四川參議，復除山東。升湖廣副使、陝西參政。卒。戊午鄉試六十三名，會試二百十六名，廷試三甲五十一名。曾祖美。祖黨。父實，貢士，封知縣，贈給事中。

母段氏，封太孺人。具慶下。兄民望，庠生。弟民困，庠生；民化。
配李氏，封孺人。子承胤。孫□。曾孫□。

《隆慶元年陝西鄉試錄》：彌封官 西安府長安縣知縣蘇民牧，
乃後，山西高平縣人，乙丑進士。

常存仁：字靜甫，號體山，高平城內人，民籍，縣學增廣生，治《易經》，
師從張鹵。嘉靖四十三年，甲子科山西鄉試第四十名。嘉靖四十四年，乙丑
科會試第八十九名，殿試第三甲二百二十九名。吏部觀政。嘉靖四十五年二
月，授邢臺知縣，祀名宦祠。隆慶二年，充戊辰科會試對讀官。隆慶三年四
月，升刑部主事。隆慶四年八月，調戶部主事。萬曆二年三月，復除刑部主
事。萬曆四年四月，調兵部主事；七月，升兵部員外郎。萬曆五年二月，升兵
部郎中；五月，升彰德府知府。萬曆七年八月，充己卯科河南鄉試收掌試卷
官。萬曆八年，刻印《新刊名世文宗》三十卷。萬曆九年，纂修《彰德府續
志》成書。萬曆九年八月，升陝西按察司副使，分巡榆林中路道。

《嘉靖四十三年山西鄉試錄》：第四十名，常存仁，高平縣學增
廣生，《易》。

《嘉靖四十四年會試錄》：第八十九名，常存仁，山西高平縣學
增廣生，《易》。

《嘉靖四十四年進士登科錄》：常存仁，貫山西澤州高平縣，民
籍，縣學增廣生，治《易經》。字靜甫，行一，年二十六，二月初二
日生。曾祖貞。祖岱。父懋。母韓氏。具慶下。娶郭氏，繼娶劉氏。
山西鄉試第四十名，會試第八十九名。

《嘉靖四十四年乙丑科進士履歷便覽》：常存仁，體山，《易》
二房，庚子二月初二日生。具慶。高平人。鄉試四十名，會試八十
九名，三甲二百二十九名。吏部政。丙寅二月，授邢臺知縣。己巳
四月，升刑部主事。庚午八月，調戶部。甲戌三月，復除刑部。丙
子四月，調兵部。七月，升員外。丁丑二月，升郎中。五月，升
彰德府知府。辛巳八月，升陝西副使。卒〔註8〕。曾祖貞。祖岱。
父懋。

《嘉靖乙丑科進士同年鄉譜》：山西二十二人 澤州，常存仁，
體齋，俱高平縣。山西 常存仁，高平人，庚子二月初二日生，字靜

〔註8〕原文黑底白字，意為本書刻版時已逝世。

甫，號體山，治《易》。吏部觀政。授邢臺知縣。升刑部主事。調戶部。復除刑部。丙子四月。調兵部。升員外郎、郎中、彰德知府、陝西副使。卒。甲子鄉試四十名，會試八十九名，廷試三甲二百二十九名。曾祖貞。祖岱。父懋，累封贈主事。母韓氏，累封太安人。弟依仁，庠生。配郭氏，累贈安人。繼配劉氏，累封安人。子衍祚、衍祥、衍禧、衍祐。孫□。曾孫□。

《隆慶二年會試錄》：對讀官　直隸順德府邢臺縣知縣常存仁，靜甫，山西高平縣人，乙丑進士。

《萬曆七年河南鄉試錄》：收掌試卷官　彰德府知府常存仁，靜甫，山西高平縣人，乙丑進士。

《類姓登科考》：常存仁，山西高平人，乙丑三甲。

王淑陵：字之義，號正吾，陽城上莊人，民籍，國子生，治《易經》。嘉靖三十七年，戊午科山西鄉試第五十六名。嘉靖四十四年，乙丑科會試第三百六十名，殿試第三甲九十名。工部觀政。本年六月，授嵩縣知縣。隆慶元年十二月，降趙州判官。隆慶二年十二月，升棗強知縣。隆慶四年六月，升大理寺評事。萬曆三年二月，升工部主事。萬曆五年二月，升工部員外郎，分管臨清磚廠。萬曆六年八月，升郎中。萬曆八年正月，升河南按察司副使。萬曆十年九月，升河南布政司右參政。萬曆十一年正月，聽調。萬曆十五年十一月，補四川布政司右參政。萬曆十九年七月，復除湖廣布政司左參政，分守下湖南道。萬曆二十年正月，致仕。

《嘉靖四十四年會試錄》：第三百六十名，王淑陵，山西陽城縣人，監生，《易》。

《嘉靖四十四年進士登科錄》：王淑陵，貫山西澤州陽城縣，民籍，國子生，治《易經》。字之義，行一，年三十一，十一月初五日生。曾祖鼎，壽官。祖緯，壽官。父言。前母李氏，母田氏。重慶下。弟淑喬、淑通、淑曾、淑旦、淑繒、淑燦、淑吉。娶于氏。山西鄉試第五十六名，會試第三百六十名。

《嘉靖四十四年乙丑科進士履歷便覽》：王淑陵，正吾，《易》二房，乙未十一月初五日生。重慶。陽城人。鄉試五十六名，會試三百六十名，三甲九十名。工部政。乙丑六月，授嵩縣知縣。丁卯十二月，降趙州判官。戊辰十二月，升棗強知縣。庚午六月，升大

理寺評事。乙亥二月，升工部主事。丁丑二月，升臨清磚廠員外。戊寅八月，升郎中。庚辰正月，升河南副使。壬午九月，升參政。癸未正月，聽調。丁亥十一月，補四川。壬辰正月，致仕。曾祖鼎，壽官。祖緯，贈知縣。父言，封工部員外郎。

《嘉靖乙丑科進士同年鄉譜》：山西二十二人　王淑陵，正吾，陽城縣。山西　王淑陵，陽城人，乙未十一月初五日生，字之義，號正吾，治《易》。工部觀政。授嵩縣知縣。謫趙州判官。升棗強知縣；大理寺評事；工部主事、員外郎、郎中；河南副使、參政。調補四川。致仕。戊午鄉試五十六名，會試三百六十名，廷試三甲九十名。曾祖鼎，壽官。祖緯，贈知縣。父言，累封員外郎。前母李氏，累贈宜人。母田氏，累封宜人。弟淑喬；淑通；淑曾，庠生；淑旦；淑緝；淑燦；淑吉。配于氏，累封宜人。子沖；治，庠生；溥；洽，舉人。孫□。曾孫□。

《類姓登科考》：王淑陵，山西陽城人，三甲。

隆慶二年戊辰科

劉東星：字子明，號晉川，沁水坪上人，民籍，國子生，治《詩經》。嘉靖四十年，辛酉科山西鄉試第三名。隆慶二年，戊辰科會試第一百七十九名，殿試第三甲七十二名。本年六月，選翰林院庶吉士。隆慶四年三月，散館，改授兵科給事中；十月，升禮科右給事中；左遷蒲城縣丞，升盧氏知縣。萬曆元年，召為刑部主事。調戶部員外郎。萬曆五年四月，升河南按察司僉事。萬曆七年八月，充己卯科河南鄉試監視官；九月，升陝西布政司右參議；十月，升浙江按察司副使，提督學政。萬曆十年十一月，升山東布政司左參政。丁母憂歸。萬曆十六年，免喪，補河南布政司左參政；閏六月，尋轉山東按察司按察使，備兵易州，督理紫荊關。萬曆十七年八月，升湖廣右布政使。萬曆二十年，升都察院右僉都御史，巡撫保定。萬曆二十一年九月，升都察院左副都御史。萬曆二十二年九月，升吏部右侍郎。萬曆二十三年二月，以功升吏部左侍郎，賞銀幣。萬曆二十四年，丁父憂。萬曆二十六年六月，起工部左侍郎，兼都察院右僉都御史，總理河道，提督軍務兼管漕運。嘉靖二十七年十月，以三仙臺等處河工告成，升工部尚書，兼都察院右副都御史。萬曆二十八年六月，乞罷不允。萬曆二十九年九月，年六十四卒；于慎行撰其行狀，詳

見《明故資善大夫工部尚書兼都察院右副都御史晉川劉公行狀》；王家屏志其墓，詳見《資善大夫工部尚書兼都察院右副都御史劉公墓誌銘》。萬曆三十三年二月，賜祭葬，贈太子少保。萬曆三十四年八月，蔭一子入國子監。天啟元年，諡莊靖。

    《隆慶二年會試錄》：第一百七十九名，山西沁水縣人，監生，《詩》。

    《隆慶二年進士登科錄》：劉東星，貫山西澤州沁水縣，民籍，國子生，治《詩經》。字子明，行一，年三十一，正月二十二日生。曾祖文住。祖得保。父賓，稅課大使。母牛氏。具慶下。弟東銘、東啟。娶李氏。山西鄉試第三名，會試第一百七十九名。

    《科名盛事錄》：一榜十九尚書 隆慶戊辰榜 沁水劉東星。

    《萬曆七年河南鄉試錄》：監視官 河南等處提刑按察司僉事劉東星，子明，山西沁水人，戊辰進士。

隆慶五年辛未科

劉虞夔：字直卿，號和宇、允直，高平米山鎮人，劉崇文子，民籍，縣學附學生，治《春秋》。隆慶元年，丁卯科山西鄉試第四名，春秋房經魁，年十六。隆慶五年，辛未科會試第五十二名，殿試第二甲五十六名，年二十。選庶吉士。萬曆元年，授翰林院編修。萬曆二年，使秦藩。萬曆四年，纂修《大明會典》，教習內書館。萬曆八年，充庚辰科會試同考試官。萬曆十年，升翰林院侍讀，分纂《起居章奏》，兼理誥敕。萬曆十一年，充經筵講官，任癸未科會試春秋房同考官。萬曆十四年，升左春坊左諭德兼翰林院侍讀，掌左春坊印信，充日講官兼清理軍職貼黃。萬曆十五年，纂修《大明會典》成，升左春坊左庶子兼翰林院侍讀。萬曆十六年，升太常寺少卿，兼翰林院侍讀學士，掌翰林院印信。萬曆十七年，升詹事府詹事，兼經驗日講官，掌詹事府事，充己丑科殿試讀卷官。萬曆十九年，丁母憂，上遣官祭葬。萬曆二十二年，復起詹事府詹事，《正史》副總裁官。萬曆二十四年，丁父憂。萬曆二十六年六月，哀喪而卒，年僅四十五，王家屏志其墓，詳見《詹事府詹事兼翰林院侍讀學士劉公墓誌銘》。著有《日錄問見》《中和堂稿》《宮詹文集》。

    《隆慶元年山西鄉試錄》：第四名，劉虞夔，高平縣學附學生，《春秋》。

　　《隆慶五年會試錄》：第五十二名，劉虞夔，山西高平縣學附學生，《春秋》。

　　《隆慶五年進士登科錄》：劉虞夔，貫山西澤州高平縣，民籍，縣學附學生。治《春秋》。字直卿，行一，年二十，十一月十三日生。曾祖贄。祖韜，冠帶歲貢生，封戶部主事。父崇文，知府。母張氏，封安人。具慶下。弟虞龍、虞伯、虞陶。娶郭氏。山西鄉試第四名，會試第五十二名。

　　《隆慶五年辛未科進士履歷便覽》：劉虞夔，和宇，《春》一房，壬子十一月十三日生，高平人。鄉試四名，會試五十二名，二甲五十六名。改翰林院庶吉士，授編修……太常寺少卿兼侍讀學士……戊戌，卒。

　　《萬曆八年會試錄》：同考試官　翰林院編修文林郎劉虞夔，允直，山西高平縣人，辛未進士。

　　《萬曆十一年癸未科會試履歷便覽》：同考　春秋房　翰林院侍讀承德郎劉虞夔，和宇，山西高平縣人，辛未。

趙九思：字一誠，號小河、心海，澤州城西關人，民籍，州學生，治《詩經》。隆慶四年，庚午科山西鄉試第二十一名。隆慶五年，辛未科會試第三百六十一名，殿試第三甲一百二十二名。同年，授陝西咸寧知縣，有善政。萬曆元年，充癸酉科陝西鄉試彌封官。萬曆二年，丁母憂。服闋，補升南京戶部主事。萬曆四年，改戶部主事。萬曆八年，升戶部郎中，督理永平糧儲，兼管屯種。萬曆十一年正月，還部，督理京城鹽法；十月，升陝西按察司副使，分巡延綏道。萬曆十二年，罷官歸，著《四時讀書樂》。萬曆十六年，補四川按察司僉事；六月，行至河南新鄭，卒於鄭子產墓旁，年僅六十，張養蒙表其墓，詳見《中憲大夫四川按察司副使心海趙公墓表》。

　　《隆慶四年山西鄉試錄》：第二十一名，趙九思，澤州學生，《詩》。

　　《隆慶五年會試錄》：第三百六十一名，趙九思，山西澤州學生，《詩》。

　　《隆慶五年進士登科錄》：趙九思，貫山西澤州，民籍，州學生，治《詩經》。字一誠，行一，年三十四，十一月初四日生。曾祖雄。祖錫。父維邦。母王氏。永感下。弟九經、九疇、九韶、九江。娶

郭氏。山西鄉試第二十一名，會試第三百六十一名。

《隆慶五年辛未科進士履歷便覽》：趙九思，小河，《詩》五房，戊戌十一月初四日生，山西澤州人。鄉試二十一名，會試三百六十一名，三甲一百二十二名。……授咸寧知縣……升陝西副使……戊子，調四川。

《萬曆元年陝西鄉試錄》：彌封官　西安府咸寧縣知縣趙九思，一誠，山西澤州人，辛未進士。

苗煥：字爾章、章甫，號文峰，澤州大陽人，遷居澤州城，民籍，州學附生，治《詩經》。嘉靖四十三年，甲子科山西鄉試第二十二名。隆慶五年，辛未科會試第六十八名，殿試第三甲二百二十五名。本年，授河南寶豐知縣。萬曆元年，任魯山知縣，充癸酉科河南鄉試謄錄官。萬曆四年八月，充丙子科河南鄉試謄錄官。萬曆五年正月，升鎮江府同知。萬曆六年，謫平山知縣。萬曆八年，充庚辰科會試謄錄官。升戶部主事、郎中。萬曆十六年，升四川保寧府知府，考察不謹，謝政歸。里居澤州城南觀水園，三十餘年不言政。年八十一，卒於家，周盤志其墓。

《嘉靖四十三年山西鄉試錄》：第二十二名，苗煥，澤州學附學生，《詩》。

《隆慶五年會試錄》：第六十八名，苗煥，山西澤州人，監生，《詩》。

《隆慶五年進士登科錄》：苗煥，貫山西澤州，民籍，國子生，治《詩經》。字爾章，行一，年二十八，六月十三日生。曾祖銑。祖時雍，縣丞。父傑。母李氏，繼母李氏。嚴侍下。娶司氏。山西鄉試第二十二名，會試第六十八名。

《隆慶五年辛未科進士履歷便覽》：苗煥，文峰，《詩》一房。甲辰六月十三日生。山西澤州人。鄉試二十二名，會試六十八名，三甲二百二十五名……授寶豐知縣……戊子升保寧府知府，考察不謹。

《隆慶五年進士題名碑》：苗煥，山西澤州，民籍。

《類姓登科考》：苗煥，山西澤州人，三甲。

《萬曆元年河南鄉試錄》：謄錄官　汝州魯山縣知縣苗煥，爾章，山西澤州人，辛未進士。

《萬曆四年河南鄉試錄》：謄錄官　汝州魯山縣知縣苗煥，爾章，山西澤州人，辛未進士。

《萬曆八年會試錄》：謄錄官　文林郎直隸真定府平山縣知縣苗煥，章甫，山西澤州人，辛未進士。

馬允登：字叔先，號瀛滸，直隸東光籍，山西陵川人，民籍，縣學生，治《書經》。隆慶四年，庚午科順天鄉試第三十九名。隆慶五年，辛未科會試第二百六十四名，殿試第三甲二百六十六名。兵部觀政。授齊河知縣，丁憂。萬曆三年，復除泌陽知縣。萬曆四年，調安陽知縣；八月，充丙子科河南鄉試對讀官。萬曆八年六月，選試福建道監察御史。萬曆九年，巡按遼東。萬曆十一年，巡按江北，充癸未科殿試監視官。萬曆十四年，丙戌科，監試。萬曆十五年二月，升山東按察司副使，分巡青州道。萬曆十六年，升湖廣布政司右參政，分管糧儲。萬曆十九年，卒於江都，年四十四，朱長春撰其行狀，詳見《亞中大夫湖廣布政司右參政瀛滸馬先生行狀》。

《隆慶五年會試錄》：第二百六十四名，馬允登，直隸東光縣學生，《書》。

《隆慶五年進士登科錄》：馬允登，貫直隸河間府景州東光縣，民籍，山西陵川縣人，縣學生，治《書經》。字叔先，行六，年二十四，十一月十一日生。曾祖杲。祖堯輔，封中書舍人。父汝松，工科都給事中。母曲氏，封孺人。繼母徐氏。永感下。兄允升，允衆，允恭，允述，允謙。弟允端，允執。娶王氏。順天府鄉試第三十九名，會試第二百六十四名。

《隆慶五年辛未科進士履歷便覽》：馬允登，瀛滸，《書》一房。戊申十一月十一日生。北直隸河間府東光縣人。鄉試三百九十九名，會試第一百六十四名，二甲二百六十六名。兵部政，授齊河知縣，丁憂。乙亥，復除泌陽縣。丙子，調安陽縣。庚辰，選福建道御史。辛巳，差巡按遼東。癸未，試差巡按淮揚。丙戌〔註 9〕，監試。丁亥，升山東副使。戊子，升湖管糧參政。辛卯，卒。

《類姓登科考》：馬允登，北直隸東光人，三甲。汝松子。

《馬氏家乘》：允登，禹山公季子，字叔先，號瀛滸，隆慶庚午

〔註 9〕據《萬曆十一年進士登科錄》，應為癸未；萬曆十一年進士朱太復為其所撰行狀亦提到其為朱的座師。

科舉人，辛未科進士。授山東齊河縣令，調繁濰陽，未任，以內艱歸。補河南泌陽縣，調繁安陽。階文林郎，均有善政，三邑均建生祠。擢福建道監察御史，巡按遼東，尋巡按江北，兼視學政。入掌河南道，主內外計。轉山東青州道副使。升湖廣布政司右參政，督漕有功，賜白金文綺，未竟厥施而卒，壽四十四，誥贈中大夫，崇祀名宦祠、鄉賢祠。配王氏，封孺人，贈淑人。子五，紹英、紹芳、紹華、紹薦、紹蔭。

《萬曆四年河南鄉試錄》：對讀官 彰德府安陽縣知縣馬允登，叔先，直隸東光縣籍，山西陵川縣人，辛未進士。

《萬曆十一年進士登科錄》：監視官 文林郎福建道監察御史馬允登，辛未進士。

萬曆二年甲戌科

張之屏：字憲夫，沁水郭壁人，居縣城北關，軍籍，縣學生，治《詩經》。隆慶元年，丁卯科山西鄉試第二十名。萬曆二年，甲戌科會試第一百六十八名，殿試第二甲四十名。本年，授河南禹州知州。萬曆四年八月，充丙子科河南鄉試受卷官。升禮部員外郎。萬曆十四年二月，任禮部儀制司郎中，充丙戌科會試印卷官；十月，升山東布政司左參政。萬曆十九年九月，調陝西布政司右參政，分巡商洛道。撰有《重修福勝寺記》。

《隆慶元年山西鄉試錄》：第二十名，張之屏，沁水縣學生，《詩》。

《萬曆二年會試錄》：第一百六十八名，張之屏，山西沁水縣人，監生，《詩》。

《萬曆二年會試小錄》：張之屏，澤州沁水縣。

《萬曆二年進士登科錄》：張之屏，貫山西澤州沁水縣，軍籍，國子生，治《詩經》。字憲夫，行一，年三十一，九月初六日生。曾祖壁。祖鏜，王府教授。父知本，壽官。母王氏，繼母霍氏、陳氏。重慶下。兄之清，弟之綱、之翰、之紀、之樞、之任、之和、之恒、之時、之茂、之盛。娶李氏。山西鄉試第二十名，會試第一百六十八名。

《萬曆四年河南鄉試錄》：受卷官 開封府禹州知州張之屏，憲

夫，山西沁水縣人，甲戌進士。

《萬曆十四年會試錄》：印卷官 奉政大夫禮部儀制司清吏司郎中張之屏，憲夫，山西沁水縣人，甲戌進士。

萬曆五年丁丑科

楊植：字爾立，號建齋，陽城下莊人，民籍，縣學附生，治《易經》。萬曆元年，癸酉科山西鄉試第三十八名。萬曆五年，丁丑科會試第二百九十二名，殿試第三甲二十七名。本年，授山東益都知縣。萬曆七年八月，充己卯科山東鄉試彌封官。萬曆十年八月，充壬午科山東鄉試對讀官。萬曆十一年，升大理寺評事。轉兵部主事，守山海關，轉刑部主事。萬曆十九年十月，由刑部主事升山東按察司僉事，備兵薊州。萬曆二十一年十月，升河南布政司右參議。萬曆二十四年閏八月，升山東按察司副使，分巡遼東寧前兵備道。萬曆二十五年七月，調河南按察司副使。終養歸。萬曆二十九年正月，復起，管理修河。萬曆三十一年三月，起為陝西按察司副使，分巡關西道。

《萬曆元年山西鄉試錄》：第三十八名，楊植，陽城縣學附學生，《易》。

《萬曆五年會試錄》：第二百九十二名，楊植，山西陽城縣人，監生，《易》。

《萬曆五年進士登科錄》：楊植，貫山西澤州陽城縣，民籍，國子生，治《易經》。字爾立，行七，年二十八，六月初二日生。曾祖本。祖鸞。父瑋。母茹氏。具慶下。兄枝，府通判；棟；樞，按察司按察使；柟；梧；桐。娶劉氏。山西鄉試第三十八名，會試第二百九十二名。

《類姓登科考》：楊植，山西陽城縣人，三甲。

《萬曆七年山東鄉試錄》：彌封官 青州府益都縣知縣楊植，爾立，山西陽城縣人，丁丑進士。

《萬曆十年山東鄉試錄》：對讀官 青州府益都縣知縣楊植，爾立，山西陽城縣人，丁丑進士。

周盤：字儆予，號心銘，澤州庾能人，民籍，州學附生，治《易經》。萬曆元年，癸酉科山西鄉試第二十七名。萬曆五年，丁丑科會試會試第七十九名，殿試第三甲五十四名。本年，授河間知縣。萬曆十年，補河南長垣知縣。

萬曆十三年七月，選山東道監察御史。萬曆二十年，巡按甘肅。萬曆二十四年十月，巡按淮揚。萬曆二十六年五月，以明祖陵葺功，賞銀。萬曆二十八年，巡按河南。萬曆二十九年五月，請罰俸一年，疏救楊天民等。萬曆三十年三月，由陝西道監察御史升順天府府丞。萬曆三十一年十月，加授散官。萬曆三十四年正月，升都察院右僉都御史，巡撫甘肅。萬曆三十六年九月，六年邊俸考滿，升都察院右副都御史，巡撫甘肅照舊。萬曆三十八年，巡撫甘肅，奪俸半年。萬曆四十年二月，考滿，加正二品服俸；十二月，升都察院右副都御史兼兵郎右侍郎，協理京營戎政。萬曆四十一年九月，引疾乞休不允；十一月，論功升兵部尚書，蔭一子錦衣衛千戶世襲，賞銀五十兩，大紅絲緞四表裏。天啟元年五月，賜祭葬；六月，贈太子少保。有詩《謁皇陵致頌二十韻》等。著有《古文雜集》《奏疏稿》。

《萬曆元年山西鄉試錄》：第二十七名，周盤，澤州學附學生，《易》。

《萬曆五年會試錄》：第七十九名，周盤，山西澤州人，監生，《易》。

《萬曆五年進士登科錄》：周盤，貫山西澤州，民籍，國子生，治《易經》。字儆予，行二，年二十七，十月初六日生。曾祖廣。祖穩。父邦，倉大使。前母牛氏，母魯氏，繼母脫氏。慈侍下。兄監。娶續氏。山西鄉試第二十七名，會試第七十九名。

《蘭臺法鑒錄》：周盤，字儆甫，山西澤州人。萬曆五年進士。十三年，由長垣知縣選山東道御史，告病。十八年，復除福建道、巡按甘肅。二十年，告病。二十四年，復除陝西道、巡按準揚。二十六年，巡視京營。三十年，升順天府丞。三十四年，升巡撫甘肅，都察院右僉都御史

《類姓登科考》：周盤，山東澤州人，三甲，兵部尚書、協理戎政。

張養蒙：字端叔、叔亨、泰亨，號元沖、見沖，澤州大陽人，匠籍，州學生，治《書經》。萬曆元年，癸酉科山西鄉試第三名。萬曆五年，丁丑科會試第一百三十六名，殿試第三甲七十七名。選翰林院庶吉士。禮部觀政。萬曆七年九月，散館，改授禮科給事中。萬曆九年，改吏科右給事中，升刑科左給事中。萬曆十年，丁憂歸。萬曆十四年九月，服闕，補吏科左給事中。萬曆十

六年八月，充河南鄉試主考官；九月，升工科都給事中，萬曆十八年二月，升河南布政司左參政。萬曆十九年，升太僕寺少卿。萬曆二十年，升大理寺卿。萬曆二十一年正月，升南京都察院右僉都御史，提督操江。萬曆二十三年四月，乞歸不允；升都察院左僉都御史。升都察院左副都御史。萬曆二十五年，升戶部右侍郎。萬曆二十六年七月，回部管事；九月，蔭子張光斗為國子生，賞銀幣。萬曆三十年，致仕歸。萬曆三十三年十二月，年六十二，卒於家，李三才志其墓，詳見《正議大夫資治尹戶部右侍郎贈戶部尚書元沖張公墓銘》。萬曆三十四年三月，賜祭葬，贈戶部尚書。天啟元年，諡毅敏。著有《張毅敏公集》十卷。

《萬曆元年山西鄉試錄》：第三名，張養蒙，澤州學生，《書》。

《萬曆五年會試錄》：第一百三十六名，張養蒙，山西澤州人，監生，《書》。

《萬曆五年進士登科錄》：張養蒙，貫山西澤州，匠籍，國子生，治《書經》。字叔亨，行二，年二十七，十二月十五日生。曾祖擴。祖穩。父四維，儒官。母薛氏。具慶下。兄啟蒙。娶趙氏。山西鄉試第三名，會試第一百三十六名。

《皇明三元考》：萬曆十六年戊子科，京省主考官，河南吏科給事中張養蒙。

陳璨：字子光，號璞崗，高平唐安人，民籍，國子生，治《春秋》。師從張鹵〔註10〕。嘉靖四十三年，甲子科山西鄉試第二十四名。萬曆五年，丁未科會試第二百三十九名，殿試第三甲一百四十名。禮部觀政。萬曆六年，任臨潁知縣。萬曆七年，充己卯科河南鄉試對讀官。升南京行人司司副。

《嘉靖四十三年山西鄉試錄》：第二十四名，陳璨，高評縣學生，《春秋》。

《萬曆五年會試錄》：第二百三十九名，陳璨，山西高平縣人，監生，《春秋》。

《萬曆五年進士登科錄》：陳璨，貫山西澤州高平縣，民籍，國子生，治春秋。字子光，行二，年三十四，十一月二十二日生。曾祖智。祖銀。父忠。母龐氏，繼母何氏。永感下。兄瑚，弟珠、瑞。娶李氏，繼娶牛氏。山西鄉試第二十四名，會試第二百三十九名。

〔註10〕據王家屏《嘉議大夫大理寺卿張公墓誌銘》。

《類姓登科考》：陳璨，山西高平縣人，三甲。

《萬曆七年河南鄉試錄》：對讀官 開封府許州臨潁縣知縣陳璨，子光，山西高平縣人，丁丑進士。

萬曆八年庚辰科

衛一鳳：字伯瑞，號桐陽，陽城通濟里人，民籍，縣學附生，治《易經》。隆慶四年，庚午科山西鄉試第五十三名。萬曆八年，庚辰科會試第二百二十一名，殿試第二甲五十五名。吏部觀政。本年，授刑部主事。萬曆十四年，升刑部員外郎。萬曆十六年，升刑部郎中，丁憂歸。萬曆十九年，服闋，補青州知州，升鞏昌副使，終養歸。萬曆二十三年五月，升陝西按察司副使。萬曆二十八年，服闋，補山東按察司副使，分巡濟寧道。萬曆三十一年四月，升山東布政司右參政，移青州道。萬曆三十四年五月，升應天府府丞。萬曆三十九年五月，乞歸不允。萬曆四十年六月，升都察院右僉都御史，撫治鄖陽。萬曆四十二年二月，升南京兵部右侍郎。萬曆四十三年四月，乞歸不允。萬曆四十六年閏四月，升南京刑部尚書。泰昌元年八月，改南京兵部尚書，參贊機務。天啟元年正月，詔給南京都察院右都御史；二月，蔭子衛廷亮為國子生；八月，乞歸不允；十二月，乞歸允之。崇禎七年，年八十四，卒於家，贈戶部尚書、太子少保，遣官祭葬，張慎言志其墓，詳見《資德大夫正治上卿南兵部尚書參贊機務桐陽衛公配夫人楊氏合葬墓誌銘》。有詩《風箏和朱少宰》等。

《隆慶四年山西鄉試錄》：第五十三名，衛一鳳，陽城縣學附學生，《易》。

《萬曆八年會試錄》：第二百二十一名，衛一鳳，山西陽城縣人，監生，《易》。〔註11〕

《萬曆八年進士登科錄》：衛一鳳，貫山西澤州陽城縣，民籍，國子生，治《易經》。字伯瑞，行一，年三十一，六月初六日生。曾祖繼高。祖雷。父爕，省祭官。母路氏。具慶下。娶楊氏。山西鄉試第五十三名，會試第二百二十一名。

《萬曆八年庚辰科進士履歷便覽》：衛一鳳，桐陽，《易》三房。庚戌六月初六日生，陽城人。鄉試五十三名，會試二百二十一名，

〔註11〕《萬曆八年會試錄》缺名次，據登科錄補。

二甲五十五名。吏部政，授刑部主事……升紹興知府……升都察院右僉都御史巡撫鄖陽……升南兵部。

　　　　《類姓登科考》：衛一鳳，山西陽城縣人，萬曆庚辰二甲，南京兵部尚書。

萬曆十一年癸未科

　　白所知：字廷謨，號省庵，陽城化源里人，民籍，縣學生，治《易經》。萬曆十年，壬午科山西鄉試解元。萬曆十一年，癸未科會試第一百三十八名，殿試第二甲三十七名。戶部觀政。本年，授禮部主客司主事。萬曆十四年，調吏部稽勳司主事。萬曆十五年，養病。萬曆二十年，補吏部考功司主事，升吏部稽勳員外郎。萬曆二十一年，調吏部文選司員外郎，升稽勳司郎中，告病歸。萬曆二十三年，補郎中。萬曆二十四年，調驗封司郎中。萬曆二十五年，調文選司郎中，丁憂歸。泰昌元年八月，起太常寺少卿。天啟元年十月，升光祿寺卿。天啟二年十一月，升南京戶部左侍郎，提督操江。天啟三年正月，乞歸不允。天啟四年二月，改工部左侍郎，管右侍郎事。天啟五年正月，升工部尚書，仍管侍郎事，賞銀四十兩，絲兩表裏；四月，乞歸，上命馳驛去；五月，被參劾，上令免議；九月，加一級，蔭一子入太學。功加太子太保，患病歸；本年，纂修《陽城縣志》。崇禎元年九月，疏辭殿工，加銜允之。崇禎二年四月，削去恩銜蔭襲。崇禎十二年八月，年八十六卒。著有《醒心錄》。

　　　　《萬曆十年山西鄉試錄》：第一名，白所知，陽城縣學生，《易》。

　　　　《皇明三元考》：萬曆十年壬午科解元 山西 白所知，陽城人，字廷謨，號省菴，治《易》，年二十六，癸未進士，累官吏部郎中。

　　　　《萬曆十一年進士登科錄》：白所知，貫山西澤州陽城縣，民籍，縣學生，治《易經》。字廷謨，行二，年二十七，九月十八日生。曾祖子富。祖道。父鐸，監生。母馬氏。具慶下。兄所學。弟所行、所蘊、所樂。娶張氏。山西鄉試第一名，會試第一百三十八名。

　　　　《萬曆十一年癸未科會試履歷便覽》：白所知，省庵，《易》四房，丁巳九月十八日生，陽城縣人。壬午一名。二甲三十七名。戶

部政。本年，升禮部主事。丙戌，調吏部。丁亥，養病。壬辰，補考功。本年，升稽勳員外。癸巳，調文選，升稽勳郎中，告病。乙未，補郎中。丙戌，調驗封。丁酉，調文選。本年，丁憂。庚申，起太常寺少卿。辛酉，升光祿寺少卿。壬戌，升南戶部左侍郎。甲子，改工部左，管右侍郎事。乙丑，升工部尚書，患病。曾祖子富，生員。祖道。父鐸，監生。

李芳先：字符秀，四川漢州籍，山西沁水人，民籍，國子生，治《易經》。萬曆元年，癸酉科四川鄉試第五十四名。萬曆十一年，癸未科會試第一百八十六名，殿試第三甲一百六十名。本年，授河南淅川知縣。萬曆十三年，任河南羅山知縣。有詩《秋夜宿神泉鋪》等。撰有《登看花樓賦》。

> 《萬曆十一年進士登科錄》：李芳先，貫四川成都府漢州，民籍，山西澤州沁水縣人，國子生，治《易經》，字符秀，行二，年二十七，十月初五日生。曾祖守正。祖虎雄，壽官。父余。母鍾氏，繼母謝氏。慈侍下。兄蓁先，弟華先、蔦先、蕃先。娶黃氏。四川鄉試第五十四名，會試第一百八十六名。

> 《明清歷科進士題名碑錄》：李芳先，四川成都漢州，民籍，山西澤州沁水縣人。

> 《類姓登科考》：李芳先，四川漢州人，三甲。

萬曆十四年丙戌科

馮養志：字若曾，號可庭，高平唐安人，民籍，縣學生，治《春秋》。萬曆十年，壬午科山西鄉試第五名，春秋房經魁；萬曆十四年，丙戌科會試第八十四名，殿試第三甲六十七名。禮部觀政。本年，授陝西洛川縣知縣。萬曆十六年，改任丘知縣。萬曆十八年，升吏部驗封司主事，調吏部考功司。丁憂歸。萬曆二十二年，補吏部驗封司主事，升文選司員外郎。萬曆二十三年，告病。萬曆二十七年，京察降。萬曆三十三年十二月，謫直隸長蘆鹽運司運判。萬曆三十五年，升南京戶部廣西清吏司主事。萬曆三十六年，升南京兵部武選司郎中。天啟中，追贈光祿寺少卿。撰有《高平邑令豫凡王公去思碑》等。祖馮顥，嘉靖丙午舉人，山東按察司僉事。

> 《萬曆十年山西鄉試錄》：第五名，馮養志，高平縣學生，《春秋》。

　　《萬曆十四年會試錄》：第八十四名，馮養志，山西高平縣學生，《春秋》。〔註12〕

　　《萬曆十四年丙戌科進士履歷便覽》〔註13〕：馮養志，可廷，《春》二房，乙丑八月二十二日生，高平縣人。三甲六十七名。禮部政。本年，授陝西洛川知縣。戊子，調改直隸任縣。庚寅，升驗封司主事，調考功司，丁憂。甲午，補驗封，升員外，調文選。乙未，告病。己亥，京察降，補長蘆運判。丁未，升南戶部主事。戊申，升南兵部郎中。曾祖裕，贈奉政大夫，南戶部郎中。祖顒，山東按察司僉事。父春，儒士。

　　《萬曆丙戌科進士同年總錄》：馮養志，貫山西澤州高平縣，民籍，學生，字若曾，號可庭，治《春秋》，行三，乙丑年八月二十一日生。壬午鄉試五名。會試八十四名。廷試三甲六十七名。禮部觀政。授陝西洛川縣知縣。曾祖裕，贈奉政大夫，南京戶部郎中。祖顒，山東按察司僉事。父春，儒士。母蘇氏，繼母楊氏。具慶下。兄養性，廩生；養氣。弟養蒙，養正，養心，養大。娶朱氏，繼娶李氏。子堯年，舜華。

田立家：字正國，號平寰，陽城化源里人，匠籍，國子生，治《易經》。萬曆十三年，乙酉科山西鄉試第十一名。萬曆十四年，丙戌科會試第一百九十四名，殿試第三甲一百七十名。都察院觀政。本年，授鳳翔府推官。丁憂歸。萬曆十九年，服闋，補開封府推官。萬曆二十二年，充甲午科山東鄉試同考官。萬曆二十三年，升戶部主事，調兵部主事。萬曆二十五年八月，充丁酉科陝西鄉試考官。萬曆二十六年，升兵部武選司員外郎。萬曆二十七年，升兵部郎中。萬曆二十八年四月，升河南布政司右參議兼按察司僉事，分巡汝州道。萬曆二十九年，升陝西按察司副使，分巡商洛道。萬曆三十年，分巡河西道。萬曆三十二年，升陝西布政司右參政，轉河南布政司右參政兼按察司僉事，加升河南按察使，降用。萬曆三十八年，補河南右參政；三月，降一級，調山東參政。萬曆三十九年，加升按察使。萬曆四十一年，考察，調簡。

〔註12〕原本上額標注「三甲六十六名」，據同年錄應為三甲六十七名。
〔註13〕天一閣所藏《萬曆十四年丙戌科進士履歷便覽》河南之後缺，無山西部分，此據加州大學所藏版本。

《萬曆十四年會試錄》：第一百九十四名，田立家，山西陽城縣人，監生，《易》。

《萬曆十四年丙戌科進士履歷便覽》：田立家，平寰，《易》四房，己未十二月初九日生，陽城縣人。三甲二百四十名。都察院政。本年，授陝西鳳翔府推官。辛卯，復除開封府推官。乙未，取戶部主事，調兵部主事。丁酉，陝西主考。戊戌，升員外。己亥，升郎中。庚子，升河南右參議兼僉事。辛丑，升陝西付使。壬寅，河西道。甲辰，升本省右參，河南右參政兼僉事，本年，加升按察，降用。庚戌，補河南右參政。辛亥，加升按察使。癸丑，考察，調簡。曾祖完。祖溕。父鳳龍，壽官。

《萬曆丙戌科進士同年總錄》：田立家，貫山西澤州陽城縣，匠籍，國子生。字正國，號平寰。治《易》。行一，己未年十二月初九日生。乙酉鄉試十一名，會試一百九十四名。廷試三甲一百七十名。都察院觀政。曾祖完。祖溕。父鳳龍，壽官。前母王氏，母劉氏，繼母張氏。嚴侍下。娶賈氏。子志伊。

《類姓登科考》：田立家，山西陽城縣人，丙戌三甲。

《萬曆二十二年山東鄉試錄》：同考試官 河南開封府推官田立家，正國，山西陽城縣人，丙戌進士。

《明貢舉考略》：丁酉科 萬曆二十五年 陝西 主事田立家，平寰，山西陽城人，丙戌。

韓范：字思兼，號振西，沁水韓王村人，居郭壁村，民籍，國子生，治《春秋》。萬曆十三年，乙酉科山西鄉試第三十六名。萬曆十四年，會試第三百三十一名。殿試第三甲二百七十九名。吏部觀政。萬曆十九年，授工部都水司主事。萬曆二十三年，升工部營繕司員外郎。升兵部武選司郎中。左遷陝西金縣典史。萬曆三十二年，丁憂歸，居家二十七年。泰昌元年，起南京兵部武選司郎中。天啟元年，升南京通政司右參議。天啟二年十一月，升順天府丞。天啟三年，升通政司右通政。天啟五年，致仕歸。年六十九卒。著有《經世集要》《司馬紀略》《司空紀略》《黃芩吟》《韓氏世系圖考》。

《萬曆十四年會試錄》：第三百二十一名，韓范，山西沁水縣人，監生，《春秋》。

《萬曆十四年丙戌科進士履歷便覽》：韓范，振西，《春》二

房，癸亥六月初十日生，沁水縣人。三甲二百七十九名。吏部政。
丁憂。辛卯，授工部都水司主事。乙未，升員外。乙未，升兵部郎
中，降金縣典史。辛酉，起南兵部郎中，升南通右參議。壬戌，升
順天府丞。癸亥，升右通政。乙丑，致仕。曾祖銳。祖崑。父子義，
知縣。

　　《萬曆丙戌科進士同年總錄》：韓范，貫山西澤州沁水縣，民
籍，國子生，字思兼，號振西，治《春秋》，行一，癸亥年六月初十
日生。乙酉鄉試三十六名。會試三百三十一名。廷試三甲二百七十
九名。吏部觀政。曾祖銳。祖崑。父子義，知縣。母李氏。弟蒲、
藻。具慶下。娶張氏。子仰泰、仰斗、仰華。

萬曆十七年己丑科

　　徐觀瀾：字道樞，號涵碧，澤州武莊村人，民籍，州學增廣生，治《詩
經》。萬曆元年，癸酉科山西鄉試第五十三名。萬曆十七年，己丑科殿試第三
甲二名。戶部觀政。本年六月，授中書舍人。萬曆二十一年正月，行取，治行
第一，選吏科給事中；二月，升工科右給事中。萬曆二十二年，養病休。萬曆
二十五年，補原職。萬曆二十六年，升兵科左給事中，署理刑科事；六月，往
朝鮮會勘東征功罪。萬曆二十七年三月，與御史邢階互訐深如水火；四月，
刑科左給事中楊應文代為查勘東征事；九月，給事中張輔之力推徐觀瀾，升
禮科都給事中。本年，養病。萬曆三十三年十二月，年五十五，卒於家，其墓
誌胡忻撰、許維新篆、董其昌書，詳見《明故徵仕郎中書舍人禮科都給事中
涵碧徐公墓誌銘》。其遷澤始祖徐克敬，元至正進士，保定路安州知州，因任
官於澤州而遷於此；元至正八年，撰《敬慎堂記略》；元至正十二年，書天井
關《修大成殿記》。

　　《萬曆元年山西鄉試錄》：第五十三名，徐觀瀾，澤州學增廣
生，《詩》

　　《萬曆十七年己丑科進士履歷便覽》：徐觀瀾，涵碧。《詩》三
房。丁巳八月十七日生。澤州人。癸酉鄉試。三甲二名。戶部政。
六月，授中書舍人。癸巳，選吏科給事中。甲午，升右，養病。丁
酉，補原職。己亥，升禮科都。本年，養病。曾祖銳。祖源。父桂，
省祭。

《明清歷科進士題名碑錄》：徐觀瀾，山西澤州，民籍。

牛從龍：字汝騰，號禹門，高平米山鎮人，匠籍，治《易經》。萬曆十六年，戊子科山西鄉試舉人。萬曆十七年，己丑科殿試第三甲一百十七名。兵部觀政。本年八月，授北直贊皇知縣。萬曆十九年九月，調真定知縣。萬曆二十二年，升刑部主事。萬曆二十六年，補戶部主事，管下糧所。萬曆二十七年，任戶部湖廣司主事。萬曆二十八年，升戶部員外郎；同年，升戶部郎中，管理通州糧儲。萬曆三十二年，卒。

《萬曆十七年己丑科進士履歷便覽》：牛從龍，禹門。易一房。
己丑七月初四日生。高平縣人。戊子鄉試。三甲一百十七名。兵部
政。八月，授北直贊皇知縣。辛卯九月，調繁真定縣。甲午，升刑
部主事。戊戌，補戶部主事，管下糧所。己亥，湖廣監兌。庚子，
升員外。本年，升郎中，通州糧儲。甲辰，卒。曾祖罕。祖應夏。
父師光。

《明清歷科進士題名碑錄》：牛從龍，山西澤州高平縣，匠籍。

萬曆二十年壬辰科

郭嗣煥：字叔奕，號憲吾，高平建寧人，郭東子，民籍，縣學生，治《詩經》。萬曆十年，壬午科山西鄉試第三十七名。萬曆十三年，撰《高平創建南察院記》。萬曆十四年，撰《申禁化城土禾記》。萬曆二十年，壬辰科殿試第三甲二百十一名。工部虞衡司觀政。同年，授陝西蒲城知縣。萬曆二十三年，任直隸東明知縣。萬曆二十五年，撰《稟度軒記》。升蘇州府同知。

《萬曆十年山西鄉試錄》：第三十七名，郭嗣煥，高平縣學生，
《詩》。

《萬曆二十年壬辰科進士履歷便覽》：郭嗣煥，憲吾，《詩》一
房，癸亥七月初六日生，高平人。壬午鄉試，三十歲。三甲二百十
一名。仕至蘇州府同知。曾祖鰲惺。祖紹。父東〔註14〕。

《明清歷科進士題名碑錄》：郭嗣煥，山西澤州高平縣，民籍。

《類姓登科考》：郭嗣煥，山西高平縣人，壬辰三甲，東子。

〔註14〕據郭嗣煥父郭東家狀，其「曾祖宗，祖峻，父紹芳」，與郭嗣煥所載出入較大，
或是《萬曆二十年壬辰科履歷便覽》為手抄本之過，該本存彙編，題名寫作
萬曆二十七年壬辰科。

　　王家礎：號藎銘，陽城潤城王村人，軍籍，治《易經》。講學開明書院，內閣首輔劉鴻訓、張慎言、孫居相等皆出其門。萬曆十九年，辛卯科山西鄉試舉人，年三十二。萬曆二十年，壬辰科殿試第三甲四十一名。吏部觀政。授涇陽知縣，未任卒。

　　　　《萬曆二十年壬辰科進士履歷便覽》：王家礎，藎銘，易五房，
　　　　辛酉四月初一日生，陽城人。辛卯鄉試，三十二歲。三甲四十一名。
　　　　吏部觀政，授涇陽知縣。曾祖寰。祖得財。父豸。

　　　　《明清歷科進士題名碑錄》：王家礎，山西澤州陽城縣，軍籍。

　　　　《類姓登科考》：王家礎，山西陽城人，三甲。

　　張五典：字和衷，號海虹，沁水竇莊人，民籍，縣學增廣生，治《詩經》。萬曆七年，己卯科山西鄉試第五十四名，年二十六。萬曆二十年，壬辰科會試第一百八十六名，殿試第三甲八名。授行人司行人。萬曆二十一年，往衡王府掌冊封事。萬曆二十三年，往肅府掌冊封事。萬曆二十四年十二月，往韓府掌喪事。萬曆二十五年，充丁酉科順天鄉試同考官，取中解元徐光啟。萬曆二十六年，往荊府掌致祭事。萬曆二十七年，考選戶部江西司主事。萬曆二十九年四月，到任戶部，專管書寫本部奏疏及同僚升遷奏章；十一月，管天津倉。萬曆三十一年，升戶部陝西司員外郎。萬曆三十二年十二月，升戶部貴州司郎中。萬曆三十三年十一月，升山東布政司右參議，分守濟南道。萬曆三十四年十二月，丁父憂歸。萬曆三十八年三月，服闋，補山東布政司右參議兼按察司僉事，分巡濟南道。萬曆四十年五月，升河南按察司副使兼布政司參議，分守汝南道。萬曆四十三年七月，升山東布政司右參政，分守海右道、萊州道。萬曆四十六年九月，祖父父母皆贈階如例；十一月，升河南按察司按察使，分守河北道。萬曆四十八年七月，升山東布政司右布政使。天啟元年五月，升太僕寺卿，管西路事。天啟二年七月，升南京大理寺卿；九月，乞歸不允。天啟四年四月，以南京大理寺卿許終養；七月，加兵部尚書銜，許終養，仍候起用。天啟五年十二月，年七十二，卒於家，黃立極表其墓，喬應甲志其墓。天啟六年七月，加贈太子太保、兵部尚書，蔭一子入國子監，賜祭葬。著有《海虹文集》。

　　　　《萬曆七年山西鄉試錄》：第五十四名，張五典，沁水縣學增廣
　　　　生，《詩》。

　　　　《萬曆二十年壬辰科進士履歷便覽》：張五典，海虹，詩五房，

甲子正月十七日生，沁水人。己卯鄉試，二十九歲。三甲□名。仕
至兵部尚書，贈太子太保。曾祖倫。祖謙光。父官。

《明清歷科進士題名碑錄》：張五典，山西澤州沁水縣，民籍。

《張氏族譜》：〔七世兄弟十九人〕五典，字和衷，號海虹，萬
曆己卯科舉人，壬辰科進士，授行人司行人。取戶部江西司主事，
管天津倉。升本部貴州司郎中，升山東右參議，分守濟南道。丁艱。
補山東右參議，分巡濟南道。升河南副使，分守汝南道。升山東右
參政，分守海石道。升河南按察使司，分守河北道。舉卓異，升山
東右布政使。升太僕寺卿。加兵部尚書。終養。贈太子太保。晉階
柱國，光祿大夫。祀名宦、鄉賢。

孫居相：字伯輔，號拱陽，沁水湘峪人，軍籍，治《易經》。萬曆十六年，
戊子科山西鄉試第四名。萬曆二十年，壬辰科會試第一百八十二名，殿試第
三甲一百三十七名。吏部觀政。初授山東恩縣知縣。萬曆二十六年，行取。萬
曆二十八年，考選南京福建道監察御史，巡鳳陽倉，兼京營京倉，屯田、印
馬。萬曆三十三年，實授南京福建道監察御史，巡鳳陽等倉。萬曆三十四年，
掌河南道監察御史；七月，奪俸一年；八月，充丙午科應天鄉試監視官。萬曆
三十六年，丁外艱，繼丁內艱。萬曆四十年，服闋，起福建道監察御史，巡漕
回協理。萬曆四十一年，外計巡按順天。萬曆四十二年，告病。萬曆四十五年
六月，升江西布政司右參政，分管九江道。天啟二年正月，起光祿寺少卿；三
月，升太僕寺少卿；十二月，升都察院右僉都御史，巡撫陝西。天啟四年三
月，升兵部右侍郎；十一月，奪籍為民。崇禎元年，起改戶部右侍郎，專督鼓
鑄；五月，升戶部左侍郎，管右侍郎事；十二月，升戶部左侍郎，督理邊餉。
崇禎二年正月，調吏部右侍郎，升吏部左侍郎；十二月，升戶部尚書，總督倉
場。崇禎三年七月，削籍為民，謫戍邊。崇禎七年九月，年七十五，卒於戍
所，談遷志其墓，詳見《總督倉場戶部尚書拱陽孫公墓誌銘》。崇禎九年，入
祀鄉賢。著有《南北臺疏草》《居官必要》《撫秦小草》《維風約筆叢》《藝林伐
山集》等書。同編《留臺奏議》。

《萬曆二十年壬辰科進士履歷便覽》：孫居相，洪陽，《易》五
房，丁卯九月初九日生，沁水縣人。戊子鄉試，二十六歲。三甲
一百三十七名。仕至陝西巡撫，升戶部尚書。曾祖溫。祖廷禎。
父辰。

《明清歷科進士題名碑錄》：孫居相，山西澤州沁水縣，軍籍。

《湘峪孫氏族譜·年譜》：先伯父諱字伯輔，又字拱陽。萬曆戊子科鄉試四名。會試一百八十二名。廷試三甲一百三十七名。吏部觀政。初授山東恩縣知縣。戊戌，行取。庚子，考選南京福建道御史，巡鳳陽倉，兼京營京倉，屯田、印馬。丙午，掌河南道管察。戊申，丁外艱，繼丁內艱。壬子，服闋，起北京福建道，巡漕回協理。癸丑，外計巡按順天。甲寅，告病。丁巳，例轉江西九江道右參政，請告。天啟壬戌，起光祿寺少卿，升太僕寺少卿，尋遷右僉都御史，巡撫陝西。甲子，升兵部左侍郎，告病。乙丑，為民。崇禎戊辰，起改戶部左侍郎，未幾，調吏部左侍郎。己巳，升總督倉場戶部尚書。庚午，譴戍。甲戌，卒於戍所。丙子，入祀鄉賢。所著有《兩臺疏草》《居官必要》《撫秦小草》《維風約筆叢》等書。

〔孫如琮〕

萬曆二十六年戊戌科

賈之鳳：字儀虞，號鳴寰，陽城陽高泉人，民籍，縣學附生，治《易經》。萬曆十九年，辛卯科山西鄉試第二十一名。萬曆二十六年，戊戌科會試第二百九十九名，殿試第三甲十七名。□部觀政。授真定府推官。萬曆三十二年，升工部都水司主事。萬曆三十七年，補禮部精膳司主事。萬曆三十八年，升禮部儀制司主事，管教習駙馬事。萬曆四十年九月，奪俸一年；升禮部儀制司員外郎。萬曆四十一年，升禮部郎中。萬曆四十三年，升河南按察司副使，分管潁州道。萬曆四十六年九月，升山東布政司右參政，分管天津兵備道。天啟元年閏二月，升山東按察司按察使；改河南按察使。天啟二年九月，調陝西按察使，肅州監軍。天啟四年，卒於任。著有《兩山房詩》。

《萬曆二十六年進士登科錄》：賈之鳳，貫山西澤州陽城縣，民籍。縣學附學生。治《易》。字儀虞，行三，年二十六，三月十二日生。曾祖志儒。祖緩，壽官。父贈，訓導。前母樂氏，母張氏。重慶下。兄之遠、之復。弟之山。之琮。之龍。之黃。之彥。之中。之鵬。娶張氏。山西鄉試第二十一名，會試第二百九十九名。

《萬曆二十六年戊戌科進士履歷》：賈之鳳，鳴寰，《易》二房，癸酉三月十二日生，陽城人。鄉二十一名，會二百九十九名，三甲

十七名。□部政。授真定府推官。甲辰，升工部主事。己酉，補禮部主事。庚戌，升儀制司主事。壬子，升員外。癸丑，升□□司郎中。乙卯，升潁州副使。戊午，昇天津道，山東參政。己未，升按察使。□□，改昌平□，改薊遼總督監軍。壬戌，調陝西按察使。甲子，卒。曾祖志儒。祖緩，壽官。父贈，訓導。

孫鼎相：字叔亨，號玉陽，別號澗泉居士，沁水湘峪人，軍籍，縣學附生，治《易經》。萬曆十九年，辛卯科山西鄉試第六名。萬曆二十六年，戊戌科會試第二百三十名，殿試第三甲十六名。刑部觀政。授南直隸松江府推官，祀名宦祠。萬曆二十八年，充庚子科應天鄉試同考官。萬曆三十二年，升工部營膳司主事，管琉璃廠。萬曆三十五年，調兵部武選司主事。萬曆三十六年，丁外艱，繼丁內艱。萬曆三十九年，除禮部主客司主事，升儀制司員外郎。萬曆四十年十月，調吏部稽勳司員外郎；十二月，補驗封司員外郎。萬曆四十一年，調考功、文選二司，升稽勳司郎中，養病歸。萬曆四十七年三月，升陝西布政司參政，管理屯田事。天啟元年十月，升陝西按察司按察使，分守西寧道。天啟二年三月，升光祿寺少卿；九月，升太常寺少卿。天啟四年二月，升太僕寺少卿；升都察院左副都御史，巡撫湖廣，提督軍務；十二月，忤權相魏廣微，回籍。崇禎元年，廷推戶部右侍郎，以老病辭。崇禎十六年，卒，享年七十九歲。著有《承恩堂遺稿》。

《萬曆二十六年進士登科錄》：孫鼎相，貫山西澤州沁水縣，軍籍。縣學附學生。治《易》。字叔亨，行三，年二十八，十二月十九日生。曾祖溫。祖廷禎。父辰，所吏目，封文林郎，知縣。母劉氏，贈孺人。具慶下。兄堯相；居相，知縣；可相。弟立相。娶李氏。山西鄉試第六名，會試第二百三十名。

《萬曆二十六年戊戌科進士履歷》：孫鼎相，玉陽，《易》五房，辛未十二月十九日生，沁水人。鄉六名，會二百三十名，三甲十六名。刑部政。授松江府推官。甲辰，升工部主事。管□琉璃廠。丁未，調兵部主事。辛亥，復除禮部主客司主事，□□□□。壬子，調吏部稽勳司員外，調驗封司員外。癸丑，調考功司，調文選司，升稽勳司郎中，本年養病。己未，升陝西參政。辛酉，升本省按察使。壬戌，升太僕寺少卿，本年，升光祿寺少卿，又升太常寺少卿。甲子，升太僕寺卿，本年，升右副都御史。□□□□□□□□□□。

曾祖溫。祖廷禎。父辰，所吏目，封文林郎，知縣。

《湘峪孫氏族譜·年譜》：先大人諱字叔亨，又字玉陽，別號澗泉居士。萬曆辛卯科鄉試第六名。戊戌會試第二百三十名。廷試三甲十六名。刑部觀政。授南直隸松江府推官。庚子，應天同考試官。甲辰，升工部營膳司主事，管琉璃廠。丁未，調兵部武選司主事。戊申，丁外艱，繼丁內艱。辛亥，除禮部主客司主事，升儀制司員外。壬子，調吏部稽勳司員外，本年升驗封司員外。癸丑，調考功、文選二司，升稽勳司郎中，本年養病。己未，升陝西參政。辛酉，升本省按察司副使。壬戌，升太僕寺少卿，本年，升光祿寺少卿，又升太常寺少卿。甲子，升太僕寺正卿，本年升巡撫湖廣，提督軍務，都察院左副都御史。次年，忤權相魏廣徵，回籍。崇禎，廷推戶部右侍郎，以老病辭。癸未，卒，享年七十九歲。祀松江府名宦，又有生祠，在府城內。順治十二年，蘸松副使王若樸先生重修。所著有《承恩堂遺稿》藏於家。〔孫如琮〕

萬曆二十九年辛丑科

張光房：字衡符，號石松、石欽、翁俌、翁傳，澤州大陽人，張養蒙子，匠籍，國子生，治《書經》。萬曆十九年，辛卯科山西鄉試第五十八名。萬曆二十九年，辛丑科會試第二百八十名，殿試第三甲二百三十九名。吏部觀政。萬曆三十一年，充癸卯科順天鄉試考官。萬曆三十二年，授中書舍人。萬曆四十六年，由中書舍人升禮部主客司主事，萬曆四十八年，升禮部儀制司員外郎。天啟元年，升禮部精膳司郎中。天啟四年四月，升光祿寺少卿。天啟五年五月，因投身門戶，冠帶閒住。崇禎元年，詔起用。

《萬曆二十九年會試錄》：張光房，澤州人，《書》。

《萬曆二十九年進士登科錄》：張光房，貫山西澤州，匠籍，國子生，治《書經》。字衡符，行一，年二十九，六月十七日生。曾祖穩，贈通議大夫戶部右侍郎。祖四維，儒官，封禮科給事中，累贈通議大夫，戶部右侍郎。父養蒙，通議大夫，戶部右侍郎。母趙氏，累封淑人。具慶下。弟光斗，官生。光奎，監生。光樞。光璿。娶顏氏，繼娶趙氏。山西鄉試第五十八名，會試第二百八十名。

《萬曆辛丑科履歷》：張光房，石欽，《書》二房，癸酉六月十

七日生，澤州人。辛卯五十八名，會二百八⬚名，三甲二百三十九名，吏部政，甲辰，授中書。□□，丁憂。□□，□□□□。戊午，升禮部主客司主事。庚申，升員外。辛酉，升□□郎中。甲子，升光祿少卿。乙丑，閒住。曾祖穩，贈戶部侍郎。祖四維，封給事中，贈侍郎。父養蒙，任戶部侍郎。

李養蒙：字之正，號育吾，陽城中莊人，軍籍，國子生，治《易經》。萬曆二十五年，丁酉科山西鄉試第五十九名。萬曆二十九年辛丑科會試第一百二十名，殿試第三甲一百三十二名。都察院觀政。授河南懷慶府推官。萬曆三十四年，充丙午科陝西鄉試主考官。萬曆三十六年，撰《明奉訓大夫次泉董公暨配龍溪縣君合葬墓誌銘》。萬曆三十七年，充己酉科河南鄉試同考官。萬曆三十九年，升戶部主事。萬曆四十年，升戶部山西司員外郎。萬曆四十五年，升戶部郎中，升承天府府丞。萬曆四十六年，丁憂。泰昌元年，撰《修路碑記》。天啟元年閏二月，補湖廣按察司副使，備兵荊西道，未任卒。

《萬曆二十九年會試錄》：李養蒙，陽城縣人，《易》。

《萬曆二十九年進士登科錄》：李養蒙，貫山西澤州陽城縣，軍籍，國子生，治《易經》，字之正，行一，年三十六，七月初八日生。曾祖子仁。祖佩，壽官。父國廉。壽官。母曹氏。具慶下。弟春茂，貢士；養重。娶曹氏。山西鄉試第五十九名，會試第一百二十名。

《萬曆辛丑科履歷》：李養蒙，育吾，《易》五房，丙寅七月初八日生，陽城人，丁酉五十九名，會一百二十名，三甲一百三十二名，都察院政，授河南懷慶府推官。丙午，陝西主考。己酉，河南同考。辛亥，升戶部□□司主事。癸丑，□□□。壬子，升戶部山西司員外。丁巳，郎中。□□，升承天知府。戊午，丁憂。辛酉，補湖廣副使。曾祖子仁。祖佩，壽官。父國廉。壽官。

《類姓登科考》：李養蒙，山西陽城人，三甲。

萬曆三十二年甲辰科

張光縉：字爾袞，號璿源，一號拙公，澤州二聖頭人，民籍，國子生，治《詩經》。明萬曆二十八年，庚子科山西鄉試第六十名。萬曆三十二年，甲辰科會試第一百八十名，殿試第二甲四十二名。刑部觀政。萬曆三十三年，授

戶部主事。萬曆三十四年，管崇文稅課。萬曆三十五年，丁憂。萬曆三十八年，服闋，補工部主事，荊州抽分。萬曆三十九年，升戶部員外郎，管街道。萬曆四十年，升工部郎中；十月，升廬州知府。萬曆四十二年，丁憂。萬曆四十五年，服闋，補松江府知府。萬曆四十七年三月，升陝西按察司副使，分巡兵糧道。泰昌元年八月，調山東按察司副使。天啟元年，升山東布政司右參政。天啟三年三月，加山東按察司按察使，仍管懷來兵備道；九月，調霸州兵備道。天啟四年，調遵化道。天啟五年五月，與弟張光前同削籍為民。崇禎二年，起為河南兵備道副使。崇禎三年正月，分巡涿州道，改磁州道；五月，升河南布政司右布政。崇禎四年，考察下第，更號拙公。崇禎五年二月，起四川按察司按察使；十月，調陝西按察使，分巡商洛道。清順治十一年十一月，年七十，卒於家，衛周祚撰其墓誌，張京篆，毛一豸書，詳見《明故陝西右布政璿源張公暨元配淑人郭氏繼配淑人楊氏合葬誌銘》。

　　《萬曆三十二年進士登科錄》：張光縉，貫山西澤州，民籍，國子生，治《詩》。字爾袞，行二，年二十六，八月二十日生。曾祖仲實。祖朝器。父思烈，儒官。母郜氏。具慶下。兄光先。光前，貢士。光繡，光祚，光宇。娶郭氏。山西鄉試第六十名，會試第一百八十名。

　　《萬曆甲辰科履歷便覽》：張光縉，璿源，《詩》二，己卯八月二十日生，澤州人，庚子六十，會一百八十，二甲四十二，刑部政。乙巳，授戶部主事。丙午，管崇文稅課。丁未，丁憂。壬子〔註15〕，補工部主事，荊州抽分。辛亥，升員外，管街道。壬子，升郎中，升廬州知府。甲寅，丁憂。丁巳，除松江知府。己未，升陝西副使。庚申，升山東參政。癸亥，加按察使，升右布政，□州道。甲子，調遵化道。乙丑，為民。己巳，起河南兵道。庚午，升本省右布政。辛未，考察。壬申，補四川按察使，調陝西。曾祖仲實。祖朝器。父思烈，儒官。

　　《崇禎十二年山西鄉試齒錄》：〔張肇昱〕父光縉，甲辰進士，陝西右布政使。

　　李春茂：字文輝，號震陽，陽城中莊人，居陽城城中，軍籍，國子生，治《易經》。萬曆二十二年，甲午科山西鄉試第二十二名。萬曆三十二年，甲

〔註15〕原文錯誤，應為庚戌。

辰科會試第一百十三名，殿試第三甲二百二十七名。工部觀政。萬曆三十六年，授行人司行人。萬曆四十年，升兵部主事。萬曆四十四年，升兵部員外郎。萬曆四十六年，升兵部武庫司郎中。萬曆四十七年三月，升陝西布政司參政。天啟元年七月，升陝西按察司按察使兼布政司參議。天啟二年九月，升江西布政司右布政使。天啟三年八月，升雲南布政司右參議。天啟四年，升湖廣布政司左布政。天啟六年閏六月，升順天府府尹。天啟七年五月，升都察院右副都御史；八月，加都察院右都御史。崇禎元年九月，削籍為民。

《萬曆三十二年進士登科錄》：李春茂，貫山西澤州陽城縣，軍籍，國子生，治《易》。字文輝，行三，年三十，十月初三日生。曾祖子昂。祖尚宏。父國典。母延氏。慈侍下。兄春煥，養蒙，推官，春燿，星炯。弟春萱，星煒。娶張氏。山西鄉試二十二名，會試一百十三名。

《萬曆甲辰科履歷便覽》：李春茂，震陽，《易》三，乙亥十月初三日生，澤州陽城人，甲午二十二，會一百十三，三甲二百二十七，工部政。戊申，授行人。壬子，升兵部主事。丙辰，升員外。戊午，升武庫郎中。己未，升陝西參政。辛酉，升本省按察使。壬戌，升江西右布政。甲子，升湖廣左布政。丙寅，升順天府尹。丁卯，加都察院右副都，加右都御史。本年，閒生。戊辰，為民。曾祖子昂。祖尚宏。父國典，庠生。

《類姓登科考》：李春茂，山西陽城人，三甲，順天府尹，加都御史，欽案挺徒。

張銓：字宇衡，號見平，沁水竇莊人，張五典子，民籍，縣學生，治《詩經》。萬曆二十五年，丁酉科山西鄉試第三十八名。萬曆三十二年，甲辰科會試第一百九十三名，殿試第三甲二百十三名。都察院觀政。萬曆三十三年，授保定府推官。萬曆三十八年，考選。萬曆四十年，選浙江道監察御史，監察陝西茶馬。丁憂歸。萬曆四十六年，服闋，補監察御史，巡按江西。萬曆四十八年，巡按遼東。天啟元年，陣亡，贈大理寺卿。天啟二年，加贈兵部尚書，諡忠烈。著有《春秋集傳》《勝遊草》《國史紀聞》《張忠烈公文集》。

《萬曆三十二年進士登科錄》：張銓，貫山西澤州沁水縣，民籍，縣學生，治《詩》。字宇衡，行一，年二十八，十二月初八日生。

曾祖謙光。祖官，封戶部主事。父五典，戶部員外郎。母李氏，贈安人，繼母竇氏，李氏，封安人。重慶下。弟鉿，貢士，鈖，鈴，鈔，鐱，(金佘)，鈅，(金弇)。娶霍氏。山西鄉試第三十八名，會試第一百九十三名。

《萬曆甲辰科履歷便覽》：張銓，見平，《詩》一，丁丑正月二十八日生，澤州沁水人，丁酉三十八，會一百九十三，三甲二百十三，都察院政。乙巳，授保定府推官。庚辰，考選。壬子，授浙江道，陝西茶馬。戊午，江西巡按。庚申，遼東巡按。辛酉，陣亡，贈大理寺卿。壬戌，加贈兵部尚書。曾祖謙光，庠生。祖官，累贈兵部尚書。父五典，現任太僕寺卿，壬辰。

《張氏族譜》：〔八世兄弟二十八人〕銓，字宇衡，號見平，萬曆丁酉科舉人，甲辰科進士，授北直隸保定府推官，舉卓異，行取浙江道監察御史，巡按陝西、四川、湖廣茶，丁艱，再補巡按江西，再巡按遼東，監軍殉難，贈大理寺卿，加贈兵部尚書，晉階柱國榮祿大夫，謚號忠烈，蔭錦衣衛指揮僉事世襲，諭祭葬，都省郡邑俱敕建祠，春秋致祭，都省祠賜額山右三忠，餘俱昭忠，仍從祀宣聖，保定祀名宦。

吉人：字國禎，號獻丹，長治籍，沁水人，民籍，治《易經》。萬曆十三年，乙酉科山西鄉試第二名。萬曆二十九年，辛丑科會試第五十八名。萬曆三十二年，補丁未科殿試第三甲一百十八。通政司觀政。萬曆三十三年，授獲鹿知縣。萬曆三十八年，考選。萬曆四十年，授江西道御史，巡撫甘肅。萬曆四十三年，丁憂。萬曆四十六年八月，除原官，巡按貴州；十一月，升山東按察司副使。

《萬曆甲辰科履歷便覽》：吉人，獻丹。《易》二。庚午二月二十二日生，平陽府長籍，沁水人。乙酉二名，辛丑會五十八名，三甲一百十八。通政司政。乙巳，授獲鹿知縣。庚戌，考選。壬子，授江西道，巡撫甘肅。乙卯，丁憂。戊午，除原官，貴州巡按。本年，升山東副使。曾祖滿。祖隆。父廷弼，訓導。

《明清歷科進士題名碑錄》：吉人，山西潞安府長治縣，民籍。澤州沁水縣人。

《類姓登科考》：吉人，山西沁水縣人，萬曆甲辰三甲。

萬曆三十五年丁未科

楊新期：字應昌，號周卜，陽城匠禮人，楊繼宗七世孫，民籍，縣學生，治《易經》。萬曆三十一年，癸卯科山西鄉試第七名。萬曆三十五年，丁未科會試第一百十七名，殿試第三甲一百五十六名。同年，授項城知縣，調雍邱，補蟲吾，萬曆四十五年，任渭南知縣。天啟元年二月，補河南道監察御史。天啟二年九月，巡按湖廣。天啟五年七月，巡視光祿；十二月，削籍歸。崇禎三年三月，補湖南道監察御史。崇禎五年四月，掌河南道監察御史。

> 《萬曆三十五年進士登科錄》：楊新期，貫山西澤州陽城縣，民
> 籍，縣學生，治《易經》。字應昌，行一，年二十六，十月二十五日
> 生。曾祖爭光，縣丞。祖元爵。父爾梁。母田氏。具慶下。弟新時、
> 道亨。娶王氏，繼娶王氏、延氏、潘氏。山西鄉試第七名，會試第
> 一百十七名。

> 《類姓登科考》：楊新期，山西陽城縣人，三甲。

萬曆三十八年庚戌科

張光前：字爾荷，號崞西，澤州二聖頭人，民籍，州學增生，治《詩經》。明萬曆二十八年，庚子科山西鄉試三十名。萬曆三十八年，會試第一百八十名，殿試第三甲四十二名。戶部觀政。本年，授湖廣武昌府蒲圻知縣。萬曆四十年，任湖廣鄉試同考官，丁憂。萬曆四十四年，服闋，補直隸保定府安肅縣知縣，有善政。萬曆四十五年，升吏部驗封司主事。升文選司員外郎、吏部稽勳文選二司郎中。乞假歸。天啟四年，起為吏部文選司郎中；同年，貶三級，調外任。天啟五年五月，與兄張光縉同削籍為民。崇禎元年十二月，起為光祿寺少卿，不任。崇禎三年四月，起為太常寺少卿，管太僕寺少卿事，分轄西路。崇禎四年五月，任大理寺右少卿。累疏乞休，及家而卒，詳見《明故文林郎右少卿原吏部文選司郎中爾荷張君暨安人史氏合葬墓誌銘》。清順治十七年，祀徐水（原安肅）名宦祠。

> 《萬曆三十八年登科錄》：張光前，貫山西澤州，民籍，州學增
> 廣生，治《詩經》，字爾荷，行三，年二十八，九月十七日生。曾祖
> 仲實。祖朝器。父思烈，封戶部主事。母郜氏，嚴侍下。兄光先；
> 光縉，工部主事。弟光繡、光祚、光宇、光表。娶史氏。山西鄉試
> 第三十名。會試第一百八十名。

《萬曆三十八年庚戌科序齒錄》：張光前，山西澤州，民籍，增生，字爾荷，號嶧西，治《詩》，行三，癸未九月十七日生。庚子鄉試三十名。會試一百八十名。廷試三甲四十二名，戶部觀政，授湖廣武昌府蒲圻知縣。壬子，本省同考，丁憂。丙辰，復除直隸保定府安肅縣知縣。丁巳，升吏部驗封司主事。曾祖仲實。祖朝器。父思烈，封戶部主事，承德郎。母郜氏，封安人。永感下。兄光先，廩生；光緝，甲辰進士，任廬州松江二府知府。弟光繡，增生；光祚，庠生；光宇；光宅；光復。娶史氏，封孺人。子肇隆、肇陽。

張慎言：字金銘，號藐山，陽城屯城人，民籍，縣學生，治《易經》。萬曆三十四年，丙午科山西鄉試四十八名。萬曆三十八年，庚戌科會試第八十二名，殿試第三甲一百十八名。通政司觀政。授山東兗州府壽張知縣。萬曆四十一年，調曹縣知縣，改清河知縣。萬曆四十六年，選授陝西道御史。天啟元年正月，巡按直隸，管烙馬、屯田。天啟五年，戌肅州。崇禎元年五月，起湖廣道監察御史；十一月，升太僕寺少卿。崇禎二年八月，升太常寺卿。崇禎三年正月，升刑部右侍郎；三月，冠帶閒住。召為工部右侍郎。崇禎十一年，升工部左侍郎。崇禎十三年，升南京戶部尚書。崇禎十六年，掌右都御史事。南明福王時，任吏部尚書，加太子太保，致仕歸。清順治二年，年七十一卒，白胤謙志其墓，詳見《藐山張先生墓誌銘》。著有《泊水齋詩文抄》。

《萬曆三十八年登科錄》：張慎言，貫山西澤州陽城縣，民籍，縣學生，治《易經》，字金銘，行一，年三十四，正月十六日生。曾祖曉，贈中憲大夫，衛輝府知府。祖升，嘉靖庚戌進士，河南左參政。父天和。母王氏，繼母韓氏。永感下。弟慎修、慎德、慎思、慎樞、慎機、慎術。娶馬氏，繼娶栗氏。山西鄉試第四十八名，會試第八十二名。

《萬曆三十八年庚戌科序齒錄》：張慎言，山西澤州陽城縣，民籍，學生，字金銘，號藐姑，治《易》，行一，丁丑正月十六日生。丙午鄉試四十八名。會試八十二名。廷試三甲一百十八名。通政司觀政。授山東兗州府壽張知縣。癸丑，調繁曹縣。戊午年考選，授陝西道御史。曾祖時，贈中憲大夫，徐輝知府。祖昇，庚戌進士，

河南左參政，崇祀鄉賢。父天和，廩生，敕贈文林郎。母王氏，敕
贈孺人。繼母韓氏，敕贈孺人。永感下。弟慎修，儒士。慎德，儒
士。慎思，生員。慎樞，儒士。慎機，生員。慎術。娶馬氏，敕贈
孺人。繼娶栗氏，敕封孺人。子履旋〔註16〕、兌孚、巽孚。

萬曆四十一年癸丑科

韓胐仁：字伯倫，號經宇、欽宇，沁水韓王村（鹿路北里）人，民籍，國
子生，治《書經》。萬曆二十八年，庚子科山西鄉試舉人。萬曆四十一年，癸
丑科會試第二百五十七名，殿試第三甲二百六十二名。授大理寺評事，升大
理寺寺正。天啟二年，升山東青州知府。崇禎五年，年六十五，卒於家。著有
《養中養才類編》。

    《萬曆四十一年會試錄》：第二百五十七名，韓胐仁，山西沁水
    縣人，監生，《書》。
    《明清歷科進士題名碑錄》：韓胐仁，山西澤州沁水縣，民籍。
    《類姓登科考》：韓胐仁，山西沁水縣人，三甲。

萬曆四十四年丙辰科

張鵬云：字漢沖，號雨蒼，陽城郭峪人，民籍。明萬曆三十七年，己酉科
山西鄉試舉人。萬曆四十四年，丙辰科殿試第三甲六十名。本年，授商丘知
縣。天啟元年，充辛酉科河南鄉試同考官。天啟二年，行取，升邢科給事
中，侍經筵。天啟三年，丁憂歸。天啟四年，升四川布政司右參議兼按察司僉
事，分巡川北道。天啟五年，削籍。崇禎元年，起原官，歷禮科給事中、戶科
右給事中。崇禎二年三月，升禮科左給事中；四月，升兵科都給事中；十二
月，降一級。崇禎三年，升太常寺少卿，冊封晉府。崇禎五年十月，升都察院
右僉都御史，整飭薊遼邊備，巡撫順天。崇禎九年，患病告歸。崇禎十一
年，丁母憂。崇禎十二年，戍榆林。崇禎十五年，引疾歸。清順治二年六月，
年五十九卒，張慎言志其墓，詳見《清故大中丞都察院右僉都御史雨蒼張公
墓誌銘》。

    《明清歷科進士題名碑錄》：張鵬雲，山西澤州陽城縣，民籍。

〔註16〕《崇禎壬午科鄉試錄》：二十名，張履旋，陽城縣學生，易。注文：履旋，慎
    言子，賊陷城，投崖死，贈御史。

《類姓登科考》：張鵬雲，山西澤州人，三甲，右僉都御史，巡撫順天。

萬曆四十七年己未科

牛犉玄：字振翼，號鵬州，寄籍高平南關，陝西寧州人，民籍，治《禮記》。萬曆四十年，壬子科舉人。萬曆四十七年，己未科會試第三百一十八名，殿試第三甲二百六十四名。天啟三年，授直隸儀真縣知縣，民建祠思之。崇禎元年六月，選山東道監察御史。崇禎二年，糾陸澄源指東林黨事。

《萬曆己未會試錄》：〔第三百一十八名〕牛犉玄，高平縣人，《禮記》。

《明清歷科進士題名碑錄》：牛犉玄，山西澤州高平縣，民籍，陝西寧州人。

《類姓登科考》：牛犉玄，山西高平縣人，己未三甲。

楊時化：字季雨，號沁湄，陽城下伏人，民籍，治《易經》。明萬曆四十三年，乙卯科山西鄉試舉人。萬曆四十七年，己未科會試第二百二十八名，殿試第三甲二百六十三名。天啟元年，授行人司行人。天啟四年，充甲子科順天鄉試分校官。天啟五年，往德府掌臨朐王喪禮。天啟七年，授戶科給事中。崇禎元年三月，疏糾高平知縣貪劣。崇禎三年，落職歸，里居十餘年。崇禎十六年十二月，閣部面舉復用，帝批示酌用。清順治二年，復起戶科給事中。順治三年，任禮科右給事中，充丙戌科山東鄉試正考官。順治四年十月，升刑科左給事中；十二月，降三級調外用，謫浙江按察司照磨。順治十一年三月，年七十，卒於家，白胤謙志其墓，詳見《原任刑科給事中沁湄楊先生墓誌銘》；魏象樞表其墓，詳見《刑科左給事中沁湄楊公墓表》。著有《蘋閣集》。

《萬曆己未會試錄》：〔第二百二十八名〕楊時化，陽城縣人，《易》。

《明清歷科進士題名碑錄》：楊時化，山西澤州陽城縣，民籍。

《類姓登科考》：楊時化，山西陽城縣人，三甲。

《國朝貢舉考略》：順治三年丙戌科補行鄉試　山東　給事楊時化，沁千，山西陽城人，己未。

天啟二年壬戌科

苗胙土：字叔康，號晉侯，澤州城內人，苗煥子，民籍，州學生，治《易

經》。明萬曆四十六年，戊午科山西鄉試二十七名。萬曆四十七年，值會試，丁憂歸。天啟二年，壬戌科會試第二百九十七名，殿試第二甲五十八名。戶部觀政〔註17〕。天啟四年，授戶部福建司主事，管下糧所。天啟六年，升戶部山東司郎中，管新餉。天啟七年，任山東布政司參議。崇禎元年，升陝西布政司參議。崇禎二年，丁憂。崇禎五年五月，補湖廣布政司右參議，分巡荊南道。崇禎六年七月，升湖廣按察司副使，分巡荊南道；九月，充癸酉科湖廣武鄉試提調官。崇禎九年三月，升都察院僉都御史，巡撫鄖陽；十二月，肅賊不利，罷官歸。崇禎十一年九月，革職擬罪。崇禎十三年，戍懷慶衛。清順治二年十月，補右僉都御史，巡撫南贛。順治三年，年五十八卒。著有《中丞集》《解鞍錄》《漢濱舊話》《新餉志》《撫鄖雜編》等。

《天啟二年壬戌科進士履歷》：苗胙土，晉侯，《易》五房，丁酉七月初九日生，澤州人。戊午二十七名，會二百九十七名，二甲五十八名。戶部政。甲子，授戶部福建司主事，管下糧所。丙寅，升山東司郎中，管新餉。丁卯，加山東參議。戊辰，升陝西參議。己巳，丁憂。壬申，除湖廣參議。癸酉，升本省副使。順治乙酉，補右僉都，巡撫南贛。丙戌，卒。曾祖時雍，縣丞。祖傑，封主事。父煥，進士，知府。

《天啟壬戌科進士同年序齒錄》：苗胙土，山西澤州，民籍，州學生。字叔康，號晉侯。行三。治《易經》。丁酉七月初九日生。曾祖時雍，縣臣。祖傑，封主事。父煥，進士，知府。母司氏。□□下。兄有土，廣土。娶王氏。子士寅、士容。戶部觀政。戊午鄉試二十七名，會二百九十七名，二甲五十八名。

《類姓登科考》：苗胙土，山西澤州人，天啟壬戌三甲，右僉都御史，巡撫鄖陽。

《明清歷科進士題名碑錄》：苗胙土，山西澤州，民籍。

孟兆祥：字允吉，號肖形，直隸交河籍，山西澤州人，民籍，治《詩》改《禮》。萬曆二十五年，丁酉科順天鄉試第六十七名。天啟二年，壬戌科會試第一百五名，殿試第三甲二百三十六名。刑部觀政。天啟三年十月，授大理寺評事，丁憂歸。天啟六年，服闋，補大理左評事。天啟七年，充丁卯科四川鄉試主考官。崇禎二年，升吏部驗封司主事，調驗封，調考功司。崇禎三

年二月，調吏部文選司主事；五月，升吏部驗封司員外郎；十二月，調吏部考功司員外郎。崇禎四年二月，充辛未科會試禮記房考官；八月，任順天鄉試同考官；同年，升吏部稽勳司郎中，給假歸。崇禎十一年，起吏部考功司郎中，降職。崇禎十二年，補行人司左司副。崇禎十四年，升光祿寺丞；升光祿寺少卿。崇禎十五年，升通政司左通政；升太僕寺卿。崇禎十六年，升通政司通政使。崇禎十七年，升刑部右侍郎；同年，死國難。福王時，贈刑部尚書，初諡忠貞，定諡忠端。清順治朝，諡「忠靖」。順治十二年，賜祭葬。有詩《硤石》。

《天啟二年壬戌科進士履歷》：孟兆祥，肖形，《禮記》一房，甲申十月十一日生。交河籍，澤州人。丁酉六十七名，會一百五名，三甲二百二十六名。刑部政。癸亥，授大理寺左評事，丁憂。丙寅，除大理左評事。丁卯，四川主考。己巳，升吏部驗封司主事，調驗封，調考功司。庚午，調文選，升驗封司員外，調考功司。辛未，順天同考，□□□。本年，升稽勳司郎中，給假。戊寅，起考功司郎中，降。己卯，補行人司左司付。辛巳，升光祿寺丞；本年，升少卿。壬午，升左通政；本年，升太僕寺卿。癸未，升通政使。甲申，升刑部右侍郎。甲申，卒。曾祖鉞，祖傳，父尚質，生員。

《天啟壬戌科進士同年序齒錄》：孟兆祥，北直隸河間府交河，民籍，山西澤州人。縣學生。字允吉，號肖形。行一。治《詩》改《禮》。甲申十月十一日生。曾祖鉞。祖傳。父尚質，生員。母高氏；繼母殷氏。慈侍下。兄兆鵬。弟兆鳳，鴻臚序班。娶袁氏。繼娶呂氏、何氏。子章明，生員；泰明；興明；顯明。刑部觀政。癸亥十月，授大理寺評事。丁酉鄉試六十七名，會試一百五名，三甲二百三十六名。

《明清歷科進士題名碑錄》：孟兆祥，直隸河間府交河縣，民籍，山西澤州人。

《類姓登科考》：孟兆祥，北直隸交河縣人，天啟壬戌三甲，刑部右侍郎，殉國難，贈尚書，諡忠貞。

《明貢舉考略》：甲子科 天啟四年 四川 評事孟兆祥，允吉，山西澤州人，壬戌。

《崇禎四年辛未科進士三代履歷便覽》:《禮記》房 承德郎吏部考功司署員外事主事孟兆祥,允吉,北直交河籍,澤州人,壬戌。

天啟五年乙丑科

呂黃鐘:字初陽,澤州城內人,民籍。萬曆四十三年,乙卯科山西鄉試舉人。天啟五年,乙丑科殿試第三甲一百四十七名。天啟六年,授魚臺知縣。調歷城知縣。崇禎五年,選戶科給事中,請用「天下必不可少之人」。崇禎八年,任山東按察司副使,分巡海防道,駐登州。以病歸。崇禎十三年,起山東布政司右參政,分巡曹州兵備道。剿勞成疾,卒於官,贈光祿寺卿。撰有《明禮部儒官小湖李公暨配王孺人合葬墓誌銘》。編有《解網錄》,現藏美國國會圖書館。

《明清歷科進士題名碑錄》:呂黃鐘,山西澤州,民籍。

石鳳臺:字六象,號翥雲、逸齋,陽城化源里人,民籍,師從張志芳。明萬曆四十六年,戊午科山西鄉試舉人。天啟五年,乙丑科第三甲二百二十七名。本年,授韓城知縣。天啟七年,任南宮知縣。崇禎三年,調良鄉知縣,請免賦稅,安撫黎民。崇禎十三年七月,補山東按察司僉事,整飭寧前兵備道。升山東按察司副使,分巡遼東寧前道。崇禎十五年,下詔獄,革職歸。清順治二年四月,進京朝見。順治三年,起為陝西巡撫;四月,調湖廣布政司參議,分守荊西道。順治五年,升陝西按察司副使,兼布政司參議,分守關西道。順治六年,因岐山城失,下司議罪。有《口語寄親友》《景陵喜雨》《弔三良》等詩。順治十四年,年六十五卒,白胤謙表其墓,詳見《憲副翥雲石公墓表》。著有《西池集》《逸齋集》《秦邸秋音》《楚遊草》《隴上吟》。後學韓蘇編為《石先生詩抄》,藏中科院圖書館總館。子三:石博,字子約,歲貢生;石子固,康熙五年武舉人,北樓參將;石祿,字子受,附貢生,繁峙訓導。

《類姓登科考》:石鳳臺,山西陽城縣人,乙丑三甲。

《明清歷科進士題名碑錄》:石鳳臺,山西澤州陽城縣,民籍。

王徵俊:字夢卜,陽城上莊人,民籍,治《易經》。萬曆四十年,壬子科山西鄉試舉人。天啟五年,乙丑科殿試三甲一百四十六名。天啟六年,授陝西韓城知縣。崇禎三年,賊犯韓城,御卻之,坐獄,謫歸德照磨。崇禎五年,升山東滕縣知縣。升河南按察司副使,分巡磁州道。升山東布政司右參政,整飭寧前兵備。丁憂歸。崇禎十七年二月,賊陷陽城,被執不屈,民爭釋之,

歸家自縊而亡。崇祀鄉賢。清乾隆四十一年，賜諡節愍。

　　　　《明清歷科進士題名碑錄》：王徵俊，山西澤州陽城縣，民籍。

　　　　《類姓登科考》：王徵俊，山西陽城人，三甲。

崇禎元年戊辰科

　　王邦柱：字石寧，高平唐安人，民籍。明萬曆四十六年，戊午科山西鄉試舉人。崇禎元年戊辰科，殿試第三甲二百六十三名。選翰林院庶吉士。崇禎三年六月，授浙江道監察御史。崇禎四年，巡按直隸，疏陳治漕。崇禎六年，巡按山東。歷官太僕寺少卿、大理寺右寺丞。清順治二年三月，山西巡撫馬國柱奏請將其起用；六月，授光祿寺少卿。順治五年十一月，升太常寺少卿。順治七年四月，升通政使司右通政。順治九年三月，升大理寺卿。順治十年二月，致仕歸。順治十三年四月，諭祭葬，贈工部右侍郎，蔭一子入學。子王用體，順治六年入國子監，順治十年任齊河知縣，丁憂歸，服闋補南安知縣。撰有《送高平令子房王父母調河內序》《渭南令杏園楊公行狀》

　　　　《蘭臺法鑒錄》：王邦柱，字石寧，山西高平縣人。崇禎元年進士。三年，由庶吉士授浙江道御史，管南城巡漕。

　　　　《類姓登科考》：王邦柱，山西高平人，三甲。

　　　　《明清歷科進士題名碑錄》：王邦柱，山西澤州高平縣，民籍。

崇禎七年甲戌科

　　陳昌言：字禹前，號道莊、泉山，澤州人，民籍，治《易經》。明崇禎三年，庚午科山西鄉試三十三名。崇禎七年，甲戌科會試第八十二名，殿試第三甲五十六名。崇禎八年，授直隸樂亭知縣，祀名宦祠。升浙江道監察御史。清順治二年五月，復起浙江道監察御史，提學蘇松道。順治八年，加一級。順治十年，請假歸。順治十二年十月，年五十八，卒於家，白胤謙志其墓，詳見《清故儒林郎浙江道監察御史加一級泉山陳公墓誌銘》。著有《山中集》《述先草》《斗築居稿》。

　　　　《崇禎七年甲戌科進士履歷便覽》：陳昌言，道莊，字禹前，《易》四房。甲辰年十月十八日生，直隸澤州人。庚午鄉試三十三名，會八十二名，三甲五十六名。本年六月授北直樂亭知縣。庚辰，行取。曾祖修。祖三樂。父經濟，庠生。

　　　　《明清歷科進士題名碑錄》：陳昌言，山西大同府澤州，民籍。

《類姓登科考》：陳昌言，山西澤州人，三甲。

《清秘述聞三種》：御史陳昌言，字道莊，山西澤州人，前甲戌進士，順治二年任，下江。

《國朝御史題名》：順治元年　陳昌言，山西澤州人，前進士，起浙江道御史，督學蘇松，京察內升。

《國朝虞陽科名錄》：大清順治二年乙酉科試督學御史陳昌言，字道莊，山西澤州人，前甲戌進士。〈國朝御史題名錄〉順治二年起浙江道御史，督學蘇松。

閆禧：字仲皥，號階平，直隸滑縣籍，山西沁水人，治《書經》。明天啟七年，丁卯順天鄉試舉人。崇禎七年，甲戌科會試第一百五十七名，殿試第三甲一百七十九名。工部觀政。崇禎八年，授陽谷知縣。補山東沂水知縣。升刑部郎中，李自成陷北京未任。清順治二年，獲授兵部車駕司郎中。順治四年，胞弟祺喪告歸。順治十一年，纂修《滑縣志》。祖閆年，嘉靖三十一年舉人，鎮平、禮泉知縣。父閆敏政，歲貢，寧晉訓導。

《崇禎七年甲戌科進士履歷便覽》：閆禧，階平，《書》一房，乙巳年七月二十一日生，大名府滑縣籍，山西澤州沁水人。丁卯鄉試。會一百五十七名，三甲一百七十九名。工部觀政。乙亥，授陽谷知縣。□□，補山東沂水知縣。曾祖儒，壽官。祖年，禮泉知縣。父敏政，寧晉縣訓導。

《明清歷科進士題名碑錄》：閆禧，直隸大名府滑縣籍，山西澤州沁水縣人。

崇禎十年丁丑科

王采：字拱垣，澤州楊窪人，解元王忠顯子，民籍，治《書經》。天啟四年，入州學為諸生。崇禎六年，癸酉科山西鄉試六十八名。崇禎十年，丁丑科會試第一百一十六名，殿試第三甲七十六名。禮部觀政。本年，授北直隸蠡縣知縣。崇禎十一年十一月初十，率眾守城抗敵，身中數箭不自知，被砍數十刀而殉節，年僅三十三，一門二十餘口皆同殉，僅一幼女逃脫。崇禎十二年春，侄王緒宏收殮其屍，葬其於城南五里楊家窪，王鐸志其墓，詳見《蠡縣知縣拱垣王公墓誌銘》。贈監司。妾申氏，撫孤成立，終未獲蔭。

《崇禎十年丁丑科進士三代履歷》：王采，拱垣，《書》四房，

壬子六月初五日生，澤州人。癸酉六十八名，會一百一十六名，三甲七十六名。禮部觀政。授北直隸蠡縣知縣。曾祖應道。祖激，贈平涼知府。父忠顯〔註18〕，丙子元，按察使，祀鄉賢。

　　《明清歷科進士題名碑錄》：王采，山西澤州，民籍。

　　《類姓登科考》：王采，山西澤州人，三甲。

朱充鱨：號弼成，隰川王府宗籍，山西澤州人，治《易經》。崇禎九年，丙子科山西鄉試第四十三名。崇禎十年，丁丑科會試第一百一十三名，殿試第三甲一百九十六名。都察院觀政。崇禎十二年，授行人司行人，奉使河南。

　　《崇禎十年丁丑科進士三代履歷》：朱充鱨，弼成，《易》四房。甲午正月二十七日生，隰川王府宗籍，盱眙縣人。丙子四十三名，會一百一十三名，三甲一百九十六名。都察院觀政。己卯，授行人。其歷任仍載山西省。曾祖成鋇，封輔國將軍。祖聰舞，封奉國將軍。父俊㭹，封鎮國中尉。

　　《明清歷科進士題名碑錄》：朱充鱨，山西澤州，民籍。

衛廷憲：字扶區，陽城通濟里人，衛一鳳子，民籍，治《易經》。萬曆四十六年，戊午科山西鄉試第十五名。崇禎十年，丁丑科會試第一百十七名，殿試第二甲二十六名。刑部觀政。崇禎十三年四月，授戶部河南司主事。升戶部郎中。升淮安知府，卒於官。

　　《崇禎十年丁丑科進士三代履歷》：衛廷憲，扶區。《易》一房。乙巳三月二十五日生。澤州陽城縣人。戊午十五名，會一百十七名，二甲二十六名。刑部觀政。庚辰四月，授戶部河南司主事。曾祖雷，贈南京兵部尚書。祖夑，封青州知府，贈山東參政，加贈南京兵部尚書。父一鳳，資德大夫，正治上卿，參贊機務，南兵部尚書，贈太子少保，賜祭葬，二品食。

　　《明清歷科進士題名碑錄》：衛廷憲，山西澤州陽城縣，民籍。

　　《類姓登科考》：衛廷憲，山西陽城縣人，丁丑二甲。一鳳子。

崇禎十三年庚辰科

丁泰運：字孟尚，號穀水，寧山衛籍，澤州城內人，民籍，習《詩經》。

〔註18〕《皇明三元考》：萬曆四年丙子科解元，山西，王顯忠，澤州人，號蓋亭，治書，歷任副使。

崇禎三年，庚午科山西鄉試第十五名。崇禎十三年，庚辰科會試第一百五十名，殿試第三甲九十六名。通政司觀政。崇禎十三年，任武陟知縣。崇禎十六年，任河內知縣。崇禎十七年二月，守城死。諡忠烈。

> 《崇禎十三年庚辰科進士三代履歷》：丁泰運，穀水。《詩》一房。庚戌年十月十七日生，澤州人。庚午十五名，會試一百五十名，三甲九十六名。通政司觀政。曾祖恪，廩生。祖顯祖。父時正。

> 《明清歷科進士題名碑錄》：丁泰運，山西澤州，民籍。

> 《類姓登科考》：丁泰運，山西澤州人，三甲。

楊暄：原名芳春，字翼昭，號杏園，高平城西北里人，民籍，治《春秋》。明崇禎九年，丙子科山西鄉試第五名，春秋房經魁。崇禎十三年，庚辰科會試第一百四十六名，殿試第三甲六十六名。吏部觀政。崇禎十三年，授陝西渭南知縣。崇禎十五年，充壬午科陝西鄉試同考官，分校《春秋》房。崇禎十六年，考績陝西第一，升兵部職方司主事，未離任，西安城陷，自縊亡，年六十五，王邦柱撰其行狀，詳見《渭南令杏園楊公行狀》。南明福王時，贈陝西按察司僉事。清乾隆四十一年，賜諡烈愍。

> 《崇禎十三年庚辰科進士三代履歷》：楊暄，杏園。《春秋》房。丁酉年六月初六日生。高平縣人。丙子五名，會試一百四十六名，三甲六十六名，吏部觀政，本年授陝西渭南知縣。曾祖梅。祖倫。父朝光。

> 《明清歷科進士題名碑錄》：楊暄，山西澤州高平縣，民籍。

> 《類姓登科考》：楊暄，山西高平縣人，三甲，渭南知縣，死寇難。

李蕃：號獲水，陽城中莊人，民籍，治《易經》。天啟四年，甲子科山西鄉試第四十一名。崇禎十三年，庚辰科會試第二百九名，殿試第二甲五十六名。兵部觀政。本年，授朝邑知縣。

> 《崇禎十三年庚辰科進士三代履歷》：李蕃，獲水。《易》四房。乙巳年三月十一日生。陽城縣人。甲子四十一名，會試二百九名，二甲五十六名。兵部觀政，本年授朝邑知縣。曾祖朝勳，江西九江巡簡〔註19〕。祖季春。父可知。

> 《明清歷科進士題名碑錄》：李蕃，山西澤州陽城縣，民籍。

〔註19〕原文作簡，應為檢。

《類姓登科考》：李蕃，山西陽城縣人，三甲。

楊鵬翼：字子羽，號屋山，陽城下莊人，民籍，治《易經》。明崇禎九年，丙子科山西鄉試第三十七名。崇禎十三年，會試第二百三十二名，殿試第三甲二百九名。通政司觀政。授會稽知縣。崇禎十七年，棄官歸里，杜門謝客。清康熙十九年，年七十八，卒於家。著有《底山草》《圃亭詩集》。

> 《崇禎十三年庚辰科進士三代履歷》：楊鵬翼，屋山。《易》一房。壬子年四月二十七日生。陽城縣人。丙子三十七名，會試二百三十二名，三甲二百九名。通政司觀政。曾祖佩。祖廷斡。父格。

> 《明清歷科進士題名碑錄》：楊鵬翼，山西澤州陽城縣，民籍。

> 《類姓登科考》：楊鵬翼，山西陽城縣人，三甲。

王廷瓚：字舍宇，號瞻岵，沁水郭壁人，民籍，治《詩經》。明天啟元年，辛酉科山西鄉試第六名。崇禎十三年，庚辰科會試第九十名，殿試第三甲七十名。兵部觀政。崇禎十六年，授行人司行人。清順治六年，任禮部儀制清吏司主事，充己丑科殿試印卷官。升至禮部郎中。撰有《明故顯周張公暨元配李儒人合葬墓誌銘》。

> 《天啟元年山西鄉試錄》：第六名，王廷瓚，沁水縣學附學生，《詩經》。

> 《崇禎十三年庚辰科進士三代履歷》：王廷瓚，瞻岵，《詩》一房。丙午年十月二十二日生，沁水縣人。辛酉六名，會試九十名，三甲七十名。兵部觀政。曾祖軾，庠生。祖體乾，廩生。父維城，貢生。

> 《明清歷科進士題名碑錄》：王廷瓚，山西澤州沁水縣，民籍。

> 《類姓登科考》：王廷瓚，山西沁水人，三甲。

> 《順治六年進士登科錄》：印卷官　禮部儀制清吏司主事王廷瓚，庚辰進士。

崇禎十六年癸未科

王緒宏：字思永，號公□，澤州楊窪人，王采侄，民籍，治《書經》。崇禎九年，丙子科山西鄉試第八名。崇禎十六年，癸未科會試第二百九十六名，殿試第三甲一百三十一名。戶部觀政。授直隸正定知縣，未任，歸鄉入山，與隰川王府宗室朱廷墡謀恢復。崇禎十七年，張元錫突變，挾之從，大罵死，鄉

人程接孟、程序孟等十八人同死。有詩《淨影寺》《平頂窟即事》。

　　《崇禎十六年癸未科進士三代履歷》：王緒宏，公□。《書》一房。甲寅年九月十三日生。澤州人。丙子八名，會試二百九十六名。三甲一百二十一〔註20〕名。戶部觀政。曾祖激，贈知府。祖忠顯，萬曆丙子解元，陝西按察使。父裴，增廣生。娶□。戶部觀政。甲申，授北直真定知縣。

　　《明清歷科進士題名碑錄》：王緒宏，山西汾州府〔註21〕澤州，民籍。

　　《類姓登科考》：王緒宏，山西澤州人，三甲。

朱廷墀：字伯倩，號澹園，隰川王府宗籍，澤州人，陽城縣學生，治《詩經》。崇禎十二年，己卯科山西鄉試第五十三名。崇禎十六年，癸未科會試第三百四十三名，殿試第三甲三十名。都察院觀政。崇禎十七年，與王緒宏等同殉難。

　　《崇禎十二年鄉試齒錄》：朱廷墀，字伯倩，號澹園，乙卯相十月十一日生，行十，隰川王府奉國中尉，陽城縣學生，治《詩經》。曾祖聰溫，誥封奉國將軍。祖俊梗，誥封鎮國中尉，奉敕管理隰川王府事。父充謍，誥封輔國中尉，捐糧賑荒，奉敕旌獎。前母鍾氏，誥封宜人。母周氏，例封宜人。永感下。伯充佽，誥封輔國中尉，奉敕管理隰川王府事；充□；充□。叔充默。俱誥封輔國中尉。兄廷立主；廷頡；廷窒〔註22〕；廷地；廷塤，宗生；廷墰；廷土坐，宗生；廷墿〔註23〕，宗廩；廷卲，宗生。俱誥封奉國中尉。娶宋氏，繼闞氏、張氏。子鼎□、鼎□、鼎□。任鼎□；鼎□；鼎□；鼎□；鼎廄，宗生；鼎□，□□；朱斂，恩貢；鼎鉀、鼎□、鼎□、鼎鏚、鼎釗、鼎鏏、鼎□、鼎□、鼎□、鼎□、鼎□、鼎□、鼎□，俱誥封奉國中尉。鄉試第五十三名，會試，殿試。

　　《崇禎十六年癸未科進士三代履歷》：朱廷墀，澹園，《詩》二

〔註20〕履歷作三甲一百二十一，碑錄作三甲一百三十一。

〔註21〕此為原文刊物，推測《明清歷科進士題名碑錄》依據的是履歷便覽，履歷中未能將府州全部表明，作者誤以為後列進士全是前注府州人，碑錄此類問題較多，僅作參考。

〔註22〕原文為左圭又瓦，《集韻》本作窒。

〔註23〕原文為左土又呂，《康熙字典》同墿。

房，乙卯年十月十一日生，陽城人。己卯鄉試五十三名，會試三百
四十三名，二甲三十〔註24〕名。曾祖聰溫，誥封奉國將軍。祖俊梗，
誥封鎮國中尉，奉敕管理隰川王府事。父充營，誥封輔國中尉，捐
糧賑荒，奉敕旌獎。娶□。都察院觀政。

　　　　《明清歷科進士題名碑錄》：朱廷壻，山西澤州陽城縣，民籍。

　　　　《類姓登科考》：朱廷壻，山西陽城縣人，二甲。

　　王曰俞：字熙仲，號紹世，陽城城內人，民籍，治《易經》。明崇禎九年，
丙子科山西鄉試第三十名。崇禎十六年，癸未科會試第一百七十五名，殿試
第三甲一百六十九名。戶部觀政。清順治元年九月，任河南孟縣知縣；十月
十七日，城陷為賊擒而亡，入孟縣名宦祠。

　　　　《崇禎十六年癸未科進士三代履歷》：王曰俞，紹世。《易》五
房。己未年五月二十日生。陽城人。丙子三十名，會試一百七十五
名。三甲一百六十九名。曾祖克讓，耆賓。祖朝官，省祭。父國丞，
萊州府教授。娶□。戶部政。順治元年任河南孟縣知縣。〔履歷批註〕
子王璋，康熙戊辰進士。

　　　　《明清歷科進士題名碑錄》：王曰俞，山西遼州陽城縣，民籍。
〔註25〕

　　白胤謙：字子益，號東谷，陽城化源里人，民籍，治《易經》。明天啟七
年，丁卯科山西鄉試第五十八名。崇禎十六年，癸未科會試第十五名，殿試
第三甲二百七名。通政司觀政。選翰林院庶吉士。清順治二年閏六月，授內
翰林秘書院檢討。順治三年三月，充丙戌科會試《詩》二房同考官；八月，充
丙戌科順天補行鄉試同考官。順治五年十二月，升內翰林弘文院侍讀。順治
六年正月，升內翰林弘文院侍讀學士。順治八年，遣祭湖南炎帝陵舜陵。順
治十二年五月，服闕，補內翰林秘書院侍讀學士；八月，升內翰林國史院學
士；九月，充乙未科武會試主考官；十月，充武殿試讀卷官。順治十三年正
月，為《通鑒全書》副總裁；六月，升吏部右侍郎；十二月，升吏部左侍郎。
順治十四年四月，升刑部尚書。順治十五年二月，代上祭三皇廟；十月，充戊
戌科武殿試讀卷官；十二月，因江南鄉試作弊案，革職降級。順治十六年九
月，上批其「遇事萎靡、隨眾唯諾、毫無執持」，降三級調用；十月，降補太

〔註24〕履歷作二甲三十，碑錄作三甲二十。
〔註25〕與前兩名進士常熟樊望籍貫互換，係刊印錯誤，據改。

常寺少卿。順治十七年四月，改通政司通政使。順治十八年，致仕歸。康熙十一年十二月，年六十七卒，**魏象樞表其墓**，詳見《通政使司通政使前刑部尚書東谷白公允謙墓表》。著有《東谷集》《桑榆集》《歸庸齋集》《學言》《輦下新聞》《林下晚聞》。

《崇禎十六年癸未科進士三代履歷》：白胤謙，東谷。《易》四房。乙卯年二月十三日生。陽城籍，陝西清澗人。丁卯五十八名，會試十五名，三甲一百九十七名。曾祖道，誥贈戶部左侍郎。祖銘，省祭官。父所蘊，嶧縣訓導。娶□。〔履歷批註〕孫白畿，康熙戊辰進士。清刑部尚書。通政司觀政。授翰林院庶吉士。

《明清歷科進士題名碑錄》：白胤謙，陝西西安府涇陽縣，民籍。

《國朝貢舉考略》：順治三年丙戌科補行鄉試 順天 檢討白印謙，子益，山西陽城人，癸未。

《順治三年丙戌科會試四百名進士三代履歷便覽》：《詩》二房，內翰林秘書院檢討白胤謙，子益，山西陽城人，癸未。

《順治十五年武進士登科錄》：讀卷官 刑部尚書白胤謙，癸未進士。

張珝：字伯珩，陽城潤城人，民籍，治《易經》。明崇禎十五年，壬午科山西鄉試第五十三名。崇禎十六年，癸未科會試第三百六十名，殿試第三甲二百七十七名。戶部觀政。清順治元年，授河南原武縣知縣。順治五年十月，選陝西道監察御史。順治六年二月，巡按四川，兼管鹽法屯田。順治八年三月，巡按兩淮鹽政。順治十一年六月，升大理寺寺丞；十一月，升順天府府丞。順治十二年四月，升大理寺少卿。順治十七年正月，升大理寺卿；二月，加一級。三月，升工部右侍郎；四月，改兵部右侍郎，兼都察院右副都御史，巡撫陝西等處。康熙元年二月，降一級調用；改福建按察司參議，分巡閩糧道。康熙四年十月，乞休得旨，病卒於官，年四十二，**魏象樞表其墓**，詳見《通議大夫福建督糧道參議前巡撫陝西兵部右侍郎兼都察院右副都御史伯珩張公墓表》；白胤謙志其墓，詳見《巡撫陝西兵部右侍郎兼都察院右副都御史伯珩張公墓誌銘》。康熙十一年，祀原武名宦祠。著有《按蜀稿》《巡淮撫秦奏疏》。

《崇禎壬午鄉試錄》：五十三名，張椿，陽城縣學生，《易》。〔注〕

字伯珩，陝西巡撫。

　　《崇禎十六年癸未科進士三代履歷》：張璘，伯珩。《易》二房。
丙寅年十月十一日生。陽城人。壬午五十三名，會試三百六十名，
三甲二百七十名。曾祖永庠。祖自立。父念祖。娶□。戶部政。

　　《明清歷科進士題名碑錄》：張璘，山西遼州陽城縣，民籍。

　　《國朝御史題名》：順治五年　張璘，山西陽城人，前進士，由
原武縣知縣行取陝西道御史，巡按四川，兩淮巡鹽，歷升陝西巡撫。

張鈐：字緘三，號見闇，沁水寶莊人，張五典四子，民籍，治《詩經》。
明崇禎九年，丙子科山西鄉試第七名。崇禎十六年，癸未科會試第二百八十
九名，殿試三甲二百九十五名。刑部觀政。授封丘知縣，以耳疾不赴。清順治
元年，任順天府學教授。順治二年，升國子監助教。順治五年三月，充戊子科
順天鄉試春秋房分校官。順治七年正月，升兵部職方司主事，署理郎中事；
三月，落職歸。家居五十餘年，課書教子，著述頗豐，年九十三卒。著有《晉
南明賢》《史臆》。

　　《崇禎十六年癸未科進士三代履歷》：張鈐，緘三。《詩》六房。
甲寅年八月十五日生。丙子鄉試七名，會試二百八十九名，三甲二
百八十八名〔註26〕。曾祖謙光，廩生，贈兵部尚書。祖官，庠生，
贈兵部尚書。父五典，萬曆壬辰進士，任兵部尚書，贈太子太保，
諭祭葬，名宦、鄉賓。娶□。刑部政。

　　《明清歷科進士題名碑錄》：張鈐，山西汾州府陽城縣，民籍。

　　《張氏族譜》：〔八世兄弟二十八人〕鈐，字緘三，號見闇，崇
禎丙子科亞魁，癸未科進士，授北直順天府教授，轉國子監助教，
升兵部職方司主事。

孟章明：字顯之、伯昭，號綱宜，直隸交河籍，山西澤州人，孟兆祥子，
民籍，治《禮記》。天啟七年，丁卯科順天鄉試第二十七名。崇禎十六年，癸
未科會試第二百九十八名，殿試第三甲三百十四名。吏部觀政。崇禎十七年，
同父殉國難。福王時，贈河南道御史，諡節愍。清順治九年，諡貞孝。

　　《明清歷科進士題名碑錄》：孟張明，直隸河間府滄州，民籍。

　　《崇禎十六年癸未科進士三代履歷》：孟章明，綱宜。《禮記》

〔註26〕另一版本作三甲二百八十八名，戶部政。因未見原本，以吳宣德老師手抄版
　　　　為準。

房。辛亥八月初十日生。北直隸河間府交河縣民籍，山西澤州人。順天府鄉試二十七名。會試二百九十八名。三甲三百五名〔註27〕。吏部觀政。曾祖傅。祖尚質，贈承德郎吏部文選司主事。父兆祥，壬戌進士，見任通政司通政使。娶□。

《類姓登科考》：孟章明，北直隸交河縣人，兆祥子，同父殉國難，崇禎癸未三甲。

第二節　清代澤州進士徵錄

順治三年丙戌科

李棠馥：字子棻，號漢清，自號韓山主人，高平鳳和村人，祖籍沁源，唐遷高平王寺村，定居城北鳳和村，民籍，治《春秋》。明崇禎十二年，己卯科山西鄉試第五十二名。清順治三年，丙戌科會試第一百十二名，殿試第二甲十名。禮部觀政。本年四月，選刑部河南司主事。順治四年，升刑部四川司員外郎。順治五年，充戊子科順天鄉試考官，升刑部四川司郎中。順治六年七月，升湖廣布政司參議，兼按察司僉事，提督學政。順治七年，丁母憂。順治十年二月，服闋，補湖廣布政司右參議，分守荊西道。順治十一年六月，升陝西按察司副使，分巡驛傳道。順治十三年十二月，升陝西布政司左參政，分巡督糧道。順治十四年九月，升四川按察司按察使。順治十五年六月，升兵部右侍郎。順治十六年五月，罰銀七十兩；九月，降二級，仍留任。順治十七年，充順天府武鄉試較射官。康熙元年，以疾乞休允之。康熙六年，起補倉場戶部右侍郎。康熙八年正月，改兵部右侍郎；九月，致仕歸。有詩《遊定林寺》《小春遊法雲寺》。撰有《楊公忠烈祠記》《高平白邑侯德政碑記》《創修丹河石堤記》《重修高平縣儒學記》等。纂有《韻略易通》《古字彙編》。

《崇禎十二年山西鄉試齒錄》：李棠馥，字子棻，號漢清，己未相十月初十日生，行一，澤州高平縣學生，民籍，治《春秋》。曾祖芝，壽官。祖向春，陝西漢中府西鄉縣知縣。父濬慶，庠生。母楊氏；前母郭氏。慈侍下。兄棠胤，庠生；棠茂；棠盛；棠益，庠生；棠繼，附監；棠郁，庠生；棠莪，庠生；棠監，庠生；棠琣。

〔註27〕履歷作三甲三百五名，碑錄作三甲三百一十四名。

弟棠緒，庠生；棠都。胞弟棠瞱，庠生。娶秦氏。侄燿祖、燿宗、燿閥、燿閱、燿謨、燿訓、燿詩、燿書、燿房、燿室、燿軺、燿壁、燿星、燿斗、燿參、燿箕，俱業儒。鄉試第五十二名，會試□，廷試□。

《順治三年進士題名碑》：李棠馥，山西高平縣人。

《順治三年丙戌科會試春秋房同門錄》：李棠馥，字子桼，號漢清，戊午〔註28〕年十月初十日生，行一，山西澤州高平縣，民籍，廩生。曾祖芝。祖向春，陝西西鄉知縣。父潯慶，庠生。母楊氏；前母郭氏。慈侍下。伯潯仁、潯德、潯功、潯業。叔潯澤。兄棠胤，庠生；棠茂；棠盛；棠益，庠生；棠繼，庠生；棠郁，庠生；棠荍，庠生；棠監，庠生；棠琋。弟棠緒，庠生；脈健〔註29〕，同榜進士；棠都，庠生。胞弟棠瞱，庠生。娶秦氏，副賈氏、龐氏。子燿文、燿武。侄燿祖；燿宗；燿閥；燿閱；燿謨；燿訓；燿詩；燿畿；燿書，庠生；燿房；燿室；燿軺；燿壁；燿星；燿斗；燿邦；燿參；燿箕；燿崑；燿嵩；燿岱；燿岳；燿京；燿闌。胞侄燿周。侄孫培基、培本、培篤、培厚、培實、培生、培賢、培良。鄉試己卯五十二名。會試一百十二名。殿試二甲十名。禮部觀政。本年四月選刑部河南司主事。

《順治三年丙戌科會試四百名進士三代履歷便覽》〔註30〕：李棠馥，漢清，《春秋》房，丙寅十月初十日生，高平人。己卯五十二名，會試一百十二名，三甲十名，禮部觀政。授刑部河南司主事。丁亥，升四川司員外郎。戊子，升四川司郎中。曾祖芝，壽官。祖向春，西鄉知縣。父潯慶，庠生。

《順治三年丙戌科會試進士三代履歷便覽》〔註31〕：李棠馥，漢清，《春秋》房，丙寅十月初十日生，高平人。己卯五十二名，會

〔註28〕李棠馥鄉試所報生辰為（萬曆）己未年（1619），會試所報生辰為（萬曆）戊午年（1618），官年現象。

〔註29〕李脈健：字子強，號辟蒼，山西平陽府洪洞縣學生，軍籍，順治三年進士，授行人司行人。據《順治三年丙戌科會試春秋房同門錄》，李脈健家狀亦標明「兄棠馥，同榜進士」，應為同宗。

〔註30〕日本內閣文庫所藏版本。

〔註31〕寧波天一閣所藏版本。

試一百十二名，三甲十名，禮部觀政。授刑部河南司主事。丁亥，升四川司員外郎。戊子，順天同考，本年，升四川司郎中。己□，升湖南提學道參議。庚寅，丁憂。□□□復補湖廣參議，分守荊西道。甲午，升陝西驛傳道副使。丙申，升陝西督糧道參政。丁酉，升四川按察使。戊戌，升兵部右侍郎。曾祖芝，壽官。祖向春，西鄉知縣。父濬慶，庠生。

《清秘述聞》：湖廣學政 李棠馥，字漢清，山西高平人，順治丙戌進士，六年任。

《順治十七年順天武鄉試錄》：較射官 兵部右侍郎今降二級照舊管事李棠馥，漢清，山西高平縣人，丙戌進士。

張爾素：字蕡園、蕡白、蕡玄，號東山，陽城郭峪人，治《易經》。明崇禎九年，丙子科山西鄉試第四十九名。清順治三年，丙戌科會試三十名，殿試第二甲二十四名。本年四月，選翰林院庶吉士。順治四年六月，授內翰林秘書院編修。順治六年三月，充己丑科順天鄉試同考官；九月，充己丑科會試《春秋》房考官。順治九年六月，任左春坊左諭德。順治十年八月，升江南布政司右參政，分巡江寧道。順治十一年四月，升陝西按察司按察使；十二月，升湖廣布政司右布政使。順治十三年閏五月，升湖廣通政司通政使；十二月，升刑部右侍郎。順治十四年六月，引疾請假允之。丁父憂。康熙元年四月，服闋，復起刑部右侍郎。康熙六年，丁母憂。康熙八年正月，服闋，補刑部右侍郎。康熙九年五月，升刑部左侍郎。康熙十年二月，致仕歸鄉。康熙十五年八月，年六十三，卒於家；九月，賜祭葬。

《順治三年丙戌科會試四百名進士三代履歷便覽》：張爾素，東山，《易》三房，戊午十二月十二日生，陽城人。壬子〔註32〕四十九名，會試三十名，二甲二十四名。考選庶吉士。丁亥，授秘書院編修。曾祖思誠，誥贈中憲大夫，右僉都御史。祖登雲，經歷。父元初，生員。

《順治三年丙戌科會試進士三代履歷便覽》：張爾素，東山，《易》三房，戊午十二月十二日生，陽城人。壬子四十九名，會試三十名，二甲二十四名。考選庶吉士。丁亥，升秘書院編修。己丑，順天同考。庚寅，纂修。曾祖思誠，誥贈中憲大夫，右僉都御史。

〔註32〕原文誤，應為丙子。

祖登雲，經歷。父元初，生員。

　　《順治三年進士題名碑》：張爾素，山西陽城縣人。

　　《詞林輯略》：張爾素，字貴園，號東山，山西陽城人。散館授
編修，官至刑部侍郎。

　　《國朝歷科館選錄》：張爾素，山西陽城人。

　　《順康雍三朝會試題名》：順治六年己丑科會試　同考　編修張
爾素，山西陽城縣人，丙戌。

　　《清秘述聞》：順治六年己丑科會試　同考官　編修　張爾素，字
貴園，山西陽城人，丙戌進士。

　　《順治六年己丑科會試四百名進士三代履歷便覽》：春秋房　內
翰林秘書院編修張爾素，貴玄，山西陽城人，丙戌。

張彥珩：字九如，號越岩，河南洛陽人，避亂僑寓高平陳堽，治《易經》。
順治二年，乙酉科河南鄉試第七名。順治三年，丙戌科會試第三十五名，殿
試第二甲二十七名。都查院觀政。授戶部貴州司主事，升戶部員外郎、郎中。
順治十一年，升福建興化府知府。順治十三年六月，升廣東按察司副使，分
巡瓊州兵備道，提督瓊海學政。父喪，抵高平遷於洛，丁憂。康熙二年，服
闋，補貴州按察司副使，分巡清軍驛傳道。康熙三年七月，升貴州按察司按
察史。康熙六年，改雲南按察司按察使，分守安普道。康熙九年九月，升湖廣
布政司布政使。康熙二十九年三月，年八十六卒，陳廷敬志其墓，詳見《皇清
賜進士出身資政大夫太原湖北等處承宣布政使九如張公暨原配賈淑人合葬墓
誌銘》。祖張美含，萬曆十年舉人，陝西慶陽府通判，著有《雲柳亭集》。

　　《順治三年丙戌科會試進士三代履歷便覽》：張彥珩，九如，
《易》四房，乙巳七月十八日生，洛陽人。乙酉七名，會試三十五
名，二甲二十七名。都查院觀政，授戶部貴州司主事。曾祖調元。
祖美含，陝西慶陽府通判。父與箕，庠生。

　　《順治三年進士題名碑》：張彥珩，河南洛陽縣人。

毛一豸：字香林，澤州城內人，治《詩經》。明崇禎三年，庚午科山西鄉
試第七名。清順治三年，丙戌科會試第一百九十三名，殿試第二甲三十三名。
吏部觀政。順治四年，授戶部河南司主事，管淮安倉。順治七年，升戶部四川
司員外郎。順治八年，通州挖運。順治九年，考察第一，升戶部湖廣司郎中，
督餉固原，上賜額「清官第一」，加三級。順治十一年，補摹甘肅《淳化閣

帖》。順治十三年三月，升陝西布政司參議，分守關南道，駐興安州。興安州大火，操勞成疾，病卒於官。撰有《移建蘭州啟聖祠記》。有詩《韻湯聖昭圓子》《初春》《自述》《漂母墓》。子毛文緒，字衣紹，國子生。

　　《順治三年丙戌科會試四百名進士三代履歷便覽》：毛一豸，香林，《詩》一房，甲子七月二十五日生，澤州人，庚午七名，會試一百九十三名，二甲三十三名，吏部觀政。丁亥，授戶部河南司主事，管淮安倉。庚寅，升四川司員外。辛卯，通州挖運。曾祖應龍，經歷。祖炳然，儒官。父俊民，乙丑進士〔註33〕，武安教諭。

　　《順治三年丙戌科會試進士三代履歷便覽》：毛一豸，香林，《詩》一房，甲子七月二十五日生，澤州人，庚午七名，會試一百九十三名，二甲三十三名，吏部觀政。丁亥，授戶部河南司主事。曾祖應龍，經歷。祖炳然，儒官。父□民，乙丑進士，武安教諭。

　　《順治三年進士題名碑》：毛一豸，山西澤州人。

趙嗣美：字濟甫，號瞻淇，澤州城西關人，趙九思孫，趙求益子，治《詩經》。明天啟七年三月，丁卯科山西鄉試副榜。十二月，選拔貢生。崇禎元年，居京論「社」〔註34〕，丁父憂歸。崇禎六年，癸酉科山西鄉試第三十一名。崇禎十六年八月，中癸未科會試副榜；十二月，授內閣撰文中書舍人，國變遁歸。清順治三年，丙戌科會試第七十五名，殿試第二甲四十名。兵部觀政。順治四年，授刑部湖廣司主事。順治五年，升刑部山東司員外郎，署理郎中事。順治六年，升刑部陝西司郎中。順治七年三月，升福建按察司僉事，分巡建南道；到任月餘，積勞成疾，卒於官，白胤謙志其墓，詳見《福建建南道兵備按察司僉事瞻淇趙君墓誌銘》。工書善畫，尤精於弈。著有《西遊草》《庚辰紀遊》《燕市草》《雲司留稿》《赴閩紀行》等。

　　《順治三年丙戌科會試四百名進士三代履歷便覽》：趙嗣美，瞻淇，《詩》二房，戊午六月十一日生，澤州人，癸酉三十一名，會試七十五名，二甲四十名，兵部觀政。丁亥，授刑部湖廣司主事。戊子，升山東司員外。己丑，升陝西司郎中。曾祖維邦，戶部郎中。祖九思，陝西按察司副使。父求益，甲午舉人。

　　《順治三年丙戌科會試進士三代履歷便覽》：趙嗣美，瞻淇，

〔註33〕原文為此，應為錯誤。毛氏係出寧山衛，明代有毛經，官宣城知縣。
〔註34〕即復社。

《詩》二房，戊午六月十一日生，澤州人，癸酉三十一名，會試七十五名，二甲四十名，兵部觀政。丁亥，授刑部湖廣司主事。己丑，升陝西司郎中。庚寅，升福建建南道參議。曾祖維邦，戶部郎中。祖九思，陝西按察司副使。父求益，甲午舉人。

《順治三年進士題名碑》：趙嗣美，山西澤州人。

《圖繪寶鑒續纂》：趙嗣美，澤州人，順治丙戌進士，善山水，筆墨淋漓，士夫逸致。

王度：字式金，號文陽，沁水郭壁人，匠籍，縣學生，治《詩經》。明崇禎十二年，己卯科山西鄉試第六名。清順治三年，丙戌科會試三百七十九名，殿試第二甲四十五名。工部觀政。順治四年，授刑部河南司主事。順治五年，升刑部貴州司員外郎。升刑部四川司郎中。丁憂歸。順治十年，服闋，補霸州知州，告病回籍。有詩《中秋青蓮寺款月臺》。

《崇禎十二年山西鄉試齒錄》：王度，字式金，號文陽，甲寅相十一月初十日生，行一，澤州沁水縣學生，匠籍，治《詩經》。曾祖體道，廩生。曾祖母劉氏，莊靖公姊。祖惟允，禮部儒士。祖母竇氏。本生祖惟祚，庠生。本生祖母郭氏。父廷璽，貢生。母劉氏，莊靖公侄孫女。繼母張氏、霍氏、趙氏。伯廷璧，儒士。叔廷璧，增生；廷瑩，儒士；廷諫；廷璉；廷璋；廷瓚，天啟辛酉六名亞元；廷琪，儒士；廷瑛，庠生；廷琇，儒士；廷琮，廩生。嚴侍下。兄廣，儒士。弟方，庠生；應、庚，俱庠生；紘；紀，庠生；章。娶竇氏。子多祐、多慶、多益。侄多吉、多士。鄉試第六名，會試□，廷試□。

《順治三年丙戌科會試四百名進士三代履歷便覽》：王度，文陽，《詩》三房，丙辰十一月初十日生，沁水人。己卯六名，會試三百七十九名，二甲四十五名。工部觀政。丁亥，授刑部河南司主事。曾祖體道，廩生。祖惟允，儒士。本生祖惟祚，庠生。父廷璽，雒南縣諭。

《順治三年丙戌科會試進士三代履歷便覽》：王度，文陽，《詩》三房，丙辰十一月初十日生，沁水人。己卯六名，會試三百七十九名，二甲四十五名。工部觀政。丁亥，授刑部河南司主事。戊子，升貴州司員外。曾祖體道，廩生。祖惟允，儒士。本生祖惟祚，庠

生。父廷璽，雒南縣諭。

《順治三年進士題名碑》：王度，山西沁水縣人。

喬映伍：字星文，號白山，陽城東關人，治《易經》。順治二年，乙酉科山西鄉試第八名。順治三年，丙戌科會試第二百九十七名，殿試第三甲五名。本年四月，選翰林院庶吉士。順治四年六月，升內翰林弘文院檢討。順治七年，升纂修。順治九年六月，升左春坊左贊善；九月，充會試詩一房同考官。順治十年，給假終養。順治十六年，撰《清誥封通奉大夫刑部右侍郎加一級條山張公墓誌銘》。撰有《退思軒詩集序》。著有《白巖山房集》。

《順治三年丙戌科會試四百名進士三代履歷便覽》：喬映伍，星文，《易》六房，辛酉七月初十日生，陽城人。乙酉八名，會試二百九十七名，三甲五名。考選庶吉士。丁亥，授弘文院檢討。曾祖永興，壽官。祖鳳鳴，庠生。父彬，庠生。

《順治三年丙戌科會試進士三代履歷便覽》：喬映伍，星文，《易》六房，辛酉七月初十日生，陽城人。乙酉八名，會試二百九十七名，三甲五名。考選庶吉士。丁亥，升弘文院檢討。庚寅，纂修。壬辰，同考，本年，升左春坊左贊善。癸巳，給假終養。曾祖永興，壽官。祖鳳鳴，庠生。父彬，庠生。

《順治三年進士題名碑》：喬映伍，山西陽城縣人。

《順康雍三朝會試題名》：順治九年壬辰科會試四百七名進士同考 詩一房 弘文院檢討加一級喬映伍，星文，山西陽城人，丙戌。

《詞林輯略》：喬映伍，字星文，山西陽城人，散館授檢討，官至贊善。

龐太樸：字宓胥，號鴻麓，高平唐安人，陝西鰲屋籍，治《詩經》。明崇禎十五年，壬午科山西鄉試第四十二名。清順治三年，丙戌科會試第一百二名，殿試第三甲七十五名。刑部觀政。本年，授直隸永清知縣。順治四年，調湖廣華容知縣，棄官歸里。順治十五年，纂修《高平縣志》。

《崇禎壬午科鄉試錄》：四十二名，龐太樸，高平縣學生，《詩》。

《順治三年丙戌科會試四百名進士三代履歷便覽》：龐太樸，鴻麓，《詩》六房，乙丑正月二十一日生，高平人，陝西鰲屋籍，壬午四十二名，會試一百二名，三甲七十五名。刑部觀政。授永清知縣。丁亥，調湖廣華容知縣。曾祖一芳，庠生。祖隆右，鄉耆。父

潤，廩生。

《順治三年丙戌科會試進士三代履歷便覽》：龐太樸，鳩籙，
《詩》六房，乙丑正月二十一日生，高平人，陝西蠡屋籍。壬午四
十二名，會試一百二名，三甲七十五名。刑部觀政。授永清知縣。
丁亥，調湖廣華容知縣。曾祖一芳，庠生。祖隆右，鄉耆。父潤，
廩生。

《順治三年進士題名碑》：龐太樸，山西高平縣人。

趙汴：號監心，沁水潘莊（鹿路南里）人，縣學生，治《詩經》。明崇禎
十五年，壬午科山西鄉試第五十二名。清順治三年，丙戌科會試第三百十三
名，殿試第三甲八十三名。吏部觀政。本年，授山東蓬萊知縣，丁憂歸，賊
害卒。

《崇禎壬午鄉試錄》：五十二名，趙汴，沁水縣學生，《詩》。

《順治三年丙戌科會試四百名進士三代履歷便覽》：趙汴，監
心，《詩》六房，乙巳四月初三日生，沁水人。壬午五十二名，會試
三百十三名，□□□□□□。□□□□。授山東蓬萊知縣。曾祖廷
憲，義官。祖鳴鶴，生員。父鑼，儒官。

《順治三年丙戌科會試進士三代履歷便覽》：趙汴，監心，《詩》
六房，乙巳四月初三日生，沁水人。壬午五十二名，會試三百十三
名，三甲八十三名，吏部觀政，授山東蓬萊知縣。曾祖廷憲，義官。
祖鳴鶴，生員。父鑼，儒官。

《順治三年進士題名碑》：趙汴，山西沁水縣人。

王克生：字聖作、孟楨，號半石，陽城化源里人，王玹玄孫，師從張慎
言，治《易經》。明崇禎十二年，己卯科山西鄉試第三十名。清順治三年，丙
戌科會試第一百三十五名，殿試第三甲八十九名。禮部觀政。授江南沛縣知
縣。順治七年，考察，降一級。順治十年十一月，謫許州州判。署任洧川、
臨潁、扶溝三縣，俱有善政。順治十六年，升山東壽光知縣。康熙元年，罷
官歸。康熙二年五月，卒，白胤謙志其墓，詳見《原任山東青州府壽光縣知縣
王君墓誌銘》。有詩《感遇》《隱谷》《留別隱谷》《送白元將內弟奉母入都省
文》。著有《懷古堂集》。

《崇禎十二年山西鄉試齒錄》：王克生，字聖作，號半石，庚申
相九月初五日生，行一，澤州陽城縣附生，治《易經》。曾祖柟，廩

生。祖用光。父自成。母張氏、甯氏。永感下。兄□。弟大生、廣生。娶趙氏。鄉試第三十名，會試□，廷試□。

《順治三年丙戌科會試四百名進士三代履歷便覽》：王克生，半石，《易》五房，辛酉九月初五日生，陽城人。己卯三十名，會試一百三十五名，三甲八十九名。禮部觀政。授江南沛縣知縣。曾祖柟，廩生。祖用光。父有成。

《順治三年丙戌科會試進士三代履歷便覽》：王克生，半石，《易》五房，辛酉九月初五日生，陽城人。己卯三十名，會試一百三十五名，三甲八十九名。禮部觀政。授江南沛縣知縣。庚寅，考察。曾祖柟，廩生。祖用光。父自成。

《順治三年進士題名碑》：王克生，山西陽城縣人。

梁肯堂：字掖呂，澤州周村人，治《書經》。順治二年，乙酉科山西鄉試第十七名。順治三年，丙戌科會試第一百九十一名，殿試第三甲九十九名。通政司觀政。本年，授山東掖縣知縣，興學修校。崇祀澤州鄉賢祠。

《順治三年丙戌科會試四百名進士三代履歷便覽》：梁肯堂，掖呂，《書》二房，庚申八月十四日生，澤州人。乙酉十七名，會試一百九十一名，三甲九十九名。通政司觀政。授山東掖縣知縣。曾祖藥，壽官。祖天福，儒官。父大任，廩生。

《順治三年丙戌科會試進士三代履歷便覽》：梁肯堂，掖呂，《書》二房，庚申八月十四日生，澤州人。乙酉十七名，會試一百九十一名，三甲九十九名。通政司觀政。授山東掖縣知縣。曾祖藥，壽官。祖天福，儒官。父大任，廩生。

《順治三年進士題名碑》：梁肯堂，山西澤州人。

和元化：字復乙，號念春，陵川人，師從李萃秀，治《書經》。順治二年，乙酉科山西鄉試第三十名。順治三年，丙戌科會試第一百八十一名，殿試第三甲一百二十一名。戶部觀政。授河南新鄭知縣，甫數月，卒於官。撰有《孝文先生傳》，有詩《春日遊西山》。

《順治三年丙戌科會試四百名進士三代履歷便覽》：和元化，念春，《書》四房，庚戌九月十三日生，陵川人。乙酉三十名，會試一百八十一名，三甲一百二十一名。戶部觀政。授河南新鄭知縣。曾祖孟顏，處士。祖應光，司吏。父暖，廩生。

《順治三年丙戌科會試進士三代履歷便覽》：和元化，念春，《書》四房，庚戌九月十三日生，陵川人。乙酉三十名，會試一百八十一名，三甲一百二十一名。戶部觀政。授河南新鄭知縣。曾祖孟顏，處士。祖應光，司吏。父暖，廩生。

《順治三年進士題名碑》；和元化，山西陵川縣人。

畢振姬： 字亮四、四世，號王孫、頡雲，別稱有官僧，高平得義村人，居伯方村，治《書經》。明崇禎十五年，壬午科山西鄉試解元。清順治三年，丙戌科會試第三百名，殿試第三甲一百二十二名。禮部觀政。授山西平陽府學教授。歷官國子監助教。順治八年，任刑部江南司主事；八月，誥封父母妻室。升刑部員外郎、刑部郎中。順治十一年六月，由刑部郎中升山東布政司參議，分巡濟南道。順治十四年二月，升廣東按察司副使，分守清軍驛傳道。順治十五年正月，升浙江布政司參政，分守金衢道。順治十六年二月，升廣西按察司按察使。順治十七年正月，升湖廣布政司右布政使，管左布政事；告病回籍。康熙十八年三月，應試博學鴻詞，未用。康熙二十年七月，年六十九，卒於家，不志不銘，牛兆捷為傳，門人私諡「堅毅先生」。著有《四州文獻》《三川別志》《尚書注》《西河遺教》等書，傅山標其集為《西北之文》。

《崇禎壬午科鄉試錄》：第一名，畢振姬，高平縣學生，《書》。

《順治三年丙戌科會試四百名進士三代履歷便覽》：畢振姬，四世，《書》二房，癸亥九月初八日生，高平人。壬午一名，會試三百名，三甲一百二十二名。禮部觀政。本年，就教。丁亥，升國子監助教。曾祖廷紀。祖應科。父一棟。

《順治三年丙戌科會試進士三代履歷便覽》：畢振姬，四世，《書》二房，癸亥九月初八日生，高平人。壬午一名，會試三百名，三甲一百二十二名。禮部觀政。授山西平陽府教授。丁亥，升國子監助教。庚寅，升刑部江南司主事。曾祖廷紀。祖應科。父一棟。

《順治三年進士題名碑》：畢振姬，山西高平縣人。

《康熙己未詞科錄》：與試未用者九十五人　畢振姬

張流謙： 字金山，高平西關人，張汧胞兄，民籍，治《易經》。順治二年，乙酉科山西鄉試第四十四名。順治三年，丙戌會試第一百七十九名，殿試

第三甲一百四十八名。刑部觀政。本年，授直隸靜海知縣。順治四年正月，調湖廣臨武知縣；二月，改衡陽知縣。順治七年，前明桂王子兵變，李定國攻陷衡陽，憂勞成疾卒。有詩《輓渭南令忠烈楊公》。

《順治三年丙戌科會試四百名進士三代履歷便覽》：張流謙，金山，《易》六房，戊辰四月二十七日生，高平人。乙酉四十四名，會試一百七十九名，三甲一百四十八名。刑部觀政。授北直靜海知縣。丁亥，調湖廣臨武知縣，改衡陽知縣。曾祖齊，封陳州知州。祖國綱，鄉賓。父鑒，生員。

《順治三年丙戌科會試進士三代履歷便覽》：張流謙，金山，《易》六房，戊辰四月二十七日生，高平人。乙酉四十四名，會試一百七十九名，三甲一百四十八名。刑部觀政。授北直靜海知縣。丁亥，調湖廣衡陽知縣。曾祖齊，封陳州知州。祖國綱，鄉飲賓。父鑒，生員。

《順治三年進士題名碑》：張流謙，山西高平縣人。

衛貞元：字伯始，號澹足，陽城人，治《易經》。順治二年，乙酉科順天鄉試第十二名。順治三年，丙戌科會試第三百六十八名，殿試第三甲一百六十五名。兵部觀政。同年，授河南商城知縣，祀名宦祠。順治九年，升工部主事。順治十一年，督理杭州抽分。升工部員外郎。順治十五年三月，由工部員外郎巡按江寧等處，兼管屯田；十一月，上疏彈劾盧慎言。順治十七年四月，內升一級。有詩《和藐山先生敬亭詩原韻》《渡江次漁臨關眺望有懷因和楊冷然先生壁間韻》。著有《按吳疏稿》《采風吟》《閒閒草》。刻書《梅中丞遺稿》《觀心約》。

《順治三年丙戌科會試四百名進士三代履歷便覽》：衛貞元，澹足，《易》四房，丁巳六月二十二日生，陽城人。乙酉十二名，會試三百六十八名，三甲一百六十五名。兵部觀政。授河南商城知縣。曾祖天雨，壽官。祖遵訓，庠生。父琦。

《順治三年丙戌科會試進士三代履歷便覽》：衛貞元，澹足，《易》四房，丁巳六月二十二日生，陽城人。乙酉十二名，會試三百六十八名，三甲一百六十五名。兵部觀政。授河南商城知縣。曾祖天雨，壽官。祖遵訓，庠生。父奇。

《順治三年進士題名碑》：衛貞元，山西陽城縣人。

《國朝御史題名》：順治十五年　衛貞元，山西陽城人，順治丙戌進士，由□考選道御史，巡按江南。

段上彩：字五雲，陽城城內人，居開福寺旁，治《易經》。明崇禎十五年，壬午科山西鄉試第三十三名。清順治三年，丙戌科會試第二百五名，殿試第三甲一百九十二名。吏部觀政。順治四年，授江南沐陽知縣。順治七年，創建沐陽招德寺水月閣，撰《水月閣詩刻序》。順治八年三月，山寇陷城，被執不屈罵賊死，岳父揚州劉崇峒、繼室劉氏三姐、子段公樞皆同死。順治九年五月，贈江南按察司僉事，賜祭葬。順治十八年五月，蔭子段公蕭入監，病故，繼子段公弼代之。祀澤州鄉賢祠。

《崇禎壬午科鄉試錄》：三十三名，段上彩，陽城縣學生，《易》。

《順治三年丙戌科會試四百名進士三代履歷便覽》：段上彩，五雲，《易》二房，丙辰四月初八日生，陽城人。壬午三十三名，會試二百五名，三甲一百九十二名。吏部觀政。授江南沐陽知縣。曾祖文輅。父應選。父海，壽官。

《順治三年丙戌科會試進士三代履歷便覽》：段上彩，五雲，《易》二房，丙辰四月初八日生，陽城人。壬午三十三名，會試二百五名，三甲一百九十二名。吏部觀政。授江南沐陽知縣，殉難，敕贈江南按察司僉事，賜諭葬，崇祀鄉賢，廕一子入監讀書。曾祖文輅。父應選。父海，壽官。

《順治三年進士題名碑》：段上彩，山西陽城縣人。

翟鳳梧：字衍水，澤州翟河底人，治《易經》。順治二年，乙酉科山西鄉試第四十七名。順治三年，丙戌科會試第十九名，殿試第三甲一百九十四名。戶部觀政。順治四年，授陝西蒲城知縣。順治五年，充戊子科陝西鄉試同考官。順治六年，失城免歸。有詩《山中有流水》。子翟於釗，侄翟於盤。

《順治三年丙戌科會試四百名進士三代履歷便覽》：翟鳳梧，衍水，《易》五房，辛亥十月二十日生，澤州人，乙酉四十七名，會試十九名，三甲一百九十四名，戶部觀政。授陝西蒲城知縣。曾祖孔秀，壽官。祖一清。父文明，生員。

《順治三年丙戌科會試進士三代履歷便覽》：翟鳳梧，衍水，《易》五房，辛亥年十月二十日生，澤州人，乙酉四十七名，會試十九名，三甲一百九十四名，戶部觀政，授陝西蒲城知縣。戊子，

本省同考。曾祖孔秀，壽官。祖一清。父文明，生員。

《順治三年進士題名碑》：翟鳳梧，山西澤州人。

張沔：字蕙嶸，號壺陽，高平西關人，民籍，治《禮記》。順治二年，乙酉科山西鄉試第五名經魁。順治三年，丙戌科會試第三百十八名，殿試第三甲一百九十六名。本年四月，選內翰林國史院庶吉士。順治四年，改禮部主客司主事，提督西館。順治五年，任順天鄉試同考官。順治六年，升儀制司員外郎、主客司郎中。順治七年三月，升江西按察司參議，分巡督糧道。順治十三年九月，升河南按察司僉事，分巡河南道。順治十六年四月，改福建布政司參議，分守漳南道。順治十七年四月，升浙江按察司副使，分守驛傳道。康熙元年，任霸易道副使。康熙六年，署天津兵備道副使，監督天津鈔關。康熙十九年，分巡臺海道。康熙二十一年，任陝西布政司參政，分巡督糧道。康熙二十二年十月，任貴州按察司按察使。康熙二十四年二月，升福建布政司布政使。康熙二十五年十二月，升湖廣巡撫。康熙二十六年十二月，革職。康熙二十七年二月，論貪污罪；三月，抄斬。著有《壺陽集》《一掬冰集》。

> 《順治三年丙戌科會試四百名進士三代履歷便覽》：張沔，蕙嶸，《禮記》房，壬午年四月初八日生，高平人。乙酉五名，會試三百一十八名，三甲一百九十六名。考選庶吉士。丁亥，改禮部主客司主事。己丑，升儀制司員外。曾祖齊，誥封陳州知州。祖國綱，鄉飲正賓。父鑿，生員。

> 《順治三年丙戌科會試進士三代履歷便覽》：張沔，蕙嶸，《禮記》，壬午年四月初八日生，高平人。乙酉第五名，會試三百十八名，三甲一百九十六名。考選庶吉士。丁亥，改禮部主客司主事，提督西館。戊子，順天同考。己丑，升儀制司員外，升主客司郎中。庚寅，升江西督糧道參議。曾祖齊，誥封陳州知州。祖國綱，鄉飲賓。父鑿，生員。

> 《順治三年進士題名碑》：張沔，山西高平縣人。

> 《國朝歷科館選錄》：張沔，山西高平人。

> 《詞林輯略》：張沔，字蕙嶸，號壺陽，山西高平人，散館改主事，官至湖廣巡撫，罷。

趙士俊：字堯宅，號軼凡，陽城人，治《易經》。明崇禎三年，庚午科山西鄉試第六十二名。清順治三年，丙戌科會試第三百二十名，殿試第三甲二

百二十名。都察院觀政。順治四年，授山東荏平知縣。罷官歸里。康熙六年，年七十二卒。

> 《順治三年丙戌科會試四百名進士三代履歷便覽》：趙士俊，堯宅，《易》一房，癸卯八月十二日生，陽城人。庚午六十二名，會試三百二十名，三甲二百六名。都察院觀政。授山東荏平知縣。曾祖汝賢。祖應甫。父希舜，壽官。

> 《順治三年丙戌科會試進士三代履歷便覽》：趙士俊，堯宅，《易》一房，癸卯八月十二日生，陽城人。庚午六十二名，會試三百二十名，三甲二百二十名。都察院觀政，授山東荏平知縣。曾祖汝貞。祖應甫。父希舜，壽官。

> 《順治三年進士題名碑》：趙士俊，山西陽城縣人。

田六善：字兼三，號濩埜、鷦棲，陽城城內人，治《易經》。順治二年，乙酉科山西鄉試第十四名。順治三年，丙戌科會試第二百九十四名，殿試第三甲二百四十五名。大理寺觀政。順治四年，任河南太康知縣。順治五年，充戊子科河南鄉試同考官。順治九年，治行第一，巡撫吳景道疏薦「才守兼優」，升戶部廣西司主事，署理郎中事，監臨清關、鳳陽倉、臨淮關。升戶部廣西司員外郎，升戶部廣西東郎中。順治十五年十月，改江南道監察御史。順治十六年三月，巡視長蘆鹽政。順治十七年，還掌江南道事。康熙元年，請假省墓歸。康熙三年，補貴州道監察御史，先後掌陝西道、廣東道。康熙七年，巡視京通各倉，還掌山東道。康熙十一年五月，升刑科給事中，正四品頂戴食俸。康熙十二年二月，充癸丑科會試同考官；八月，轉戶科掌印給事中；升光祿寺少卿；十二月，調通政使司右參議。康熙十三年二月，升都察院左僉都御史；五月，升順天府府尹；十二月，升都察院左副都御史。康熙十五年二月，充丙辰科會試總裁官。康熙十六年四月，升工部右侍郎。康熙十七年八月，調戶部右侍郎，督理錢法。康熙十八年五月，升戶部左侍郎。康熙二十年二月，以原品階致仕歸。康熙二十六年，纂修《陽城縣志》。康熙三十年四月，年七十一，卒於家，韓葵志其墓。有詩《鐵盆嶂》《太行道中》《盤亭寺》，著有《鷦棲集》《幔坡集》《拾瑤錄》《樂泌樓詩》。

> 《順治三年丙戌科會試四百名進士三代履歷便覽》：田六善，濩埜，《易》五房，辛卯六月初八日生，陽城人。乙酉十四名，會試二百九十四名，三甲二百四十五名。大理寺觀政。丁亥，授山西太康

知縣。曾祖實堅，廩生。祖士珍，庠生。父世爵，庠生。

《順治三年丙戌科會試進士三代履歷便覽》：田六善，漢埜，《易》五房，戊辰六月初八日生，陽城人。乙酉十四名，會試二百九十四名，三甲二百四十五名。大理寺觀政。丁亥，授河南太康知縣。戊子，本省同考。曾祖實堅，廩生。祖士珍，庠生。父世爵，庠生。

《順治三年進士題名碑》：田六善，山西陽城縣人。

《國朝御史題名》：田六善，字兼山，山西陽城人，順治丙戌進士，由戶部郎中考選江南道御史，長蘆巡鹽，改補刑科給事中，歷升戶部侍郎。

《康熙十五年丙辰科會試二百九名進士三代履歷便覽》：總裁都察院左副都御史加二級田六善，兼三，山西陽城人，丙戌。

《順康雍三朝會試題名》：康熙十二年癸丑科會試一百五十九名進士 同考內升以正四品頂帶食俸管刑科給事中田六善，兼三，山西陽城人，丙戌。康熙十五年丙辰科會試一百九名進士 總裁 都察院左副都御史加二級田六善，兼三，山西陽城人，丙戌。

《國朝貢舉考略》：康熙十五年丙辰科會試 副使田六善，兼三，山西陽城人，丙戌。

張翮：字丹漪，高平城內人，治《詩經》。明崇禎十五年，壬午科山西鄉試第六十七名。清順治三年，丙戌科會試第一百八名，殿試第三甲二百五十九名。本年十二月，授雲南道監察御史。順治四年八月，巡視南城，巡按兩淮鹽政。順治五年三月，糾參失實，降一級調用。有詩《石朵驚秋》。

《崇禎壬午鄉試錄》：六十七名，張翮，高平縣增廣，《詩》。

《順治三年進士題名碑》：張翮，山西高平縣人。

《順治三年丙戌科會試四百名進士三代履歷便覽》：張翮，丹漪，《詩》二房，丙寅十二月初九日生，高平人。壬午六十七名，會試一百八名，三甲二百五十九名。欽授雲南道御史，兩淮巡鹽。曾祖表，貢士。祖貴，廩生。父崇恩，儒官。

《順治三年丙戌科會試進士三代履歷便覽》：張翮，丹漪，《詩》二房，丙寅十二月初九日生，高平人。壬午六十七名，會試一百八名，三甲二百五十九名。欽授雲南道御史。丁亥，巡視南城，兩淮

巡鹽。曾祖表，貢士。祖貴，廩生。父崇恩，儒官。

張啟元：字沁濱，沁水人，治《詩經》。順治二年，乙酉科山西鄉試第十八名。順治三年，丙戌科會試第一百五十三名，殿試第三甲二百六十名。工部觀政。順治四年，授山東禹城知縣。順治七年，補祁州州判。升漢中府推官、行人司行人。

　　《順治三年進士題名碑》：張啟元，山西沁水縣人。

　　《順治三年丙戌科會試四百名進士三代履歷便覽》：張啟元，沁濱，《詩》五房，戊午八月二十四日生，沁水人。乙酉十八名，會試一百五十三名，三甲二百六十名。工部觀政。丁亥，授河南禹城知縣。曾祖九資。祖進福。父承選。

　　《順治三年丙戌科會試進士三代履歷便覽》：張啟元，沁濱，《詩》五房，戊午八月二十四日生，沁水人。乙酉十八名，會試一百五十三名，三甲二百六十名。工部觀政。丁亥授山東禹城知縣。庚寅補祁州判官。曾祖九資。祖進福。父承選。

楊榮序：字半嵋，號又生，陽城下莊人，治《易經》。順治二年，乙酉科山西鄉試第二名亞元。順治三年，丙戌科會試第三百七十七名，殿試第三甲二百六十二名。都察院觀政。順治四年，任陝西華亭知縣，民立去思碑。順治十年，考績第一，升工部虞衡司主事。順治十七年，任桂林府知府，多惠政，祀名宦祠。康熙三年，丁憂歸。康熙七年，補平樂府知府。康熙十六年，任慶陽府知府。著有《半嵋草》。

　　《順治三年丙戌科會試四百名進士三代履歷便覽》：楊榮徹，半嵋，《易》一房，庚申十月初八日生，陽城人。乙酉二名，會試三百七十七名，三甲二百六十二名。都察院觀政。丁亥，授山西華亭知縣。曾祖楠，贈良鄉知縣。祖瀚，南大理寺評事。父時萃，庠生。

　　《順治三年丙戌科會試進士三代履歷便覽》：楊榮徹［註35］，半嵋，《易》一房，庚申十月初八日生，陽城人。乙酉二名，會試三百七十七名，三甲二百六十二名。都察院觀政。丁亥，授陝西華亭知縣。曾祖楠，贈良鄉知縣。祖瀚，南大理寺評事。父時萃，庠生。

［註35］避帝諱，改名榮序。

《順治三年進士題名碑》：楊榮序，山西陽城縣人。

侯國泰：字敬六，高平人，寄籍長治，治《詩經》。明崇禎六年，癸酉科山西鄉試第二十二名。清順治三年，丙戌科會試第四百名，殿試第三甲二百六十五名。大理寺觀政。順治四年，授河南寧陵知縣。順治八年，充辛卯科河南鄉試詩二房考官；卒於任。

> 《順治三年丙戌科會試四百名進士三代履歷便覽》：侯國泰，
> 敬六，《詩》四房，丙申五月二十五日生，高平籍，長治人。癸酉二
> 十二名，會試四百名，三甲二百六十五名，大理寺觀政。丁亥，授
> 河南寧陵知縣。曾祖賓。祖實。父本有。

> 《順治三年丙戌科會試進士三代履歷便覽》：侯國泰，敬六，
> 《詩》四房，丙申五月二十五日生，高平籍，長治人。癸酉二十二
> 名，會試四百名，三甲二百六十五名。大理寺觀政。丁亥，授河南
> 寧陵知縣。曾祖賓。祖實。父本有。

> 《順治三年進士題名碑》：侯國泰，山西長治縣人。

王潤身：字慧九，號仙掌，陽城上莊人，治《詩經》。順治二年，乙酉科山西鄉試第三十二名。順治三年，丙戌科會試第一百六十八名，殿試第三甲二百七十一名。禮部觀政。順治四年，授河南永寧知縣。順治十年，任正定知縣。升戶部湖廣清吏司主事。

> 《順治三年丙戌科會試四百名進士三代履歷便覽》：王潤身，仙
> 掌，《詩》五房，丙辰四月二十八日生，陽城人。乙酉三十二名，會
> 試一百六十八名，三甲二百七十一名。禮部觀政。丁亥，授河南永
> 寧知縣。曾祖進儒。祖登。父用。

> 《順治三年丙戌科會試進士三代履歷便覽》：王潤身，慧九，
> 《詩》五房，丙辰四月二十八日生，陽城。乙酉三十二名，會試一
> 百六十八名，三甲二百七十一名。禮部觀政。丁亥，授河南永寧知
> 縣。曾祖進儒。祖登。父用。

> 《順治三年進士題名碑》：王潤身，山西陽城縣人。

崔子明：字見心，號旭陽，高平米山人，治《易經》。明崇禎三年，庚午科山西鄉試第十一名。清順治三年，丙戌科會試第二百三十八名，殿試第三甲二百七十五名，刑部觀政。順治四年，任河南葉縣知縣。升戶部主事，巡視通州倉，卒於官。著有《經國大業集》《丹頭地集》《省身錄》《讀書聲》。

《順治三年丙戌科會試四百名進士三代履歷便覽》：崔子明，
旭陽，《易》六房，甲寅四月初七日生，高平人。庚午十一名，會試
二百三十八名，三甲二百七十五名。刑部觀政。丁亥，授河南葉縣
知縣。曾祖天祐。祖三重。父堂。

《順治三年丙戌科會試進士三代履歷便覽》：崔子明，旭陽，
《易》六房，甲寅四月初七日生，高平人。庚午十一名，會試二百
三十八名，三甲二百七十五名。刑部觀政。丁亥，授河南葉縣知縣。
曾祖天祐。祖三重。父堂。

《順治三年進士題名碑》：崔子明，山西高平縣人。

王同春：字世如，號石幢，沁水土沃人，遷居潘莊，治《詩經》。明天啟
七年，丁卯科山西鄉試第十六名。清順治三年，丙戌科會試第七名，殿試第
三甲二百七十六名。工部觀政。順治四年，授山東陵縣知縣，丁父憂歸。順治
七年，補江南宣城知縣，任職七年有善政，纂修《宣城縣志》。順治十四年，
升戶部浙江司主事。順治十五年十月，上親試選人，惟其一人可堪任學政；
十二月，升江南按察司僉事，提調上江等處學政。順治十八年正月，封贈父
母。升四川布政司參議，分守川東道。聽調歸里。創修宅邸與王氏宗祠於潘
莊（外祖父村）。康熙十年八月，年七十一，卒於家，白胤謙志其墓，詳見《四
川參議石幢王公墓誌銘》。著有《養恬齋集》。

《順治三年丙戌科會試四百名進士三代履歷便覽》：王同春，石
幢，《詩》一房，辛亥九月初八日生，沁水人。丁卯十六名，會試七
名，三甲二百七十六名。□□□□。□□，□□東陵縣知縣。曾祖
三錫，學正。祖四維。父育鯨，庠生。

《順治三年丙戌科會試進士三代履歷便覽》：王同春，石幢，
《詩》一房，辛亥九月初八日生，沁水人。丁卯十六名，會試七
名，三甲二百七十六名。工部觀政。丁亥，授山東陵縣知縣，丁
憂。庚寅，補江南宣城知縣。曾祖三錫，學正。祖四維。父育鯨，
庠生。

《順治三年進士題名碑》：王同春，山西沁水縣人。

秦之鉉：字鼎黃，號象州，陵川人，治《詩經》。順治二年，乙酉科山西
鄉試第三十六名。順治三年，丙戌科會試第六十六名，殿試第三甲三百八
十五名。戶部觀政。順治四年，授陝西莊浪知縣。順治六年，丁憂歸。順治

九年，服闕，補江西新建知縣。康熙八年五月，莊浪士民疏請已故知縣秦之鉉入名宦祠。著有《聞素草》《屏山集》《汾水秋詩》《滕王閣詩》《杏園詩餘》。

> 《順治三年丙戌科會試四百名進士三代履歷便覽》：秦之鉉，象州，《詩》五房，丙寅五月十六日生，陵川人。乙酉三十六名，會試六十六名，三甲三百八十五名。戶部觀政。丁亥，授陝西莊浪知縣。曾祖廷佩。祖應雲，義官。父時吉，庠生。

> 《順治三年丙戌科會試進士三代履歷便覽》：秦之鉉，象州，《詩》五房，丙寅五月十六日生，陵川人，乙酉三十六名，會試六十六名，三甲三百八十五名，戶部觀政。丁亥，授陝西莊浪知縣。曾祖廷佩。祖應堂，義官。父時吉，庠生。

> 《順治三年進士題名碑》：秦之鉉，山西陵川縣人。

王蘭彰：號行谷，陽城上莊人，治《易經》。順治二年，乙酉科山西鄉試第十六名。順治三年，丙戌科會試第二百七十五名，殿試第三甲二百九十一名。刑部觀政。順治四年，授山東陽谷知縣，未仕而卒。

> 《順治三年丙戌科會試四百名進士三代履歷便覽》：王蘭彰，行谷，《易》□房，戊午正月初三日生，陽城人。乙酉十六名，會試二百七十五名，三甲二百九十一名。刑部觀政。丁亥，授山東陽谷知縣。曾祖淑陵，進士。祖治，廩生。父永康，生員。

> 《順治三年丙戌科會試進士三代履歷便覽》：王蘭彰，行谷，《易》五房，戊午正月初三日生，陽城人。乙酉十六名，會試二百七十五名，三甲二百九十一名。刑部觀政。丁亥，授山東陽谷知縣。曾祖淑陵，進士。祖治，廩生。父永康，生員。

> 《順治三年進士題名碑》：王蘭彰，山西陽城縣人。

順治四年丁亥科

岳峻極：字於天，號道洋，澤州巴公鎮人，治《易經》。順治三年，丙戌科山西鄉試第六十六名。順治四年，丁亥科會試第八十一名，殿試第三甲四十三名。兵部觀政。順治七年，授陝西臨洮府推官，雪大獄，撫亂民，築張堤，有才幹。順治八年，充辛卯科陝西文武鄉試分校官。順治十二年，升工部屯田司主事，管山東臨清北河分司事。順治十八年，考選，擢吏部驗封司郎

中。康熙五年正月，年五十三，卒於維揚，同科進士長子人李中白志其墓，詳見《清故吏部驗封清吏司郎中於天岳公墓誌銘》。

　　　　《順治四年會試錄》：第八十一名，岳峻極，山西澤州學生，《易》。

　　　　《順治四年丁亥科進士履歷便覽》：岳峻極，於天，《易》四房，庚申年三月十二日生，澤州人。丙戌六十六名，會試八十一名，三甲四十三名。兵部觀政。己丑，授陝西臨洮府推官。曾祖謫。祖萬連。父尚武。

　　　　《順治四年進士題名碑》：岳峻極，山西澤州人。

　　　　《順康雍三朝會試題名》：順治四年丁亥科會試三百名進士易四房　內翰林國史館庶吉士沙澄，會清，山東萊陽人，丙戌。李應、朱士沖、孫應龍、孫根琮、王之鼎、岳峻極、劉允謙、李昌垣、龔景運、劉振、葛升、尤起潛、魯期昌、李生美、陸元龍、李蔚、趙瑾、吳用光、湯調鼎。

董琰：號玉山，澤州人，治《書經》。順治三年，丙戌科山西鄉試第五十名。順治四年，丁亥科會試第一百九名，殿試第三甲四十七名。工部觀政。順治八年，授河南常德府推官，未竟卒。兄董城，庠生。

　　　　《順治四年會試錄》：第一百九名，董琰，山西澤州附學生，《書》。

　　　　《順治四年丁亥科進士履歷便覽》：董琰，玉山，《書》二房，庚午年六月十五日生，澤州人。丙戌五十名，會試一百九名，三甲四十七名。工部觀政。曾祖嘉謨〔註36〕，前壬午舉人，直隸定州知州。祖三策，增廣生。父緒〔註37〕，壬午舉人。

　　　　《順治四年進士題名碑》：董琰〔註38〕，山西澤州人。

順治六年己丑科

張道濋：字子礎，號渙之，張五典孫，沁水竇莊人，民籍，縣學增廣生，治《詩經》。順治三年，丙戌科山西鄉試第二十名。順治六年，己丑科會試第

〔註36〕　《萬曆壬午山西鄉試錄》：董嘉謨，第五十九名，澤州學生，習書。
〔註37〕　《崇禎壬午山西鄉試錄》：董緒，第四十名，澤州貢生，習書。
〔註38〕　《鳳臺縣志》登地方文獻均記載為董玫，據碑錄、履歷登糾正為琰。

— 167 —

六十九名，殿試第二甲十三名。本年五月，選內翰林國史院漢學庶吉士。順治八年八月，散館，授內翰林弘文院編修。順治十年八月，任湖廣布政司右參議，分巡荊南道。順治十一年九月，任陝西布政司參議，分巡商洛道。順治十三年六月，升山東按察司副使，分巡天津河道；十一月，到任。以疾歸。順治十六年，纂修《沁水縣志》。撰有《樠山創修準提閣記》《補修縣城來脈碑記》《大雲寺創修定慧禪院碑記》《靈巖寺》《重過與樂園為冢宰王公別墅百年三易主矣感賦》《漢中郭將軍岩立邀飲園亭賦贈》《荒殘後早發沁城書所見》《即事口號》。著有《詩草錄存》《揮暑清談》《史鑒節錄》等。

    《順治六年進士登科錄》：張道湜，貫山西澤州沁水縣，民籍，縣學增廣生，治《詩經》，字子礎，行二，年二十五，十一月二十三日生。曾祖官。祖五典。父鈴。母孫氏。具慶下。娶王氏。山西鄉試第二十名，會試第六十九名。

    《順治六年己丑科會試四百名進士三代履歷便覽》〔註39〕：張道湜，渙之，《詩》六房，乙丑年十一月二十三日生，沁水縣人。丙戌二十名，會試六十九名，二甲□□□。□□觀政。欽授漢字庶吉士。曾祖官，贈兵部尚書。祖五典，壬辰進士，太子太保，兵部尚書。父珍，庠生。

    《順治六年己丑科進士三代履歷便覽》〔註40〕：張道湜，渙之，詩六房，乙丑年十一月二十三日生，沁水縣人。丙戌二十名，會試六十九名，二甲十三名。欽授內翰林國史院庶吉士，辛卯，升弘文院編修。曾祖官，贈兵部尚書。祖五典，壬辰進士，太子太保，兵部尚書。父鈴，庠生。

    《國朝歷科館選錄》：張道湜，山西沁水人。

    《詞林輯略》：張道湜，字渙之，號子礎，山西沁水人，散館授編修，官至直隸天津道。

    《張氏族譜》：〔九世兄弟三十一人〕道湜，字子礎，號渙之，順治丙戌科舉人，己丑進士，內翰林弘文院編修，授湖廣荊南道，調補陝西商洛道，升直隸天津道副使。

韓璡：字六一，號五城，沁水郭壁人，民籍，縣學增廣生，治《書經》。

〔註39〕據日本國立公文書館所藏版本。
〔註40〕國圖《順治六年己丑科進士三代履歷便覽》缺山西部分，此據天一閣版。

順治二年，乙酉科山西鄉試第七十三名。順治六年，己丑科會試第三百八十五名，殿試第二甲五十八名。刑部觀政。順治九年，授中書科中書。升刑部郎中。順治十六年四月，升山西按察司僉事，分巡易州道。丁母憂歸。補廣西按察司僉事，分巡桂林道、左江道。改福建按察司僉事，分巡督糧道。

《順治六年進士登科錄》：韓璸，貫山西澤州沁水縣，民籍，縣學增廣生，治《書經》，字六一，行六，年二十一，十一月初三日生。曾祖佑。祖俊。父親仁。前母劉氏，母馬氏。慈侍下。娶王氏，繼娶趙氏。山西鄉試七十三名，會試第三百八十五名。

《順治六年己丑科會試四百名進士三代履歷便覽》：韓璸，六一，《書》二房，己巳年十一月初三日生，沁水縣人。乙酉七十六名，會試三百八十五名，二甲五十八名。刑部觀政。曾祖佑。祖俊儒，儒官，贈中憲大夫。父親仁，生員。

《順治六年己丑科進士三代履歷便覽》：韓璸，六一，《書》二房，己巳年十一月初三日生，沁水縣人。乙酉七十六名，會試三百八十五名，二甲五十八名。刑部觀政。壬辰，授中書。曾祖佑。祖俊儒，儒官，贈中憲大夫。父仁，生員。

趙一心：字槐園，陵川附城鎮嶺西村人，治《書經》。順治三年，丙戌科山西鄉試第十九名。順治六年，己丑科會試第二十四名，殿試第三甲二百八十八名。戶部觀政。順治八年，授山東長山知縣，卒於官。著有《北徵草》。

《順治六年己丑科會試四百名進士三代履歷便覽》：趙一心，槐園，《書》一房，壬子年正月初九日生，陵川縣人。丙戌十九名，會試二十四名，三甲二百八十八名。戶部觀政。曾祖得仁。祖孟極，生員。父國興。

《順治六年己丑科進士三代履歷便覽》：趙一心，槐園，《書》一房，壬子年正月初九日生，陵川縣人。丙戌十九名，會試二十四名，三甲二百八十八名。戶部觀政。辛卯，授山東長山知縣。曾祖得仁。祖孟極，生員。父國興。

順治九年壬辰科

馬如龍：字健公，號乘六，澤州巴公鎮人，州學附生，治《詩經》。順治三年，丙戌科山西鄉試第四十三名。順治九年壬辰科會試第七十名，殿試第

三甲二百九十五名。通政司觀政。陝西漢中府略陽知縣，剔弊釐奸、如懸秦鏡，三年期滿，行取待授。撰有《普覺禪林同人分賦得文字》《沔陽道上》《寄段蘭公》。著有《貽安堂文集》。

《順治九年會試錄》：第七十名，馬如龍，山西澤州附學生，《詩》。

《順治九年壬辰科進士三代履歷便覽》：馬如龍，健公，《詩》六房，甲寅年九月初二日生，澤州人。丙戌四十三名，會試七十三[註41]名，三甲二百九十五名。通政司觀政。曾祖負圖。祖斯才。父之驥，儒官。

《順治九年壬辰科會試四百七名進士三代履歷便覽》：馬如龍，健公，《詩》六房，甲寅年九月初二日生，澤州人。丙戌四十三名，會試七十三名，三甲二百九十五名。通政司觀政。曾祖負圖。祖斯才。父之驥，儒官。

《順康雍三朝會試題名》：順治九年壬辰科會試四百七名進士 詩六房 禮科都給事中高桂，南華，北直清苑人，丙戌。余國柱 閆玫 吳玄石 馬如龍 陳世第 於鴻漸 堵拱徵 岳鍾淑 路遴 王綗 汪宗魯 朱龍光 趙日晃 楊西狩 劉源澄 劉執中 張普 田麟 張現龍 韓錫祚 萬物育 王三薦。

趙介：字案梟，號於石、一庵，高平裴泉人，治《易經》。順治二年，乙酉科山西鄉試五十三名。順治九年，壬辰科會試第二名，殿試第三甲一百八十三名。戶部觀政。順治十年二月，授江南鎮江府金壇知縣。順治十三年，罷官歸。優游里居四十餘年而卒，不志不銘。著有《槐園初筆》。子趙筏，舉人，官臨晉教諭。

《順治九年會試錄》：第二名，趙介，山西高平縣學生，《易》。

《順治九年壬辰科進士三代履歷便覽》：趙介，案梟，《易》一房，丙辰年二月初九日生，高平人。乙酉五十三名，會試三名，三甲一百八十三名。戶部觀政。癸巳，授江南金垓知縣。曾祖明，祖虎倉，父進平。

《順治九年壬辰科會試四百七名進士三代履歷便覽》：趙介，案梟，《易》一房，丙辰年二月初九日生，高平人。乙酉五十三名，會

[註41] 是科澤州三位進士的會試錄和履歷便覽所載名次均不同，以會試錄為準。

試三名，三甲一百八□□。□□觀政。癸巳二月，授江南金壇知縣。曾祖明，祖虎倉，父進平。

《順康雍三朝會試題名》：順治九年壬辰科會試四百七名進士易一房 內翰林秘書院編修加一級王舜年，永祺，山東掖縣人，丙戌。趙介 余緒 龔必第 孫如林 王仕雲 倪祥爌 張文韜 胡大學 張翼 魏墀 呂應鍾 黃鈢 范乃藩 邵元胤 馬雲龍 夏錫金 陳可畏 劉景榮 項景襄 馬淑昌 李何煒 紀振邊。

王紀：字若樸，號子魯，沁水郭壁人，治《詩經》。順治八年，辛卯科山西鄉試第十四名。順治九年，壬辰科會試第二百三十六名，殿試第三甲一百五十八名。都察院觀政。本年七月，選內翰林弘文院清書庶吉士。順治十一年九月，散館，改給事中。順治十二年六月，補禮科給事中。順治十三年二月，改工科右給事中；五月，改戶科左給事中。順治十四年四月，升陝西布政司參議，分守隴右道。順治十六年四月，任江南按察司副使，分巡蘇松道。順治十七年十二月，升山東布政司左參政，分巡濟南道。纂修《沁水縣志》。撰有《郭壁鎮改建大廟記》等。

《順治九年會試錄》：第二百三十六名，王紀，山西沁水縣學生，《詩》。

《順治九年壬辰科進士三代履歷便覽》：王紀，若樸，《詩》四房，庚午年十一月十三日生，沁水人。辛卯十四名，會試二百五十三名，三甲一百五十八名。都察院觀政，欽授內翰林清書庶吉士。曾祖體〔註42〕乾，廩生。祖維城，貢士，誥贈朝奉大夫，禮部郎中。父廷拱，儒士。

《順治九年壬辰科會試四百七名進士三代履歷便覽》：王紀，若樸，《詩》四房，庚午年十一月十三日生，沁水人。辛卯十四名，會試二百五十三名，三甲一百□□□名。都察院觀政。授翰林院庶吉士。曾祖禮乾，廩生。祖維城，貢士，誥贈朝奉大夫，禮部郎中。父廷拱，儒士。

《順康雍三朝會試題名》：順治九年壬辰科會試四百七名進士《詩》四房 內涵林秘書院檢討李廷樞，辰玉，江南江寧籍吳縣人，丁亥。韓望 徐經 喻崇修 徐騰暉 周起岐 陳彩 郭棻 張蜚聲 王孫

〔註42〕原文作禮，據王廷瓚、王度資料改為體。

蔚蔡而浣　陳永命　張愈大　梁奇　王紀　吳璞　周希生　李奇生　張鴻
基　周明新　趙忠枏　王奪標　呂泰韶。

《詞林輯略》：王紀，字若樸，號子魯，山西沁水人，散館改禮
科給事中，官至山東濟南道。

《國朝歷科館選錄》：王紀，山西沁水人。

順治十二年乙未科

孔文明：字美含，號辣庵，澤州城內人，民籍，州學附生，治《書經》。
順治二年，乙酉科山西鄉試第二十九名。順治十二年，乙未科會試第三百八
十一名，殿試第三甲一百七十五名。都察院觀政。順治十三年，授北直南宮
知縣。順治十四年，行取；八月，充丁酉科順天鄉試謄錄官。順治十七年五
月，補福建長樂縣知縣。致仕歸，卒葬城南五里孟家店，南宮數百民千里奔
喪。子孔興晉，有孝行。

《順治十二年會試錄》：第三百八十一名，孔文明，山西澤州附
學生，《書》。

《順治十二年進士登科錄》：孔文明，貫山西潞安府澤州，民
籍，州學附學生，治《書經》，字美含，行二，年三十五，正月初二
日生。曾祖思諫。祖繼堯。父得貴。母焦氏。慈侍下。娶申氏。山
西鄉試第二十九名，會試第三百八十五名。

《順治十二年乙未科會試三百八十五名進士三代履歷便覽》：
孔文明，辣庵，《書》三房，乙丑年正月初二日生，澤州人。乙酉二
十九名，會試三百八十一名，三甲一百七十五名。都察院觀政。曾
祖思諫。祖繼堯。父得貴。

《順治十二年乙未科進士履歷便覽》：孔文明，辣庵，《書》三
房，丙寅年正月初二日生，澤州人。乙酉二十九名，會試三百八十
一名，三甲一百七十五名。都察院觀政。丙申，授北直南宮知縣。
丁酉，行取。曾祖諫。祖繼堯。父得貴。

《順康雍三朝會試題名》：順治十二年乙未科會試三百八十五
名進士　書三房　內翰林秘書院編修汪煉南，治夫，湖廣黃岡人，壬
辰。符渭英、陳謨、史紀夏、張松齡、錢黯、于可托、寧必祖、王
隇、李繼白、郭日燧、胡在恪、賈廷蘭、閔敍、過松齡、李彥玭、

曹申吉、張思斌、張施大、鄭章、傅宸、孔文明。

田逢吉：字凝只，號碧庵、沛蒼，高平良戶人，民籍，縣學生，治《禮記》。順治十一年，甲午科山西鄉試第四名。順治十二年，乙未科會試第四十八名，殿試第二甲二十四名。本年四月，選內翰林清書庶吉士。順治十四年九月，散館，授內翰林國史館編修；十二月，充日講官。順治十五年，充戊戌科會試同考官。順治十六年七月，升翰林院侍講；十一月，升翰林院侍讀。順治十七年，任國子監司業。康熙初，升內翰林秘書院侍讀。康熙五年六月，升內翰林國史院學士。康熙六年二月，充丁未科武會試同考官；九月，選《世宗章皇帝實錄》副總裁官。康熙九年三月，升戶部右侍郎；充庚戌科會試同考官。康熙十年二月，充經筵講官；四月，升戶部左侍郎。康熙十一年十月，任浙江巡撫。康熙十三年正月，改兵部左侍郎；十一月，以病解任歸。康熙三十八年三月，年七十一，卒於家，熊賜履志其墓，詳見《皇清賜進士出身通奉大夫巡撫浙江等處地方提督軍務兵部左侍郎兼都察院右副都史加一級沛蒼田公暨配夫人馮氏合葬墓誌銘》。有詩《南苑即事》《扈蹕南苑遙送曹錫余之任郎陽》《和趙長洲題報國寺海棠》。

　　　　《順治十二年會試錄》：第四十八名，田逢吉，山西高平縣學生，《禮記》。

　　　　《順治十二年進士登科錄》：田逢吉，貫山西澤州高平縣，民籍，縣學生，治《禮記》，字凝只，行二，年二十七，十二月初四日生。曾祖可久〔註43〕。祖可耘。父馭遠。具慶下。娶馮氏。山西鄉試第四名，會試第四十八名。

　　　　《順治十二年乙未科會試三百八十五名進士三代履歷便覽》：田逢吉，碧皆，《禮記》房，乙亥年十二月初四日生，高平人。甲午四名，會試四十八名，二甲二十四名。欽授內翰林清書庶吉士。曾祖伋，壽官。祖可耘，儒官。父馭遠，庠生。

　　　　《順治十二年乙未科進士履歷便覽》：田逢吉，碧皆，《禮記》房，乙亥年十二月初四日生，高平人。甲午四名，會試四十八名，二甲二十四名。欽選內翰林清書庶吉士。丁酉，授國史館編修，己亥升侍講，本年升侍讀。曾祖伋，壽官。祖可耘，儒官。父馭遠，庠生。

〔註43〕原文錯誤。

《國朝歷科館選錄》：田逢吉，山西高平人。

《詞林輯略》：田逢吉，字凝只，號沛蒼，又號碧庵，山西高平人，散館授編修，官至浙江巡撫。

《順治十五年會試錄》：同考試官 日講官內翰林國史院編修加一級田逢吉，凝只，山西高平縣人，乙未進士。

《順康雍三朝會試題名》：順治十五年戊戌科會試四百一名進士 同考 日講官內翰林國史院編修加一級田逢吉，凝只，山西高平人，乙未。康熙九年庚戌科會試三百八名進士 總裁 內國史院學士加一級田逢吉，沛蒼，山西高平人，乙未。

《康熙九年庚戌科會試三百八名進士履歷便覽》：總裁 內國史院學士加一級 田逢吉，沛蒼，山西高平人，乙未。

《國朝貢舉考略》：康熙九年庚戌科會試 學士田逢吉，凝只，山西高平人，乙未。

《清秘述聞》：康熙九年會試考官 國史院學士田逢吉，字凝只，山西高平人，乙未進士。

吳起鳳：字九苞，號仭千，陽城立平里（南坪）人，民籍，縣學增廣生，治《易經》。順治五年，戊子科山西鄉試第六名。順治十二年，乙未科會試第二百四十三名，殿試第三甲二百一名。兵部觀政。順治十四年，授山東滕縣知縣，任期兩載，削籍歸。康熙八年七月，年六十九，卒於家，白胤謙志其墓，詳見《滕縣知縣吳公墓誌銘》。

《順治十二年會試錄》：第二百四十三名，吳起鳳，山西陽城縣增廣生，《易》。

《順治十二年進士登科錄》：吳起鳳，貫山西潞安府陽城縣，民籍，縣學增廣生，治《易經》，字仭千，行一，年四十三，十一月十七日生。曾祖宗禮。祖蘇周。父思能。母延氏。永感下。娶喬氏。山西鄉試第六名，會試第二百四十三名。

《順治十二年乙未科會試三百八十五名進士三代履歷便覽》：吳起鳳，仭千，《易》一房，庚申年十一月十七日生，陽城人。戊子六名，會試二百四十三名，三甲二百一名。兵部觀政。曾祖宗禮。祖蘇周。父思能。

《順治十二年乙未科進士履歷便覽》：吳起鳳，仭千，《易》一

房，庚申年十一月十七日生，陽城人。戊子六名，會試二百四十三名，三甲二百一名，兵部觀政。丁酉，授山東滕縣知縣。曾祖宗禮。祖蘇周。父思能。

《順康雍三朝會試題名》：順治十二年乙未科會試三百八十五名進士　《易》一房　左春坊右庶子內翰林弘文院侍講周啟雋，立五，江南宜興人，丁亥。朱霞、黃雲鶴、陳祚昌、陳炟、劉體仁、張有光、韓遜、華士瞻、劉懋夏、張嘉善、張栴、尤師錫、吳起鳳、吳子雲、謝敦懿、周成文、吳尤升、杜汝用、楊鼎、裴紹宗、宋國榮。

韓張：字傑一，沁水郭壁人，民籍，縣學增廣生，治《書經》。明崇禎十五年，壬午科山西鄉試第五十一名。清初，授太谷教諭。順治十二年，乙未科會試第二百二十三名，殿試第三甲八十一名。工部觀政。順治十五年，授湖廣桃源知縣。

《崇禎壬午鄉試錄》：五十一名，韓張，沁水縣增廣，《書》。

《順治十二年會試錄》：第二百二十三名，韓張，山西太谷縣教諭，《書》。

《順治十二年進士登科錄》：韓張，貫山西潞安府沁水縣，民籍，縣學增廣生，治《書經》，字傑一，行三，年四十一，九月二十四日生。曾祖佑。祖悛。父親仁。母馬氏。慈侍下。娶何氏。山西鄉試第五十一名，會試第二百二十三名。

《順治十二年乙未科會試三百八十五名進士三代履歷便覽》：韓張，傑一，《書》一房，乙卯年九月二十四日生，沁水人。壬午五十一名，會試二百二十三名，三甲八十一名。工部觀政。曾祖佑。祖悛，儒官，累贈中憲大夫。父親仁，庠生。

《順治十二年乙未科進士履歷便覽》：韓張，傑一，《書》一房，乙卯年九月二十四日生，沁水人，壬午五十〔註44〕名，會試二百二十三名，三甲八十一名，工部觀政。戊戌，授湖廣桃源知縣。曾祖佑。祖悛，儒官，累贈中憲大夫。父親仁，庠生。

《順康雍三朝會試題名》：順治十二年乙未科會試三百八十五名進士　書一房　右春坊右中允兼內翰林國史院編修何採，敬輿，江

〔註44〕原文缺，空隙較大，據鄉試錄補。

南江寧籍桐城人，己丑。秦鉽、戴斌、王若義、於漣、董紹邦、馮源濟、高曦、申紘祚、朱張銘、劉於正、董國棟、袁鴻謨、韓張、吳貞度、齊鴻勳、汪有朋、張鼎□、范廷鳳、李棟朝、陸祥華。

楊名耀：字修野，號崧齋，高平人，江南山陽籍，民籍，府學學生，治《詩經》。順治五年，拔貢。順治八年，辛卯科順天鄉試第十二名。順治十二年，乙未科會試第一百五十三名，殿試第二甲六十八名。通政司觀政。順治十六年，授刑部湖廣司主事。升吏部文選清吏司郎中、戶部郎中。康熙十八年，充己未科會試同考官。升太常寺少卿，卒於官。

《順治十二年會試錄》：第一百五十三名，楊名耀，江南山陽縣監生，《詩》。

《順治十二年進士登科錄》：楊名耀，貫江南淮安府山陽縣，民籍，府學拔貢生，治《詩經》，字修野，行三，年三十，十月初五日生。曾祖潢。祖士遷。父懷憲。母丘氏。慈侍下。娶周氏。順天鄉試第十二名，會試第一百五十三名。

《順治十二年乙未科會試三百八十五名進士三代履歷便覽》：楊名耀，修野，《詩》六房，甲戌年十月初五日生，高平籍，山陽人。辛卯十二名，會試一百五十三名，二甲六十八名。通政司觀政。曾祖潢。祖士遷。父德憲，光祿寺監寺。

《順治十二年乙未科進士履歷便覽》：楊名耀，修野，《詩》六房，甲戌年十月初五日生，高平籍，山陽人。辛卯十二名，會試一百五十三名，二甲六十八名。通政司觀政。己亥，授刑部湖廣司主事。曾祖潢。祖士遷。父懷憲。

《清秘述聞》：康熙十八年己未科會試 同考官 戶部郎中楊名耀，字崧齋，江南山陽人，乙未進士。

順治十五年戊戌科

陳廷敬：字子端，號說岩、悅岩、午亭、午亭山人，澤州人，民籍，州學生，治《易經》。順治十四年，丁酉科山西鄉試第二十三名。順治十五年，戊戌科會試第三百二十四名，殿試第三甲一百九十五名。本年四月，選內翰林庶吉士，奉旨更名。順治十六年十月，庶吉士選考，著照舊教習。順治十八年二月，充會試同考官；五月，授秘書院檢討。康熙元年，告假歸省，奉母四

載。康熙四年，補原官。康熙六年九月，選《世宗章皇帝實錄》漢纂修官。康熙八年，升國子監司業，升翰林院侍講學士。康熙十一年十月，充日講起居注官。康熙十二年九月，充癸丑科武會試副考官；升翰林院侍讀學士。康熙十四年十二月，任詹事府詹事。康熙十五年九月，升內閣學士兼禮部侍郎，充經筵講官。康熙十六年正月，任翰林院掌院學士，教習庶吉士，充日講起居注官。康熙十七年正月，詔舉博學鴻詞；七月，入直南書房；十二月，丁母憂歸。康熙二十年十一月，服闋，補原官，撰《擬朝會燕饗樂章》十四章；十二月，充日講起居注官，充經筵講官。康熙二十一年二月，充壬戌科會試副考官；六月，充《明史》總裁；十月，充《三朝聖訓》副總裁官。康熙二十二年四月，升禮部右侍郎；十二月，升禮部左侍郎。康熙二十三年正月，調吏部左侍郎，管右侍郎事；三月，管理戶部錢法；九月，升都察院左都御史。康熙二十五年三月，充《一統志》總裁官，專理館務；閏四月，充《政治典訓》總裁官；九月，升工部尚書。康熙二十六年二月，改戶部尚書；九月，改吏部尚書。康熙二十七年五月，引疾乞休，允其以原銜解任，仍赴內直，修書總裁等項著照舊管理。康熙二十九年二月，起都察院左都御史，充經筵講官；四月，充《三朝國史》副總裁官；七月，遷工部尚書。康熙三十年二月，充辛未科會試正考官；六月，改刑部尚書。康熙三十一年八月，丁父憂歸。康熙三十三年十一月，服闋，補戶部尚書。康熙三十六年九月，充經筵講官。康熙三十八年十一月，調吏部尚書。康熙四十二年二月，充癸未科會試正考官；四月，授文淵閣大學士兼吏部尚書；八月，遣祭孔子。康熙四十三年六月，充《御製佩文韻府》總裁官。八月，遣祭孔子。康熙四十四年三月，賜銀千兩、《皇輿表》一部；四月，閱卷浙江舉貢詩字呈覽；閏四月，賜御書。康熙四十五年二月，充《玉牒》副總裁官；八月，遣祭孔子。康熙四十七年八月，遣祭孔子。康熙四十八年八月，遣祭孔子；編著《皇清文穎》進呈。康熙四十九年，充《康熙字典》總裁官；八月，遣祭孔子；十一月，以老乞求，命以原官致仕。康熙五十年五月，會大學士張玉書病卒，李廣地疾未愈，詔其暫入辦理事務。康熙五十一年三月，患疾，上遣太醫診視；四月十九日，年七十五，卒於京邸，上命皇三子允祉、大臣侍衛往祭茶酒，各部院大臣往弔。康熙五十一年四月，賜御製挽詩一首，遣乾清門一等侍衛伍格、張廷玉等齎賜，並賜紫衫閼器、治喪銀千兩；五月，賜祭葬，又加祭一次，諡文貞。著有《午亭文編》《歸去集》。

《順治十五年會試錄》：第三百二十四名，陳敬，山西澤州學生，《易》。

《順治十五年進士登科錄》：陳敬，貫山西澤州，民籍，州學學生，治《易經》，字子端，行一，年十八，十一月二十七日生。曾祖三樂。祖經濟。父昌期。母張氏。具慶下。娶王氏。山西鄉試第二十三名，會試第三百二十四名。

《順治十五年戊戌科會試四百一名進士三代履歷便覽》：陳敬，子端，《易經》，辛巳年十一月一十七日生，澤州人。丁酉二十三名，會試三百二十四名，三甲一百九十五名。欽授內翰林庶吉士。曾祖三樂。祖經濟。父昌期，甲午恩貢。

《順治十五年戊戌科進士履歷便覽》：陳廷敬，子端，《易經》，辛巳年十一月一十七日生，澤州人，丁酉二十三名，會試三百二十四名，三甲一百九十五名，欽授內翰林庶吉士，奉旨更名，辛丑授秘書院檢討。曾祖三樂。祖經濟。父昌期，甲午恩貢。

《順康雍三朝會試題名》：順治十八年辛丑科會試四百名進士同考 翰林院庶吉士陳廷敬，子端，山西澤州人，戊戌。康熙二十一年壬戌科會試二百名進士 總裁 經筵日講官起居注翰林院掌院學士兼禮部侍郎教習庶吉士陳廷敬，說岩，山西澤州人，戊戌。康熙三十年辛未科會試一百五十六名進士 總裁 工部尚書陳廷，說岩，山西澤州人，戊戌。

《康熙四十二年癸未科三代進士履歷便覽》：總裁 經筵講官吏部尚書陳廷敬，說岩，山西澤州人，壬戌。

《清秘述聞》：康熙二十一年會試考官 禮部侍郎陳廷敬，字子端，山西澤州人，戊戌進士。康熙三十年會試考官 工部尚書陳廷敬，山西澤州人，戊戌進士。康熙四十二年會試考官、吏部尚書陳廷敬，字子端，山西澤州人，戊戌進士。

《國朝貢舉考略》：三典禮部試者七人 陳廷敬，康熙壬戌、辛未、癸未。康熙二十一年壬戌科會試 禮侍陳廷敬，子端，山西澤州人，戊戌。康熙三十年辛未科會試 戶尚陳廷敬，說岩，山西澤州人，戊戌。康熙四十二年癸未科會試 吏尚陳廷敬，午亭，山西澤州人，戊戌。

《詞林輯略》：陳廷敬，原名敬，奉旨增廷字，字子端，號說岩，又號午亭，山西澤州人。散館授檢討，官至文淵閣大學士，諡文貞，有《午亭文編》。

翟於磐：字子漸，澤州翟河底人，翟鳳梧姪，民籍，州學生，治《易經》。順治十四年，丁酉科山西鄉試第四十九名。順治十五年，戊戌科會試第三百十七名，殿試第三甲二百五十四名。督查院觀政。卒於途，妻郭氏時年二十四，無子，孝養翁姑，立姪為子，撫之成立。

《順治十五年會試錄》：第三百十七名，翟於磐，山西澤州學生，《易》。

《順治十五年進士登科錄》：翟於磐，貫山西澤州，民籍，州學學生，治《易經》，字子漸，行二，年二十一，九月初二日生。曾祖一清。祖文明。父鳳標。母郎氏。繼母李氏。具慶下。娶郭氏。山西鄉試第四十九名，會試第三百十七名。

《順治十五年戊戌科會試四百一名進士三代履歷便覽》：翟於盤，子漸，《易經》，戊寅年九月初二日生，澤州籍，進賢人。丁酉四十九名，會試三百一十七名，□□□□□□□名。督查院觀政。曾祖一清，壽官。祖文明，生員。父鳳標，生員。

《順治十五年戊戌科進士履歷便覽》：翟於盤，宇漸，《易經》，戊寅年九月初二日生，澤州籍，進賢人。丁酉四十九名，會試三百十七名，三甲二百五十四名，督查院觀政。曾祖一清，壽官。祖文月，生員。父鳳標，生員。

李弘：字存白，澤州申匠人，民籍，州學附學生，治《書經》。順治十四年，丁酉科山西鄉試第七十八名。順治十五年，戊戌科會試第二百九十八名，殿試第三甲六十六名。督查院觀政。康熙元年，任山東高密知縣。

《順治十五年會試錄》：第二百九十八名，李弘，山西澤州附學生，《書》。

《順治十五年進士登科錄》：李弘，貫山西澤州，民籍，州學附學生，治《書經》，字存白，行一，年三十四，正月初九日生。曾祖坤。祖天倉。父叢林。母劉氏。前母張氏、耿氏。永感下。娶張氏。山西鄉試第七十八名，會試第二百九十八名。

《順治十五年戊戌科會試四百一名進士三代履歷便覽》：李

弘，存白，《書經》，乙丑年正月初九日生，澤州人。丁酉七十八名，會試二百九十八名，三甲六十六名。督查院觀政。曾祖坤。祖天蒼，壽官。父叢林，生員。

《順治十五年戊戌科進士履歷便覽》：李弘，存白，《書經》，乙丑年正月初九日生，澤州人。丁酉七十八名，會試二百九十八名，三甲六十六名。督查院觀政。辛丑，授山東高密知縣。曾祖坤。祖天君，壽官。父叢材，生員。

順治十六年己亥科

段藻：字紉蘭，號黼平，澤州西四義人，民籍，州學附學生，治《詩經》。順治八年，辛卯科山西鄉試十三名。順治十六年，己亥科會試第一百五十二名，殿試第二甲九十六名。兵部觀政。授河南開封府推官。康熙八年，任廣東普寧知縣。康熙九年，捐俸以興教育。康熙十二年，吳三桂犯普寧，密請尚可喜部援兵。康熙十三年，兼署惠來知縣。康熙十五年，署理三水知縣。康熙十六年，解普寧之圍功，論功升廣東按察司僉事，分守惠潮道。乞休歸，卒於家。有詩《上巳》《壬子冬過羊蹄嶺和前韻》等。

《順治十六年會試錄》：第一百五十二名，段藻，山西澤州附學生，《詩》。

《順治十六年進士登科錄》：段藻，貫山西澤州，民籍，州學附學生，治《詩經》，字紉蘭，行一，年三十三，正月十七日生。曾祖潮。祖霽。父文運。母趙氏。嚴侍下。娶申氏。山西鄉試第十三名，會試第一百五十二名。

《順治十六年己亥科會試三百五十名進士三代履歷便覽》：段藻，紹蘭，《詩經》，丙寅年正月十七日生，澤州人。辛卯十三名，會試一百五十二名，二甲九十六名。兵部觀政。曾祖朝。祖霽。父文運。

陳元：字長公，號端坪、澹庵，澤州人，陳昌言子，民籍，州學生，治《易經》。順治八年，辛卯科山西鄉試第三名經魁。順治十六年，己亥科會試第八十六名，殿試第三甲一百五十一名。本年九月，改選翰林院清書庶吉士；十月，丁憂歸。康熙元年，卒於家，年僅三十一。有詩《李衛公祠》《贈潘撫軍》。

《順治十六年會試錄》：第八十六名，陳元，山西澤州學生，《易》。

《順治十六年進士登科錄》：陳元，貫山西澤州，民籍，州學學生，治《易經》，字長公，行一，年二十八，四月二十七日生。曾祖三樂。祖經濟。父昌言。前母王氏。母李氏。永感下。娶張氏。山西鄉試第三名，會試第八十六名。

《順治十六年己亥科會試三百五十名進士三代履歷便覽》：陳元，端坪，《易經》，壬申年四月二十七日生，澤州人。辛卯三名，會試八十六名，三甲一百五十一名。欽授翰林院庶吉士。曾祖三樂。祖經濟，庠生，誥贈儒林郎，浙江道御史。父昌言，甲戌進士，敕封儒林郎，浙江道御史。

《詞林輯略》：陳元，字長公，號端坪，山西澤州人。

喬楠：字仲梗，陽城青陽里（東關）人，喬映伍堂叔，匠籍，縣學附學生，治《易經》。順治三年，丙戌科山西鄉試第三十一名。順治十五年，任懷仁縣教諭。順治十六年，己亥科會試第一百四十六名，殿試第三甲十九名。工部觀政。推官。本年，授推官，改四川武隆縣知縣。康熙七年九月，卒於武隆，白胤謙志其墓，詳見《四川武隆知縣喬君墓誌銘》。

《順治十六年會試錄》：第一百四十六名，喬楠，山西鄉寧縣教諭，《易》。

《順治十六年進士登科錄》：喬楠，貫山西澤州陽城縣，匠籍，縣學附學生，治《易經》，字仲梗，行二，年四十，十二月十八日生。曾祖廷周。祖永夅。父鳳翼。母衛氏。永感下。娶吳氏。山西鄉試第三十一名，會試第一百四十六名。

《順治十六年己亥科會試三百五十名進士三代履歷便覽》：喬楠，仲梗，《易經》，庚申年十二月十八日生，陽城人。丙戌三十一名，會試一百四十六名，三甲十九名。工部觀政。曾祖廷忠。祖永夅。父鳳翼。

田七善：字澤行，陽城化源里人，民籍，縣學生，治《易經》。順治十四年，丁酉科山西鄉試第三十七名。順治十六年，己亥科會試第四十五名，殿試第三甲一百二十七名。大理寺觀政。康熙七年，任四川合江知縣。康熙九年，封贈父母。康熙十年，丁母憂。康熙十三年，補甘肅狄道知縣。升戶部稽

勳司主事、戶部驗封司員外郎。病歸卒。

> 《順治十六年會試錄》：第四十五名，田七善，山西陽城縣學
> 生，《易》。

> 《順治十六年進士登科錄》：田七善，貫山西澤州陽城縣，民
> 籍，縣學學生，治《易經》，字澤行，行七，年二十八，三月十七日
> 生。曾祖寶堅。祖士珍。父世福。前母郭氏。母郭氏。繼母范氏。
> 慈侍下。娶王氏。山西鄉試第三十七名，會試第四十五名。

> 《順治十六年己亥科會試三百五十名進士三代履歷便覽》：田
> 七善，澤行，《易經》，壬申年三月十七日生，陽城人。丁酉三十七
> 名，會試四十五名，三甲一百二十七名，大理寺觀政。曾祖寶堅。
> 祖士珍。父世福。

張於廷：字顯卿，號行谷，陽城郭峪人，民籍，縣學附學生，治《易經》。
順治八年，辛卯科山西鄉試第二十六名。順治十六年，己亥科會試第一百九
十一名，殿試第三甲二百七十七名。兵部觀政。康熙十一年，任貴州永從知
縣。康熙四十五年四月，年七十九，卒於家，陳廷敬志其墓，詳見《故永從令
張君行谷墓誌銘》。

> 《順治十六年會試錄》：第一百九十一名，張於廷，山西陽城縣
> 附學生，《易》。

> 《順治十六年進士登科錄》：張於廷，貫山西澤州陽城縣，民
> 籍，縣學附學生，治《易經》，字行谷，行□，年□□□，十月二十
> 日生。曾祖楹。祖以萃。父多學。母□氏。□□下。娶□氏。山西
> 鄉試第二十六名，會試第一百九十一名。

> 《順治十六年己亥科會試三百五十名進士三代履歷便覽》：張
> 於廷，行谷，《易經》，戊寅年十月二十日生，陽城人。辛卯二十六
> 名，會試一百九十一名，三甲二百七十七名。兵部觀政。曾祖楹，
> 封文林郎，衛輝府推官。祖以萃，儒官。父多學，庠生。

張拱辰：字四輔，陽城郭峪人，民籍，縣學附學生，治《易經》。順治十
一年，甲午科山西鄉試第十五名。順治十六年，己亥科會試第三百四十名，
殿試第三甲二百四十一名。工部觀政。順治十八年，授江南靈璧知縣。革
職歸。

> 《順治十六年會試錄》：第三百四十名，張拱辰，山西陽城縣附

學生，《易》。

　　《順治十六年進士登科錄》：張拱辰，貫山西澤州陽城縣，民籍，縣學附學生，治《易經》，字四輔，行一，年二十一，二月初七日生。曾祖問行。祖天福。父我生。母盧氏。具慶下。娶王氏。山西鄉試第十五名，會試第三百四十名。

　　《順治十六年己亥科會試三百五十名進士三代履歷便覽》：張拱辰，四輔，《易經》，己卯年二月初七日生，陽城人。甲午十五名，會試三百四十名，三甲二百四十一名。工部觀政。曾祖簡行，處士。祖天福，禮部儒士。父我生，生員。

　　李瑑文：字碧岩，沁水李莊（鹿路南里）人，民籍，縣學附學生，治《詩經》。順治十四年，丁酉科山西鄉試第二十八名。順治十六年，己亥科會試第二百六名，殿試第三甲一百名。禮部觀政。康熙五年，任直隸大城知縣。康熙九年，署任廣西永福知縣，民立去思碑。

　　《順治十六年會試錄》：第二百六名，李瑑文，山西沁水縣附學生，《詩》。

　　《順治十六年進士登科錄》：李瑑文，貫山西澤州沁水縣，民籍，縣學附學生，治《詩經》，字碧岩，行一，年三十一，八月十一日生。曾祖景陽。祖國器。父喬松。母鄭氏。慈侍下。娶霍氏。山西鄉試第二十八名，會試第二百六名。

　　《順治十六年己亥科會試三百五十名進士三代履歷便覽》：李瑑文，碧岩，《詩經》，己巳年八月十一日生，沁水人。丁酉二十八名，會試二百六名，三甲一百名。禮部觀政。曾祖景陽。祖國器。父喬松。

康熙三年甲辰科

　　鄭俊：字子英，高平人，治《易經》。康熙二年，癸卯科山西鄉試第二十六名。康熙三年，甲辰科會試第七十四名，殿試第三甲九十四名。以親老不仕。康熙二十五年，任海康知縣。康熙二十六年，纂修《海康縣志》。升吏部主事，尋遷吏部稽勳司、文選司員外郎，晉吏部考功司郎中，力請終養歸。

　　《康熙三年甲辰科會試進士三代履歷》：鄭俊，子英，《易經》，

庚辰年五月初十日生，高平人。癸卯第二十六名，會試七十四名，三甲九十四名。曾祖雲梯，鄉飲大賓。祖養性，鄉飲大賓。父仁洽，庠生。

康熙六年丁未科

楊仙枝：字簡人，澤州城內西街人，治《詩經》。康熙五年，丙午科山西鄉試第六名。康熙六年，丁未科會試第八十九名，殿試第三甲二十八名。本年閏四月，選弘文院庶吉士。康熙八年六月，散館，授翰林院檢討。在館十年。康熙十一年閏七月，充壬子科山東鄉試正考官〔註45〕。康熙十六年三月，丁母憂歸。守喪痛絕而卒〔註46〕，崇祀澤州鄉賢祠。工草善詩。有詩《臨江仙》。

《康熙六年丁未科會試進士三代履歷》：楊仙枝，簡人，《詩經》，乙酉年三月初八日生，澤州人。丙午六名，會試八十九名，三甲二十八名。欽授弘文院庶吉士。曾祖君美。祖心一。父克慎。

《康熙六年進士題名碑》：楊仙枝，山西寧山衛〔註47〕人。

《皇朝詞林典故》：楊仙枝，字簡人，山西寧山衛人，散館授檢討。

《詞林輯略》：楊仙枝，字簡人，山西寧山人，散館授檢討。

《清秘述聞》：康熙十一年壬子科鄉試 山東 正考官 檢討楊仙枝，字簡人，山西寧鄉人，丁未進士。

《國朝山東歷科鄉試錄》：康熙十一年壬子科 主考 翰林院檢討楊仙枝，簡人，山西澤州，丁未。

張齊仲：字砥洎，陽城潤城人，治《易經》。順治十七年，庚子科山西鄉試第六名。康熙六年，丁未科會試第一百十八名，殿試第三甲七十八名。康

〔註45〕陳玉璂《學文堂文集》卷五《送同年楊簡人主試山東序》，「往年主考官不論甲乙榜，今則定用甲榜，小省不用翰林，今則無別，簡人以翰林進士為足榮哉」。

〔註46〕張英《楊檢討仙枝》：簡人磊落士，脩然謝羈鞅。清風滿四座，塵慮為君滌。本是嵇阮儔，眉宇氣陵轢。草書頗騰騫，琴聲出東壁。吟詩愛陶潛，嗜飲師王績。倏爾微醺餘，更不進涓滴。食貧甘如飴，懷抱從所適。喪親與悼亡，哭子兼眾感。言返澤州山，詎意音容寂。中邊皆至性，斯人難阿覩。

〔註47〕楊仙枝家世為澤州人，隸寧山衛軍籍，順治十六年裁撤寧山衛，劃軍戶入澤州民籍，康熙六年距年近，故有此記錄。

熙十五年十月，任江南浮梁知縣，有善政，卒於任，祀名宦祠。

> 《康熙六年丁未科會試進士三代履歷》：張齊仲，砥泊，《易
> 經》，己卯年十月十九日生，陽城人。庚子六名，會試一百十八名，
> 三甲七十八名。曾祖繼先，鄉耆。祖文輝，庠生。父遠宸，廩生，
> 乙酉副榜。

> 《康熙六年進士題名碑》：張齊仲，山西陽城人。

田弘祖：字湛岩，田立家孫，陽城化源里人，治《易經》。順治十四年，
丁酉科山西鄉試第四十五名。康熙六年，丁未科會試第一百四十三名，殿試
第三甲八十名。康熙十四年，任江南盱眙知縣。

> 《康熙六年丁未科會試進士三代履歷》：田弘祖，湛岩，《易
> 經》，乙亥年正月二十六日生，陽城人。丁酉四十五名，會試一百四
> 十三名，三甲八十名。曾祖鳳龍，誥封通議大夫，陝西按察司按察
> 使。祖立家，前丙戌進士，誥封通議大夫，河南右布政使。父元相，
> 前丁卯副榜。

> 《康熙六年進士題名碑》：田弘祖，山西陽城人。

康熙九年庚戌科

張烈：號允功，澤州西郜人，治《書經》。康熙五年，丙午科山西鄉試第
八名。康熙九年，庚戌科會試第二百八十三名，殿試第三甲七十名。候補主
政，授內閣誥敕撰文中書舍人。祀澤州鄉賢祠。

> 《康熙九年庚戌科會試三百八名進士履歷便覽》：張烈，允
> 功，《書經》，丁丑年正月二十一日生，澤州人。丙午八名，會試
> 二百八十三名，三甲六十〔註48〕名。曾祖一桂。祖問行。父璡，郡
> 庠生。

> 《康熙九年進士題名碑》：張烈，山西澤州人。

張奕曾：號素埜，澤州二聖頭人，民籍，治《詩經》。康熙八年，己酉科
山西鄉試第十九名。康熙九年，庚戌科會試第一百四十五名，殿試第三甲八
十九名。吏部觀政。候補內閣誥敕撰文中書舍人。

> 《康熙九年庚戌科會試三百八名進士履歷便覽》：張奕曾，素
> 埜，《詩經》，甲申正月二十一日生，澤州人。己酉十九名，會試一

〔註48〕履歷作六十名，應為七十名。

百四十五名，三甲八十九名。曾祖思烈，誥贈通議大夫，河南按察
使。祖光先，辛酉恩貢。父肇熊，庠生。生父肇曄，廩生。

《康熙九年進士題名碑》：張奕曾，山西澤州人。

康熙十五年丙辰科

牛美：號越千，澤州北郜人，治《詩經》。順治十七年，庚子科山西鄉試
第二十七名。康熙十五年，年三十八，中丙辰科會試第四十六名，殿試第三
甲六十一名。授內閣中書舍人。

《康熙十五年丙辰科會試二百九名進士三代履歷便覽》：牛
美，越千，《詩經》，丁丑年九月二十九日生，澤州人。庚子二十七
名，會試四十六名，三甲六十一名。曾祖一江，祖國臣，父化麒。

《康熙十五年進士題名碑》：牛美，山西澤州人。

康熙十八年己未科

李煜：號仙岩，陽城中莊人，李養蒙曾孫，李兆甲子，治《易經》。康熙
十一年，壬子科山西鄉試第二十五名。康熙十八年，己未科會試第一百一名，
殿試第三甲五名。

《康熙十八年己未科會試進士三代履歷便覽》：李煜，仙岩，
《易經》，壬午年正月二十五日生，陽城人。壬子二十五名，會試一
百一名，三甲五名。曾祖養蒙，辛丑進士，歷任湖廣荊西道按察司
副使。祖一杜，太學生。嗣祖一桂，恩貢，授知縣。父兆甲，壬午
亞魁。

《順康雍三朝會試題名》：康熙十八年己未科會試一百五十名
進士 易四房 翰林院編修高裔，素侯，順天宛平人，丙辰。丁暐、
胡考生、劉楷、卞士弘、王言、武簹、陸炯、王穎士、張玉履、李
煜。

《康熙十八年進士題名碑》：李煜，山西陽城人。

康熙二十一年壬戌科

張泰交：字公孚，號泊谷，陽城屯城人，民籍，治《春秋》。康熙十一年，
館於大陽王家。康熙二十年，辛酉科山西鄉試第十四名。康熙二十一年，壬
戌科會試第二十一名，殿試第三甲四十八名。康熙二十二年，丁母憂。康熙

二十八年十二月，任雲南太和縣知縣。康熙二十九年八月，充庚午科雲南鄉試分校官。康熙三十四年五月，離任太和；七月，入京銓選；十二月，選廣西道監察御史。康熙三十四年六月，協理山西道事；九月，協理江南道事。康熙三十五年，巡視北城，封贈父母。康熙三十六年，協理浙江道，掌山東道監察御史。康熙三十八年，升太僕寺少卿；十二月，提督江南學政。康熙四十年三月，任大理寺卿。康熙四十一年六月，升都察院左副都御史，升刑部右侍郎，仍提督江南學政；十二月，任浙江巡撫。康熙四十四年，賜御書「受祜堂」，並衣帽、硯臺各一。康熙四十五年正月，年五十六，病卒，田從典表其墓，詳見《泊谷張公墓表》；陳廷敬志其墓，詳見《巡撫浙江兵部右侍郎兼都察院右副都御史公孚張公墓誌銘》；六月，賜祭葬。著有《受祜堂集》。

　　《康熙二十一年壬戌科同年序齒錄》：張泰交，字公孚，號泊水，行五，戊戌[註49]年四月十二日生，山西澤州陽城縣，民籍，學生，習《春秋》，辛酉科鄉試第十四名，會試第二十一名，殿試三甲第四十八名。高祖昇，嘉靖丙午舉人，庚戌進士，歷官河南布政司左參議，誥贈太子太保吏部尚書，崇祀鄉賢。曾祖天與，增廣生。祖慎思，貢士。祖母韓氏，前丙戌科進士通政司通政使諱范公女。繼祖母席氏、霍氏、楊氏。父履祥，庠生。前母曹氏、暢氏、王氏。母范氏。具慶下。曾叔祖天和，累贈光祿大夫太子太保吏部尚書；天驥，太學生。伯祖慎言，萬曆丙午舉人，庚戌進士，光祿大夫，太子太保，吏部尚書，祀敬亭六賢祠；慎修，禮部儒士；慎德，禮部儒士。叔祖慎樞，禮部儒士；慎機，貢士；慎餘，庠生。伯履旋，壬午舉人，殉難，贈河南道監察御史。叔履嘉，禮部儒士；履吉，庠生；履貞，庠生；履元；履素，庠生；履正；履將，庠生；履成；履綏；履仁，庠生；履順；履瑞；履厚；履端；貴；廷玉；廷秀。兄泰茹，庠生；泰葉；泰階，庠生；泰來，奉祀生；顯，庠生；宿，庠生。弟泰寧、泰弼、泰宜、泰初、泰會、泰昭、泰啟、泰景，俱業儒；泰拔、泰復、泰同、泰久、泰旭、泰恒，俱幼；化奇；開泰。娶潘氏，繼暢氏。子汝欽，幼。侄汝翼、汝為、汝霖、汝聰、汝楫、汝梅，俱業儒；汝作，幼；璠；道一，廩生；道中；琯；道三。侄孫喬、介壽、眉壽、賀、泮生，俱幼。

《康熙二十一年壬辰科會試二百名進士三代履歷便覽》：張泰交，泊谷，《春秋》，戊戌年四月十二日生，陽城人。辛酉十四名，會試二十一名，三甲四十八名。曾祖天與，增廣生。祖慎思，貢士。父履祥，庠生。

《康熙二十一年壬戌科殿試全錄》：欽賜同進士出身 三甲第四十八名 張泰文，山西陽城。

《康熙二十一年進士題名碑》：張泰交，山西陽城人。

《國朝御史題名》：康熙三十四年 張泰交，字公孚，山西陽城人，康熙壬戌進士，由太和縣知縣，行取廣西道御史，長蘆巡鹽，內升太僕寺少卿，督學江南，歷浙江巡撫、刑部侍郎。

《清秘述聞》：〔江南學政〕張泰交，字泊谷，山西陽城人，康熙壬戌進三十九年以太僕寺少卿任。通省。

康熙二十四年乙丑科

牛兆捷：字月三，號澱洋、博野，高平市望村人，縣學生，師從傅山、畢振姬、魏象樞、陳廷敬等，治《禮記》。康熙十四年，乙卯科山西鄉試第三名，禮經科第一。康熙十八年，己未科會試第二十九名。康熙二十四年，補乙丑科殿試第三甲四十三名〔註50〕。康熙三十一年，任廣西灌陽知縣。康熙三十三年五月，年五十二，卒於任；儲大文表其墓，詳見《書澱洋先生之墓》；陳廷敬志其墓，詳見《皇清賜進士出身文林郎廣西桂林府灌陽縣知縣月三牛君墓誌銘》。著有《博韓集》《陶史草》。刻書《西北文集》。子牛道遠，雍正元年癸卯科舉人。

《康熙十八年己未科會試進士三代履歷便覽》：牛兆捷，《禮記》，□生，高平人，會試二十九名，未殿試。曾祖□，祖□，父□。

《康熙二十四年乙丑科會試一百五十名進士三代履歷便覽》：牛兆捷，澱洋，《禮記》房，癸巳年八月十三日生，高平人。乙卯三名，己未會試二十九名，乙丑補殿試三甲四十三名。曾祖□，祖□，父□。

《順康雍三朝會試題名》：康熙十八年己未科會試一百五十名進士 禮記房 翰林院檢討田玉成，荊岩，順天大興籍，山西介休人，

〔註50〕雍正《澤州府志》、同治《高平縣志》均錄其為康熙十八年進士，是為誤。

癸丑；翰林院編修陳錫嘏，介眉，浙江定海籍，鄞縣人，丙辰。張
重啟　張光豸　牛兆捷　孟漢儒　呂尚傳　虞兆清　曹志周　郭治　盛鍾
賢　張睿。

《康熙二十四年進士題名碑》：牛兆捷，山西高平人。

康熙二十七年戊辰科

田多眷：字帝簡，號孚五，高平魏莊人，治《禮記》。康熙二十六年，丁
卯科山西鄉試第二十名。康熙二十七年，年五十二，中戊辰科會試第一百名，
殿試第三甲八十二名。候補知縣。康熙三十二年十一月，年五十八，卒於家，
陶自悅志其墓，詳見《吏部進士候選知縣田君墓誌銘》。

《康熙二十七年戊辰科會試一百五十名進士三代履歷便覽》：
田多眷，孚五，《禮記》房，丁亥年十二月初九日生，高平人。丁卯
二十名，會試一百名，三甲八十二名。曾祖汝振，處士。祖龍見，
處士。父而升，庠生。

《順康雍三朝會試題名》：康熙二十七年戊辰科會試一百五十
名進士　禮記房　翰林院編修李殿邦，左鼇，湖廣孝感人，乙丑。翰
林院編修，陳遷鶴，介石，福建晉江人，乙丑。繆繼讓、何炯、謝
乃寔、林文英、彭殿元、田多眷、謝乃果、彭始摶、王翰、段丕承、
楊錫晃。

《康熙二十七年進士題名碑》：田多眷，山西澤州高平縣人。

白畿：字彥京，號默岩、易閣，白胤謙孫，陽城化源里人，國子生，治
《易經》。康熙二十年，辛酉科山西鄉試第六名。康熙二十七年，戊辰科會試
第一百三十四名，殿試第三甲七十二名。康熙二十七，任貴州新貴縣知縣，
抵任三月，引疾歸。孝母三十餘年。康熙六十年十二月，年六十七，卒於家，
田從典志其墓，詳見《彥京白公墓誌銘》。著有《邇園詩稿》二十卷。

《康熙二十七年戊辰科會試一百五十名進士三代履歷便覽》：
白畿，彥京，《易》四房，戊戌年八月十六日生，陽城籍，清澗人。
辛酉六名，會試一百三十四名，三甲七十四名。曾祖所蘊，歲貢，
崞縣訓導，誥贈內外弘文院侍讀學士。祖成謙，癸未會魁，國史院
學士，吏部侍郎，刑部尚書。父方厚，官生。

《順康雍三朝會試題名》：康熙二十七年戊辰科會試一百五十

名進士　易四房　翰林院編修仇電鼇，滄柱，浙江鄞縣人，乙丑。唐孫華、陳元、景日昣、凌紹雯、田從典、唐鴻舉、李允秀、沈佳、白畿。

《康熙二十七年進士題名碑》：白畿，山西陽城人。

王璋：字千峰，陽城城內人，王曰俞子，治《易經》。康熙十七年，戊午科山西鄉試第三十二名。康熙二十七年，戊辰科會試第六十名，殿試第三甲五十九名。康熙三十四年，任儀封知縣。升戶部主事。康熙四十一年六月，充壬午科四川鄉試正考官。著有《方山閣詩》。

《康熙二十七年戊辰科會試一百五十名進士三代履歷便覽》：王璋，千峰，《易》一房，甲午年十二月初十日生，陽城人。戊午三十二名，會試六十名，三甲五十一名。曾祖朝官，壽官。祖國承，山東萊州府教授。父自〔註51〕俞，丙子舉人，癸未進士，河南孟縣知縣，殉難，諭祭，祀名宦，事載兩地，□□山西通判。

《順康雍三朝會試題名》：康熙二十七年戊辰科會試一百五十名進士　《易》一房　翰林院編修吳晟，西李，江南淮安人，壬戌。何龍文、劉以貴、張豫章、蔡秉公、王璋、石為崧、於瓚、王杰、王升。

《康熙二十七年進士題名碑》：王璋，山西陽城人。

《清秘述聞》：康熙四十一年四川鄉試考官　戶部主事王璋，字千峰，山西陽城人，戊辰進士。

《國朝貢舉考略》：康熙四十一年壬午科鄉試　四川　戶主王璋，千峰，山西陽城人，戊辰。

田從典：字克五，號嶧山，陽城化源里人，治《易經》。康熙二十三年，甲子科山西鄉試第二名亞元。康熙二十七年，戊辰科會試第八十七名，殿試第三甲八十六名。康熙三十四年，廣東英德縣知縣。康熙四十二年，考選科道。康熙四十三年五月，授雲南道監察御史。康熙四十四年，以額外主事用，巡視西城。康熙四十九年，升通政司右參議。康熙五十年四月，升通政司左參議；十月，升通政司右通政；十二月，升通政司左通政。康熙五十一年三月，升光祿寺卿；四月，升都察院左副都御史。康熙五十二年五月，升兵部右侍郎。康熙五十五年六月，降二級留任。康熙五十八年十二月，升都

〔註51〕原文作自，應為曰。

察院左都御史。康熙五十九年十一月，升戶部尚書。康熙六十年二月，充會試正考官。雍正元年九月，調吏部尚書，兼管捐納軍需；十一月，充武會試正考官。雍正二年二月，充順天鄉試正考官；六月，協理內閣大學士事務。雍正三年四月，授文華殿大學士兼吏部尚書。雍正四年二月，遣祭孔子。雍正六年三月，以老病乞休，加太子太師銜，賜帑銀五千兩，允以原官致仕；四月，行至良鄉，病卒，年七十八；六月，賜祭葬，諡文端；張廷玉志其墓，詳見《光祿大夫太子太師文華殿大學士兼吏部尚書諡文端田公神道碑銘》；李紱表其墓，詳見《光祿大夫太子太師文華殿大學士兼吏部尚書諡文端田公墓表》；雍正十二年十月，允其立傳、入賢良祠，再於其家賜祭一壇。著有《嶢山集》。

《康熙二十七年戊辰科會試一百五十名進士三代履歷便覽》：田從典，《易》四房，生，陽城人。會試八十七名，三甲八十七名。曾祖□。祖□。父□。

《順康雍三朝會試題名》：康熙二十七年戊辰科會試一百五十名進士　易四房　翰林院編修仇電鼇，滄柱，浙江鄞縣人，乙丑。唐孫華、陳元、景日昣、凌紹雯、田從典、唐鴻舉、李允秀、沈佳、白畿。

《康熙五十七年進士登科錄》：讀卷官　兵部右侍郎仍管光祿寺事降二級留任又降一級田從典。

《國朝御史題名》：康熙四十三年　田從典，字克五，山西陽城人，康熙戊辰進士，由英德縣知縣，行取雲南道御史，補通政司參議，歷升兵部尚書、太子太保、文華殿大學士，諡文端。

《國朝虞陽科名錄》：雍正二年甲辰補行癸卯正科　春間舉行順天考官　吏部尚書田從典，字克五，山西陽城人，戊辰進士。

《清詩別裁集》：田從典，字克五，山西陽城人。康熙戊辰進士，官至大學士。

《清秘述聞》：康熙六十年會試考官、戶部尚書田從典，字克五，山西陽城人，戊辰進士。雍正二年鄉試順天考官、吏部尚書田從典，字克五，山西陽城人，戊辰進士。

《國朝貢舉考略》：康熙六十年辛丑科會試　戶尚田從典，克五，山西陽城人，戊辰。

康熙三十年辛未科

衛璠：字煥魯，號桐村、桐園，澤州人，滄州鹽籍，歲貢生，治《詩經》。康熙二十九年，庚午科順天鄉試第八十一名。康熙三十年，辛未科會試第一百五十一名，殿試第三甲十六名。康熙三十六年，任江南華亭知縣。升禮部員外郎。康熙四十九年，升陝西按察司僉事，分巡延綏鄜道，駐神木。年五十六，卒於任。著有《萍蓬詩集》《桐村近草》等書。

《康熙三十年辛未科會試錄》：第一百五十一名，衛璠，直隸滄州歲貢生，《詩》。

《康熙三十年辛未科會試一百五十六名三代進士履歷便覽》：衛璠，《詩》五房，生，滄州人。庚午八十一名，會試一百五十一名，三甲十六名。曾祖□。祖□。父□。

《順康雍三朝會試題名》：康熙三十年辛未科會試一百五十六名進士 總裁 工部尚書陳廷敬，說岩，山西澤州人，戊戌。同考 詩五房，戶部廣西清吏司郎中王言武，憲尹，江南太倉人，丙辰。張昺、瞿孝春、周近梁、仇廷國、石日琮、曹延齡、韓宗綱、李其昌、李振璣、衛璠。

《康熙三十年進士題名碑》：衛璠，直隸滄州人。

康熙三十三年甲戌科

陳豫朋：字堯愷，號瀠村，澤州人，陳廷敬次子，民籍，州學增廣生，治《禮記》。康熙二十九年庚午科，山西鄉試第五名。康熙三十三年，甲戌科會試第十六名，殿試第二甲十二名。本年四月，選翰林院清書庶吉士。康熙三十六年七月，散館，改用知縣。康熙三十七年，任四川宜賓知縣。康熙三十八年，任四川筠連知縣；八月，充己卯科四川文武鄉試同考官。康熙四十年，行取，避父嫌不許。康熙四十三年，入京面聖。康熙四十四年，升耀州知州；八月，充陝西乙酉科陝西鄉試同考官。升鞏昌府同知，管理洮州、岷州等處撫民。康熙四十七年，充戊子科陝西鄉試同考官。升禮部儀制司員外郎。康熙五十一年，充壬辰科會試提調官。康熙五十八年十二月，升禮部精膳司郎中。康熙六十年，充辛丑科會試提調官。雍正三年，引見。雍正五年，升福建按察司副使，分巡糧儲道、鹽驛道。雍正七年九月，因福建鄉試事，上斥其「混帳人也」；雍正八年正月，候補，往青州督造營房。乾隆二年，考選廣東道監察

御史。乾隆三年六月，奏請修吏、戶二部《則例》；八月，充戊午科順天武鄉試監試官。乾隆十一年閏三月，以禮部郎中提督湖南學政；吏部因其年已七十改派他人；十月，乞休，上斥其「無升遷之望便引退」，革職，留京侯旨。乾隆十六年九月，年八十卒。著有《濂村詩鈔》。

　　《康熙三十三年甲戌科會試錄》：第十六名，陳豫朋，山西澤州增廣生，《禮記》。

　　《康熙三十三年甲戌科一百五十九名進士三代履歷便覽》：陳豫朋，濂林，《禮記》房，壬子年九月初五日生，澤州人，庚午五名，會試十六名，二甲十二名，欽授翰林院清書庶吉士。曾祖經濟，庠生，誥贈光祿大夫，經筵講官，吏刑二部尚書加二級，都察院掌院事左都御史，前任掌浙江道事監察御史，崇祀鄉賢。祖昌期，甲午選拔貢生，誥贈光祿大夫，經筵講官，吏刑二部尚書加二級，都察院掌院事左都御史，崇祀鄉賢。父廷敬，丁酉戊戌聯捷，經筵講官，光祿大夫，刑部尚書加二級，前吏戶工三部尚書，兩任都察院掌院事左都御史。

　　《乾隆三年戊午科順天武鄉試錄》：監試官　協理山西道事廣東道監察御史加一級紀錄七次　陳豫朋，山西鳳臺縣人，甲戌進士。

　　《國朝御史題名》：乾隆二年　陳豫朋，字堯愷，號濂村，山西鳳臺人，康熙甲戌進士，由刑部郎中考選廣東道御史，改禮部郎中。

　　《詞林輯略》：陳豫朋，廷敬子，字堯愷，號濂村，山西澤州人，散館歸班，知縣，歷官福建糧道，改禮部郎中。

　　《順康雍三朝會試題名》：康熙三十三年甲戌科會試一百五十名進士　禮記房　翰林院編修黃昇琳，崑圃，順天大興人，辛未。戶部貴州清吏司郎中袁定遠，靜公，浙江秀水人，庚戌。黃彥標、陳豫朋、徐振、毛殿颺、曹彥栻、牟怕、法海、海寶、張昺厚、袁宸輔、楊璨、王家驌。

田沆：號提意，陽城化源里人，田六善次子，縣學生，治《易經》。康熙二十三年，甲子科山西鄉試第十名。康熙三十三年，甲戌科會試第四十名，殿試第二甲十五名。授內閣中書舍人。有詩《過靈泉寺》。

　　《康熙三十三年甲戌科會試錄》：第四十名，田沆，山西陽城縣

學生，《易》。

《康熙三十三年甲戌科一百五十九名進士三代履歷便覽》：田沅，提意，《易》五房，壬寅年十一月十一日生，陽城人。甲子十名，會試四十名，二甲十五名。曾祖士珍，誥贈資政大夫，都察院左副都御史加二級。祖世爵，誥贈資政大夫，都察院左副都御史加二級。父六善，乙酉丙戌聯捷，歷任戶部左侍郎加二級。

《順康雍三朝會試題名》：康熙三十三年甲戌科會試一百五十名進士 易五房 刑部山西清吏司郎中鄭梁，安康，浙江慈谿人，戊辰。陳恂、張逸少、田沅、屈穎藻、何通、岳度、周道新、劉士驕、汪瀧。

康熙三十六年丁丑科

陳壯履：字禮叔，號幼安、潛安，澤州人，陳廷敬三子，民籍，治《書經》。康熙三十五年，丙子科山西鄉試第三十七名。康熙三十六年，丁丑科會試第九十二名，殿試第二甲八名。本年七月，改選翰林院滿書庶吉士。康熙三十九年四月，散館，授翰林院編修。康熙四十年十二月，任翰林院侍講學士，充《淵鑑類函》校勘官。康熙四十一年十月，入行宮繕書一頁進呈；十二月，充日講起居注官。康熙四十二年正月，書《金剛經》《聖無量壽經》各一冊進呈。康熙四十三年，充《御製佩文韻府》編輯官。康熙四十五年，充《御定佩文齋詠物詩選》編輯官。康熙四十六年，充《御定歷代紀事年表》纂修官。康熙四十八年五月，任翰林院侍讀學士，充《御選宋金元明四朝詩》校勘官；致祭南嶽。康熙四十九年三月，充《康熙字典》纂修官；六月，因祭南嶽途中擾民，革去侍讀學士，停內廷供奉，仍為翰林院編修。雍正二年十二月，加一級。乾隆十三年十一月，年六十九卒。著有《南垞集》《潛齋詩集》《慕園詩草》。

《康熙三十六年丁未科會試一百五十九名進士三代履歷便覽》：陳壯履，幼安，《書》一房，庚申年十一月十一日生，澤州人。丙子三十七名，會試九十二名，殿試二甲八名。欽授翰林院滿書庶吉士。曾祖經濟，庠生，誥贈光祿大夫，經筵講官，吏刑二部尚書加二級，都察院掌院事左都御史，前任掌浙江道事監察御史，崇祀鄉賢。祖昌期，甲午選拔貢生，誥贈光祿大夫，經筵講官，吏刑二

部尚書加二級，都察院掌院事左都御史，崇祀鄉賢。父廷敬，丁酉
戊戌聯捷，經筵講官，光祿大夫，刑部尚書加二級，前吏戶工三部
尚書，兩任都察院掌院事左都御史。

　　《順康雍三朝會試題名》：康熙三十六年丁丑科會試一百五十
　　名進士　書一房　翰林院檢討楊名時，賓實，江南江陰人，辛未。趙
　　宸糷、韓法祖、許琳、陳壯履、奚湛、吳迪、薛堪、薛祖順。

　　《詞林輯略》：陳壯履，廷敬子，字禮叔，號幼安，又號潛安，
　　山西澤州人，散館授編修，官至侍讀學士。

田光復：字幼乾，高平良戶人，治《書經》。康熙三十五年，丙子科山西
鄉試第十四名。康熙三十六年，丁丑科會試第四十九名，殿試第三甲三十八
名。康熙四十一年，任山東鄒縣知縣。康熙四十六年，丁母憂歸。康熙五十一
年，服闋，補四川蒲江知縣，卒於任。

　　《康熙三十六年丁未科會試一百五十九名進士三代履歷便
　　覽》：田光復，幼乾，《書》二房，癸卯年四月初二日生，高平人。丙
　　子十四名，會試四十九名，殿試三甲三十八名。曾祖□，誥贈文林
　　郎。祖可助，訓導。父馭相，恩貢，歷任直隸真定府饒陽縣知縣。

　　《順康雍三朝會試題名》：康熙三十六年丁丑科會試一百五十
　　名進士　書二房　翰林院修撰胡任輿，芝山，江南上元人，甲戌。汪
　　士鋐、王樨、田光復、周景岷、李甡麟、王弘文、許迎年、鄔圖雲、
　　馬龍騋。

康熙三十九年庚辰科

趙鴻猷：字有嘉，號誠齋，高平人，居沁水湘峪，民籍，增廣生，治《易
經》。康熙三十八年，山西鄉試得易三房主考寧鄉知縣呂履恒推薦，中式第二
十五名。康熙三十年，辛未科會試第二百九十三名，殿試第三甲一百九十二
名。康熙四十八年，任浙江昌化知縣。雍正二年八月，升戶部主事，加一級；
十二月，升戶部浙江司員外郎，加三級。雍正三年四月，引見。

　　《康熙三十九年進士登科錄》〔註52〕：趙鴻猷，貫山西澤州高
　　平縣，民籍，增廣生，治《易經》，字有嘉，行三，年一十九歲，四
　　月十七日生。曾祖守長。祖國都。父志嵩。母宋、張、李氏。慈侍

───────────

〔註52〕一史館所存該科版本無邢澤臨。

下。娶郭氏。己卯科鄉試第二十五名，會試第二百九十三名。

《康熙三十九年庚辰科會試三百名三代進士履歷便覽》：趙鴻猷，誠齋，《易》五房，壬戌年四月十七日生，高平縣人。己卯二十五名，會試二百九十三名，殿試三甲一百九十二名。曾祖守長。祖國都。父志篤。

《順康雍三朝會試題名》：康熙三十九年庚辰科會試 易五房吏部文選司主事盧炳，子陽，雲南石屏州人，戊辰。胡承謨、王紘、張琰、王雲猷、楊守知、吳卜雄、劉國英、張射標、李掄、陳大璸、蔡彬、徐繼昌、沈家鵃、裴正時、陶彝、張如緒、趙鴻猷、陳若沂。

邢澤臨：號西山，高平人，治《詩經》。康熙十六年，丁巳科山西鄉試第十四名。康熙三十九年，庚辰科會試第一百五名，殿試第三甲二百三十三名。福安知縣。

《康熙三十九年庚辰科會試三百名三代進士履歷便覽》：邢澤臨，西山，《詩》三房，庚午年十月十八日生，高平縣人。丁巳十四名，會一百五名，殿試三甲二百三十三名。曾祖登明，壽官。祖好安，壽官。父鈞石，庠生。

《順康雍三朝會試題名》：康熙三十九年庚辰科會試 詩三房吏科給事中汪煜，道百，浙江錢塘人，乙丑。杜光先、范允芮、周士佃、孫志仁、戴寬、賴輝、徐銍、朱大成、平柱、邢澤臨、李鳳彩、吳從志、荊文康、嚴宗溥、許湄、張成遇、謝舉安、於建邦、王永祚、李琮。

康熙四十五年丙戌科

陳觀顯：字安次，號蓉村、柑亭，澤州人，陳廷敬侄，民籍，歲貢生，治《書經》。康熙三十五年，丙子科山西鄉試第四十三名。康熙四十五年，丙戌科會試第二百十九名，殿試第二甲三十一名。康熙五十二年，任直隸浚縣知縣。雍正元年五月，年四十五卒。著有《恤緯集》。

《康熙四十五年進士登科錄》：陳觀顯，貫山西澤州，民籍，歲貢生，治《書經》，字安次，行一，年二十八歲，二月十一日生。曾祖經濟。祖昌期。父廷統。母王氏。慈侍下。娶王、許氏。丙子科

鄉試第四十三名，會試第二百十九名。

《康熙四十五年丙戌科會試三百十五名三代進士履歷便覽》：陳觀顯，柑亭，《書經》，己未年二月十一日生，山西澤州人。丙子四十三名，會試二百十九名，殿試二甲三十一名。曾祖經濟，誥贈光祿大夫正一品。祖昌期，誥贈光祿大夫正一品。父廷統，現任福建分巡延建邵道加二級。

衛昌績：字子久、無功，號鐵峰、緘之，陽城通濟里人，衛立鼎孫，民籍，廩膳生，治《易經》。康熙四十四年，乙酉科山西鄉試第六十名。康熙四十五年，丙戌科會試第一百五十六名，殿試第三甲九名。本年四月，選翰林院滿書庶吉士。康熙四十八年四月，散館授編修。升檢討。康熙五十三七月年，充甲午科山東鄉試同考官。雍正三年二月，充日講起居注官。雍正四年八月，充丙午科順天鄉試同考官；考選江南道監察御史；十一月初三日，提督廣西學政。雍正五年，充《御定子史精華》纂修官。雍正七年，仍留任。革職歸。有詩《桂林集坡公書柳州羅池廟碑字偶成》《澄泥硯登》。

《康熙四十五年進士登科錄》：衛昌績，貫山西澤州陽城縣，民籍，廩膳生，治《易經》，字無功，行三，年十七歲，正月二十日生。曾祖明弼。祖立鼎。父革。母王氏。具慶下。娶張、王氏。乙酉科鄉試第六十名，會試第一百五十六名。

《康熙四十五年丙戌科會試三百十五名三代進士履歷便覽》：衛昌績，鐵峰，《易經》，己巳年正月二十日生，山西陽城縣人。乙酉科六十名，會試一百五十六名，殿試三甲九名。欽授翰林院滿書庶吉士。曾祖明弼，庠生，敕贈承德郎，戶部江西司主事。祖立鼎，癸卯科舉人，歷官奉政大夫、戶部浙江司郎中。父革，歲貢生。

《雍正四年山西鄉試同榜》：〔衛錧〕胞叔昌績，乙酉丙戌聯捷，甲午科山東副主考，現任日講官起居注翰林院檢討加一級。

《國朝御史題名》：雍正四年　衛昌績，字子久，號鐵峰，山西陽城人，康熙丙戌進士，由翰林院檢討考選江南道御史，督學廣西。

《皇朝詞林典故》：館選　康熙四十五年丙戌　衛昌績，字子久，山西陽城人，散館授檢討，官至御史。雍正三年　衛昌績，以檢討署。

《詞林輯略》：衛昌績，字子久，號鐵峰，又號緘之，山西陽城

人，散館授檢討，改江南道監察御史。

《順康雍三朝會試題名》：雍正四年丙午科順天鄉試　同考　日講官起居注翰林院檢討加一級衛昌績，緘之，山西陽城人，丙戌。

《國朝歷科館選錄》：衛昌績，山西陽城人。

《清秘述聞》：康熙五十三年山東鄉試　考官　衛昌績，字子久，山西陽城人，丙戌進士。雍正四年丙午科順天鄉試　同考官　檢討衛昌績，字緘之，山西陽城人，丙戌進士。廣西　提督學院　衛昌績，字子久，山西陽城人，康熙丙戌進士，雍正五年以御史任。

《國朝貢舉考略》：康熙五十三年甲午科鄉試　山東　檢討衛昌績，子久，山西陽城人，丙戌。

康熙四十八年己丑科

陳隨貞：字孚嘉，號克亭，澤州人，陳廷敬侄，民籍，治《詩經》。康熙三十五年，丙子科山西鄉試第二十二名。康熙四十八年，己丑科會試第五十二名，殿試第二甲四名。本年四月，選翰林院清書庶吉士。請假回籍，不復仕進。著有《立誠堂集》《寄亭詩草》。

《康熙四十八年己丑科會試三百三名三代進士履歷便覽》：陳隨貞，克亭，《詩經》，丁巳年八月初九日生，澤州人。丙子二十二名，會試五十二名，二甲四名。欽授翰林院清書庶吉士。曾祖經濟，誥封光祿大夫，經筵講官，文淵閣大學士兼吏部尚書加三級，崇祀鄉賢。祖昌期，誥封光祿大夫，經筵講官，文淵閣大學士兼吏部尚書加三級，崇祀鄉賢。父廷弼，分守廣東糧驛道，管通省糧餉水利布政司參議，布政司參議加四級。

《康熙四十八年進士題名碑》：陳隨正，山西澤州人。

《雍正四年山西鄉試同榜》：〔陳式玉〕父諱隨正，己丑科進士，欽賜翰林院清書庶吉士。

《詞林輯略》：陳隨貞，廷敬子，山西澤州人，未散館。

《清稗類鈔》：陳太史隨貞，陽城人，文貞公廷敬猶子也。少年登科入詞館，引疾歸。闢別墅於縣治東北二里許之青林溝，詩酒之外，遊藝翰墨，以董香光為宗，每擲筆自觀，歎為神似，輒署董款。後十餘年，遊京師得一董帖，愛之至，購以五百全，以為此真董字

之最佳者，詳玩之，乃己所書也。

王敬修：字若思，號一齋，陽城人，民籍，縣學生，治《易經》。康熙三十八年，己卯科山西鄉試第四十名。康熙四十八年己丑科會試第二百五十七名，殿試第三甲一百八十八名。吏部揀選知縣，陽高衛儒學教授。撰有《重修鹵廒之記》。

> 《康熙己丑科會試同年齒錄》：王敬修，字若思，號一齋，行一，乙巳相十二月十八日生，山西澤州府陽城縣學生，民籍，習《易經》。曾祖國寶，有隱德，鄉評推重。曾祖母田氏，戊辰進士，現任掌山東道監察御史諱從典祖姑；張氏。祖好賢，庠生，鄉飲介賓。祖母樂氏。父化岐，庠生。母賈氏，辛卯舉人諱益厚女，甲子舉人河津教諭諱之鵬孫女；繼母喬氏。嚴侍下。伯祖進賢，陝西永豐倉大使；立賢，庠生；崇賢，禮部儒士。伯化行、化亨、化隆。胞叔化極，庠生。兄瑞；瑾；琳，庠生；允修。弟敏修，庠生；肇修，吏部候選從九；歛修；維修；自修。胞弟政修，庠生。堂弟敦修，庠生。娶白氏，庠生諱光昭女，前癸未進士太子太保工部尚書諱所知元孫女；趙氏，廩生諱予鼎女，前丙戌進士山東荏平縣知縣諱士俊孫女；孫氏，恩生諱掄女，前壬辰進士戶部尚書諱居相曾孫女。侄鼎銘；宗彥，祀生；鼎鼐；穎；顥；遵蘇；遵韓；遵椏；遵端；遵顏。胞侄遵閔、遵宓、遵庠，俱業儒。子遵有，業儒；遵言，幼。侄孫謙、詠。胞侄孫舉。鄉試第四十名，會試第二百五十七名，殿試第三甲一百八十八名。

> 《康熙四十八年己丑科會試三百三名三代進士履歷便覽》：王敬修，若思，《易經》，癸丑年十二月十八日生，陽城人。己卯四十名，會試二百五十七名，三甲一百八十八名。高祖信，禮部儒士。曾祖國寶，壽官，有隱德，鄉評推重。祖好賢，庠生，鄉飲介賓。

> 《康熙四十八年進士題名碑》：王敬修，山西陽城人。

韓性善：字直良，沁水郭壁人，治《詩經》。康熙三十五年，丙子科山西鄉試第三十三名。康熙四十五年〔註53〕，丙戌科會試第一百四十六名，康熙四十八年，補己丑科殿試第三甲一百六十七名。太原府教授。

〔註53〕《山西通志》《澤州府志》《沁水縣志》等俱作康熙四十五年進士，據題名碑韓性善該科未殿試，康熙四十八年補。

《康熙四十五年丙戌科會試三百十五名三代進士履歷便覽》：
韓性善，《詩經》，□生，沁水人。會試一百六十四名，未殿試。曾
祖□，祖□，父□。

《康熙四十八年己丑科會試三百三名三代進士履歷便覽》：韓
性善，直良，《詩經》，己酉年六月十九日生，沁水人。丙子三十三
名，丙戌一百六十四名，己丑補殿試三甲一百六十七名。曾祖僥，
貢士，徐溝縣教諭。祖珂，處士。父基遠，庠生。

《康熙四十八年進士題名碑》：韓性善，山西沁水人。

康熙五十一年壬辰科

田長文：字近庭，號東軒，田逢吉孫，高平良戶人，民籍，治《禮記》。
康熙四十四年，乙酉科山西鄉試第三十三名。康熙四十八年，己丑科會試第
二百九十一名。康熙五十一年，補壬辰科殿試第三甲六十名。康熙五十三年，
任浙江鎮海知縣。康熙五十五年，考績一等，繼續留任鎮海。雍正六年，丁父
憂歸。雍正九年，服闋，補嚴州府淳安縣知縣，卒於任。

《康熙己丑科會試同年齒錄》：田長文，字近庭，號東軒，行一，
丁巳相十月初九日生，澤州高平縣學生，民籍，習《禮記》。高祖可
壇，誥贈通奉大夫，內國史院學士加一級。高祖母李氏，誥贈夫人。
本生高祖可樂，誥贈內國史院學士加一級。本生高祖母張氏，誥贈
夫人。曾祖馭遠，誥贈內國史院學士加一級。曾祖母趙氏，誥贈夫
人；馮氏，誥封夫人，庠生諱景明公女，前丙戌進士，吏部文選司
郎中諱養志公孫女。祖逢吉，順治甲午經魁，乙未聯捷進士，由庶
常薦升內國史院，經筵講官，庚戌會試總裁，戶部左右侍郎，巡撫
浙江。祖母馮氏，誥封夫人，庚子舉人沁州學正諱鼎樞公女。父昶，
庠生，恩蔭。母王氏，庠生諱懋修公女；趙氏，庠生諱曦公女。嚴
侍下。堂高祖可久，前壬午舉人，河南澠池縣知縣；可貢，前戊子
舉人，山東嘉祥縣知縣；可助，訓導；可立，庠生。堂曾祖鍾玉，
前乙酉舉人；馭貴，貢士，河南羅山縣訓導；馭相，恩貢，歷任直
隸饒陽縣知縣；馭萬，庠生；馭彝，庠生；馭鼎，庠生；安世，山
東膠州同知；覺世，庠生。堂祖逢年，廩生；躍龍，庠生；麟徵，
庠生；奎徵，庠生；逢隆，庠生；弘基，庠生；逢禎；逢昌；麒徵，

庠生；光復，丙子舉人，丁丑聯捷進士，原任山東兗州府鄒縣知縣，丁憂候補。逢晨，國學生。堂伯茂檜，庠生；叔曉，廩貢生。堂叔裕，國學生；暲，庠生；樹紀，廩生；增，庠生；福，庠生；恪宸，廩貢生；坦，祀生；昭、暹、曙、曦，俱業儒；樹俠，庠生。弟次何，廩膳生；如錫，業儒。親堂弟祖望，幼。堂弟肇業、振業，俱業儒。娶牛氏，歲貢生諱錫禹公女；朱氏，丙辰武會元廣東虎門營協鎮都司諱三英公女；袁氏，國學生傲安公女。子毓碩、毓穎，俱幼。侄毓奇，業儒；毓瑞，幼。鄉試第三十三名，會試第二百九十一名，殿試□。

《康熙四十八年己丑科會試三百三名三代進士履歷便覽》：田長文，《禮記》，□生，高平人。會試第二百九十一名，未殿試。曾祖□，祖□，父□。

《康熙五十一年進士登科錄》〔註54〕：田長文，貫山西澤州高平縣，民籍，號東軒，廩膳生，治《禮記》，字□，行□，年三十五歲，□月□日生。曾祖馭遠。祖逢吉。父昶。母王、顏氏。□下。娶牛氏。乙酉科鄉試第三十三名，己丑會試第二百九十一名。

《康熙五十一年壬辰科會試一百九十五名三代進士履歷便覽》：田長文，東軒，《禮記》，丁巳年十月初九日生，高平人。乙酉三十三名，己丑會試一百九十一名，補殿試三甲六十一名。曾祖馭遠，誥封通奉大夫，內國史院學士加一級。祖逢吉，乙未進士，由庶常升學士，庚戌會試總裁，戶部左侍郎，巡撫浙江。父昶，庠生，恩廕。

田嘉穀： 字樹滋，號芹村，陽城下芹人，民籍，治《春秋》。康熙四十七年，戊子科山西鄉試第三名。康熙五十一年，壬辰科會試第一百四十六名，殿試第二甲十二名。本年四月，選翰林院滿書庶吉士。康熙五十二年十一月，散館，授翰林院編修。雍正元年二月，充癸卯科浙江鄉試同考官；選雲南道監察御史，協理浙江道御史。雍正二年二月，充甲辰科浙江鄉試同考官；四月，革職歸。雍正十三年，充《澤州府志》補輯。撰有《下交村重修廟記》《焦公生祠記》。有詩《雲峰寺柏林》，著有《易說》十卷、《春秋說》十二卷、《傳經堂集》。

〔註54〕一史館版本無號，國圖版本在民籍與學籍間注錄人物之號。

《康熙四十七年山西鄉試錄》：第三名，田嘉穀，陽城縣學生，《五經》。

《康熙五十一年進士登科錄》：田嘉穀，貫山西澤州陽城縣，民籍，號芹村，廩膳生，治《春秋》，字樹滋，行二，年三十六歲，十二月二十日生。曾祖見龍。祖廣土。父彤。母白、鍾氏。具慶下。娶張氏。戊子科鄉試第三名，會試第一百四十六名。

《康熙五十一年壬辰科會試一百九十五名三代進士履歷便覽》：田嘉穀，芹村，《春秋》，丁巳年十二月二十日生，陽城人。戊子三名，會試一百四十六名，殿試二甲十二名。欽授翰林院滿書庶吉士。曾祖見龍，庠生。祖廣土，庠生。父彤，增廣生。

《康熙壬辰科殿試題名全錄》：十二名，田加谷，山西陽城人。會試四十五名。

《國朝御史題名》：雍正元年 田嘉穀，字樹滋，號芹村，山西陽城人，康熙壬辰進士，由翰林院編修考選雲南道御史。

《國朝歷科館選錄》：田嘉穀，山西陽城人。

《詞林輯略》：田嘉谷，字樹滋，號芹村，山西陽城人，散館授編修，改雲南道監察御史，著有《易說》《春秋說》。

《清秘述聞》：雍正元年癸卯恩科鄉試 浙江 編修田嘉谷，字樹滋，山西陽城人，壬辰進士。

《國朝貢舉考略》：雍正元年癸卯恩科鄉試 江西〔註55〕 編修田嘉谷，益滋，山西陽城人，壬辰。

康熙五十二年癸巳恩科

畢濼： 字菉猗，高平人，民籍，附學生，治《詩經》。康熙四十七年，戊子科山西鄉試第十七名。康熙五十二年，癸巳科會試第一百八十名，殿試第三甲一百二名。康熙五十八年，補授內閣撰文中書舍人。雍正五年，內轉補內閣典籍，年四十六，任正定府同知。甫任，即引疾歸。雍正十三年，充《澤州府志》參訂。著有《知非集》《宦遊集》《拙叟傳》。

《康熙四十七年山西鄉試錄》：第十七名，畢濼，高平縣附學生，《詩》。

〔註55〕應為浙江。

《康熙五十二年進士登科錄》：畢瀁，貫山西澤州高平縣，民
籍，附學生，治《詩經》，字□，行□，年三十一歲，□月□日生。
永感下。娶□氏。戊子科鄉試第十七名，會試第一百八十名。

《康熙五十二年癸巳萬壽科會試一百八十六名三代進士履歷
便覽》：畢瀁，荄狩，《詩》四房，庚申年八月十七日生，澤州高平
縣附生。戊子鄉試十七名，會試一百八十名，殿試三甲一百二名。考
取內官學教習，候補中書。曾祖自強。祖通顯，庠生。父越臣。

康熙五十七年戊戌科

馮嗣京：字於門，高平唐安人，馮鼎樞孫，民籍，廩膳生，治《春秋》。
康熙五十年，辛卯科山西鄉試第四十三名。康熙五十七年，戊戌科會試第九
十四名，殿試第三甲九十七名。康熙五十八年，校訂景日昣《說嵩》。撰有《重
修陳氏祠堂碑記》。

《康熙五十年山西鄉試錄》：第四十三名，馮嗣京，高平縣學
生，《春秋》。

《康熙五十七年進士登科錄》：馮嗣京，貫山西省澤州高平，民
籍，廩膳生，治《春秋》，字子門，行二，年三十七歲，二月二十一
日生。曾祖景明。祖鼎樞。父銘。母王氏、李氏。慈侍下。娶武氏。
辛卯科鄉試第四十三名，會試第九十四名。

《康熙五十七年進士題名碑》：馮嗣京，山西高平人。

康熙六十年辛丑科

衛學瑗：字又蘧，號萸村，陽城章訓人，民籍，廩膳生，治《易經》。康
熙五十九年，庚子科山西鄉試第十一名。康熙六十年，辛丑科會試第一百四
十九名，殿試第三甲七十一名。雍正元年十二月初五日，內閣考試第二名，
御批「字雖平常，然文章大有氣概」，引見，以知縣用。雍正三年十月，引見，
記名。雍正四年，任陝西膚施知縣，任期一年。雍正五年，丁憂歸。雍正十
年，服闋，補湖廣湘潭知縣。雍正十一年，自縊於縣衙清風閣，年僅四十三，
「衛夫子不得冤清」的故事在湘潭廣為流傳。

《康熙六十年進士登科錄》：衛學瑗，貫山西省澤州陽城縣，民
籍，廩膳生，治《易經》，字又蘧，行一，年三十歲，五月初三日生。
曾祖國愚。祖洪鼎。父廣德。母靳氏。具慶下。娶魏氏。庚子科鄉

試第十一名，會試第一百四十九名。

《康熙六十年進士題名碑》：衛學瑗，山西陽城人。

雍正五年丁未科

陳師儉：字汝賢，號鶴皋，陳廷敬孫，陳豫朋子，民籍，澤州人。雍正元年癸卯科，順天鄉試舉人。雍正五年，丁未科殿試第三甲四十一名。本年六月，改選翰林院庶吉士；十二月，授廣西泗城府理苗同知。雍正六年十一月，年僅三十，病卒於南寧。著有《乙巳丙午集》。

《雍正五年進士題名碑》：陳師儉，山西澤州人。

《國朝歷科館選錄》：雍正五年丁未 陳師儉 山西澤州人。

《詞林輯略》：陳師儉，廷敬孫，字汝賢，號鶴皋，山西澤州人，未散館改同知，官至廣西泗城府知府。

王承堯：字勳文，號挹山，沁水寶莊人。康熙六十一年，貢生。雍正四年，丙午科順天鄉試舉人。雍正五年，丁未科殿試第三甲第四名。本年六月，改選翰林院庶吉士。散館，授翰林院編修。雍正十年八月，充壬子科山東鄉試同考官；升檢討。雍正十三年，選景安官學教習。乾隆元年，遷翰林院侍讀，遷左春坊左庶子掌坊事。乾隆二年五月，翰林考試列第三等；十二月，由少詹士升詹事府詹事。乾隆三年正月，升內閣學士兼禮部侍郎。乾隆四年三月，充己未科殿試閱卷官。乾隆五年四月，任兵部右侍郎。乾隆九年，升兵部左侍郎。乾隆十年四月，以疾乞休，上允以原官致仕。年五十六，卒於家。撰有《節孝武母孔孺人傳》。

《清秘述聞》：雍正十年壬子科鄉試 山東考官 編修王承堯，字挹山，山西沁水人，丁未進士。

《國朝歷科館選錄》：王承堯，山西沁水人。

《詞林輯略》：王承堯，字勳文，號挹山，山西沁水人，散館授檢討，官至兵部侍郎。

《嘉慶戊午科山西鄉試錄·同榜》：〔竇心傳〕母王氏，雍正丁未進士兵部侍郎諱承堯公侄孫女太學生諱卓觀公女。

《道光二十四年會試齒錄》：〔竇奉家〕祖母氏王，雍正丁未進士兵部左侍郎承堯公侄孫女，太學生卓觀公女，敕封太孺人。

《光緒九年癸未科會試同年齒錄》：〔竇湜之〕曾祖母王氏，雍

正丁未翰林兵部左侍郎諱承堯公曾孫女，太學生卓觀公女，敕封孺人，誥贈大夫人。

雍正八年庚戌科

曹恒吉：字素庵，號履常，陽城中莊人，民籍，廩膳生，治《詩經》。雍正七年，己酉科山西鄉試第二十九名。雍正八年，庚戌科會試第三百八十一名，殿試第三甲一百八十一名。乾隆元年六月，補甘肅文縣知縣，有善政，民建祠私祀。乾隆十二年，充丁卯科陝西鄉試同考官。乾隆十四年十二月，引見，行取主事。乾隆十五年，年五十二，升吏部考功司主事。乾隆十六年八月，任刑部員外郎，充辛未科會試同考官。乾隆二十一年，撰《開明寺紀功碑》。

《雍正七年山西鄉試錄》：第二十九名，曹恒吉，陽城縣學學生，《詩》。

《雍正八年進士登科錄》：曹恒吉，貫山西澤州府陽城縣，民籍，廩膳生，治《詩經》，字素庵，行二，年三十二歲，十月二十四日生。曾祖學信。祖秉中。父鈊。母延氏，繼母王氏。具慶下。娶王氏。己酉科鄉試第二十九名，庚戌科會試第三百八十一名。

《雍正八年進士題名碑》：曹恒吉，山西陽城人。

《清秘述聞》：乾隆十六年辛未科會試 同考官 刑部員外郎曹恒吉，字履常，山西陽城人，庚戌進士。

《乾隆十二年陝西鄉試題名碑》：同考官 文縣知縣曹恒吉，山西陽城人，庚戌進士。

樊初荀：字穎川，沁水城內人，民籍，廩膳生，治《書經》。雍正二年，甲辰科山西鄉試第一名解元。雍正八年，庚戌科會試第三百六名，殿試第三甲九十五名。初陝西寧遠知縣。雍正十一年，改蒲州府學教授，充《甘肅通志》編輯。雍正十三年，充《澤州府志》分輯。乾隆四年十月，寓居虞鄉，作《日欲歸蒲署阻雪》。乾隆八年，撰《皇清考授迪功郎望泉張公暨配張孺人墓誌銘》。丁母憂歸，沁水縣令重其才品，延教義學，邑內過半諸生出其門。年六十六卒。有詩《龍泉寺》《過大嶺》《自土沃山路入張馬》等。胞叔樊度中，康熙二十五年貢生，定襄教諭。子樊之統，生員。孫樊耀先，乾隆十八年拔貢，官至大同府學教授。

《雍正八年進士登科錄》：樊初荀，貫山西澤州府沁水縣，民

籍，廩膳生，治《書經》，字穎川，行一，甲子年三月初四日生。曾祖作聖。祖王褆。父度玉。母王氏，繼母李氏。具慶下。娶張氏。甲辰科鄉試第一名，庚戌科會試第三百六名。

《雍正八年進士題名碑》：樊初荀，山西沁水人。

《清秘述聞》：雍正二年甲辰科鄉試　山西　解元樊初荀，字穎川，沁水人，庚戌進士。

雍正十一年癸丑科

張傳烺：字義昭，號菊磵，沁水竇莊人，張道浞孫，張德集子。雍正十年，壬子科順天鄉試舉人。雍正十一年，殿試第三甲九十六名。雍正十三年，授吏部文選司額外主事，轉吏部驗封司主事。乾隆三年，奉旨以御史用。乾隆四年，升吏部稽勳司郎中。乾隆六年十二月，年三十九，署任江蘇按察使，分守常鎮道。乾隆七年六月，署任江蘇布政使，分守常鎮道。乾隆十年，年四十三，卒於江寧。

《雍正十一年進士題名碑》：張傳烺，山西沁水人。

《張氏族譜》：張傳烺，字義昭，號菊磵，雍正壬子舉人，癸丑進士，授吏部文選司額外主事，轉吏部驗封司主事，升吏部稽勳司員外、郎中，升江南常鎮道參議。

乾隆十年乙丑科

牛宗文：字吉人，號郁庵，高平市望人，縣學增生，治《書經》。乾隆九年，甲子科山西鄉試第十名。乾隆十年，乙丑科殿試第三甲一百二十四名。本年六月，引見，命以教職用。乾隆十一年三月，授臨朐知縣。乾隆十二年，充丁卯科山東鄉試受卷官。乾隆十七年，署任新城知縣。乾隆十八年，任堂邑知縣；十月，充癸酉科山東武鄉試同考官。乾隆二十三年，任郯城知縣。乾隆二十五年，充《沂州府志》修纂。乾隆二十五年，告養回籍，民立去思碑。歸里任高平書院山長。撰有《重修司徒石店□□東嶽行宮碑記》《皇清太學生豐安張公暨配連孺人合葬墓誌銘》《重修藏經閣創建西禪房碑記》等。

《乾隆九年山西鄉試錄》：第十名，牛宗文，高平縣學增生，《書》。

《乾隆十年進士題名碑》：牛宗文，山西高平人。

《乾隆十二年山東鄉試錄》：受卷官　青州府臨駒縣知縣牛宗

文，山西高平縣人，乙丑進士。

王雲麟：號桂亭，陽城王村人。乾隆六年，辛酉科山西鄉試舉人。乾隆十年，乙丑科殿試第三甲八十一名。乾隆十八年，初授龍里知縣，以親老奏請近地，改任汝陽，實任河南正陽知縣。丁憂歸。乾隆二十八年五月，服闋補貴州龍里知縣。撰有《王村孫氏族譜序》。

　　《乾隆十年進士題名碑》：王雲麟，山西陽城人。

乾隆十六年辛未科

王熙載：字宅揆，號松崖，澤州人，民籍，廩膳生，治《書經》。乾隆九年，甲子科鄉試第三十二名。乾隆十六年，辛未科會試第一百八十三名，殿試第二甲三十四名。本年閏五月，引見，以知縣用。署任新城知縣，卒於官。

　　《乾隆九年山西鄉試錄》：第三十二名，王熙載，鳳臺縣學學
　　生，《書》。

　　《乾隆十六年會試錄》：第一百八十三名，王熙載，山西澤州鳳
　　臺縣廩生，《書》。

　　《乾隆十六年進士登科錄》：王熙載，貫山西省澤州府鳳臺縣，
　　民籍，廩膳生，字宅揆，號松崖，庚子年四月二十二日生，習《書
　　經》。曾祖繼統。祖振先。父卦沂。母趙氏，繼母張氏。慈侍下。娶
　　鍾氏。甲子科鄉試第三十二名，辛未科會試第一百八十三名。

秦百里：字宛來，號復堂，澤州城內人，民籍，廩膳生，治《書經》。乾隆十五年，庚午科山西鄉試第四十八名。乾隆十六年，辛未科會試第一百八十六名，殿試第二甲七十名。本年閏五月，選翰林院庶吉士。乾隆十七年十月，散館，授翰林院編修。乾隆二十四年八月，充己卯科貴州鄉試主考官。乾隆二十五年，充庚辰科會試同考官。乾隆二十五年十月，提督河南學政。乾隆二十六年，充《濟源縣志》鑒定官。乾隆二十七年十月，差滿回京覆命；十一月，奉旨補授安徽潁州府知府，因固疾加之舟車勞頓，卒於途，年僅四十一。所撰詩文頗多，著有《和聲集》。

　　《乾隆十六年會試錄》：第一百八十六名，秦百里，山西澤州鳳
　　臺縣廩生，《詩》。

　　《乾隆十六年進士登科錄》：秦百里，貫山西省澤州府鳳臺縣，
　　民籍，廩膳生，字□，號□，行□，丙午年□月□日生，習《書經》。

曾祖奇遇。祖世勳。父嶠。母□氏。□下。娶□氏。庚午科鄉試第四十八名，辛未科會試第一百八十六名。

《國朝歷科館選錄》：秦百里，山西鳳臺人。

《清秘述聞》：乾隆二十四年己卯科鄉試 貴州考官 編修秦百里，字復堂，山西鳳臺人，辛未進士。乾隆二十五年庚辰科會試 同考官 編修秦百里，字宛來，山西鳳臺人，辛未進士。河南學院 秦百里，字宛來，山西鳳臺人，乾隆辛未進士，二十六年以編修任。

《國朝貢舉考略》：乾隆二十四年己卯科鄉試 貴州編修 秦百里，宛來，山西鳳臺人，辛未。

乾隆十九年甲戌科

鄒承穎：字敦復，高平人，拔貢生，治《詩經》。雍正七年，年二十七，拔貢。乾隆十七年，壬申科山西鄉試舉人。乾隆十九年，甲戌科會試第三十七名，殿試第三甲一百十名。本年閏四月，引見，以教職用；五月，授蒲州府儒學教授，充乾隆《蒲州府志》採訪。乾隆二十一年三月，撰洛陽《關帝廟新建碑文》。乾隆二十八年，撰上韓莊《創建春秋樓碑記》。

《乾隆十九年會試錄》：第三十七名，鄒承穎，山西高平縣拔貢生，《詩》。

《乾隆十九年甲戌科會試同年齒錄》：鄒承穎。〔註56〕

乾隆二十二年丁丑科

田玉成：字伯庸，號植堂、菊坡，陽城化源里人，田從典孫，田懋子。乾隆二十年，充《陽城縣志》校閱。乾隆二十一年，丙子科山西鄉試第二十五名。乾隆二十二年，丁丑科殿試第三甲四十五名。本年五月，改選翰林院清書庶吉士。乾隆二十四年，充武英殿纂修官，進呈《大閱》《凱哥》等詩。乾隆二十五年五月，引見，留館再教習一年。乾隆二十六年，散館，授翰林院檢討。乾隆二十七年十二月，患疾卒於京，年僅二十七，蔣士銓志其墓，詳見《翰林院檢討伯庸田君墓誌銘》。

《國朝歷科館選錄》：田玉成，山西陽城人。

《詞林輯略》：田玉成，字伯庸，山西陽城人，散館授檢討。

〔註56〕據張光第、張文達《乾隆十九年甲戌科會試同年齒錄點校》，鄒承穎履歷缺失。

乾隆二十八年癸未科

呂元亮：字靖亦、潛齋、陶村，號柳溪，澤州城內人，縣廩生，治《禮記》。乾隆二十七年壬午科山西鄉試舉人，乾隆二十八年癸未科會試第一百四十六名，殿試第三甲十八名。本年五月，改選翰林院庶吉士。乾隆三十年，丁母憂歸。乾隆三十四年五月，散館，引見，以部屬用，授刑部廣東司主事。乾隆三十五年，遷刑部浙江清吏司員外郎；九月，充庚寅恩科順天武鄉試同考官；充方略館纂修官。乾隆三十六年，京察一等，引見，加一級。乾隆三十七年，升刑部四川司郎中；七月，奉旨協辦金川西南二路軍營糧務，授四川按察司僉事，分巡川北兵備道。乾隆三十九年，受參劾，免革職。乾隆四十年，以餉務不濟，謫龍安府知府。乾隆四十一年四月，撰《創建玉帝廟碑記》；大軍凱旋，補刑部安徽司郎中。乾隆四十二年五月，奉旨歸養調理；九月，年四十八，卒於家，翁方綱志其墓，詳見《誥授朝議大夫刑部安徽司郎中加一級呂君墓誌銘》；張佩芳表其墓，詳見《刑部郎中呂君墓表》。

《乾隆二十八年癸未科會試錄》：第一百四十六名，呂元亮，山西澤州府鳳臺縣廩生，《禮記》。

《國朝歷科館選錄》：呂元亮，山西鳳臺人。

《詞林輯略》：呂元亮，字靖亦，一字潛齋，號陶村，山西鳳臺人，散館改主事，官至四川川北道。

尚五品：字遜躬，號碧峰，沁水城內人，縣廩生，治《書經》。乾隆二十七年，壬午科山西鄉試舉人。乾隆二十八年，癸未科會試第九十名，殿試第三甲八十三名。主沁水碧峰書院。乾隆二十九年，撰《重修毗盧頂光護法韋馱諸殿並宮亭門樓碑記》。乾隆三十一年，撰翼城《增修本廟碑記》、沁水《重修舞樓記》。乾隆三十九年正月，年四十四，授青海大通知縣，到任甫半年而卒。

《乾隆二十八年癸未科會試錄》：第九十名，尚五品，山西澤州府沁水縣廩生，《書經》。

乾隆三十四年己丑科

衛錦：號庭堅，陽城化源里人。乾隆三十三年，戊子科山西鄉試許兆椿〔註57〕房舉人。乾隆三十四年，己丑科殿試第三甲十四名。本年五月，引見，

〔註57〕許兆椿《秋水閣詩集》：戊子科鄉試閱諸生試卷，決其必售者三人曰：衛錦、郭兆麒、張錦，榜發，果如所言，一邑歡然以為神。

以知縣用。乾隆四十二年，任禮部主客司額外主事。清吏司主事。乾隆四十六年五月，保舉引見，記名以直隸州知州用。乾隆四十七年，年四十三，撰《創修千峰頂千佛閣碑記》，升福建龍巖知州。升嚴州知府。

《乾隆三十四年進士題名碑》：衛錦，山西陽城縣。

張心至：字思安，號慕川，沁水寶莊人，張傳焜侄，治《禮記》。乾隆二十五年，庚辰恩科山西鄉試第二名。乾隆二十八年，充沁水碧峰書院山長。乾隆三十四年，己丑科殿試第三甲五十三名。乾隆三十九年，撰沁水《重修大佛殿觀音殿碑記》。乾隆四十五年五月，年四十六，授四川慶符知縣。乾隆四十八年，充癸卯科四川鄉試同考官。乾隆五十五年六月，升刑部四川清吏司主事。嘉慶二年，撰沁水《修凌霄閣記》。嘉慶五年，充《沁水縣志》編纂。嘉慶九年，撰《王會極墓表》。子張詩銘，嘉慶戊午科舉人；孫張書竹，恩貢，候選州判；曾孫張嗣益〔註58〕，貢生。

　　《乾隆二十五年山西鄉試錄》：第二名，張心至，沁水縣學學生，《禮記》。

　　《乾隆三十四年進士題名碑》：張心至，山西沁水縣人。

　　《張氏族譜》：〔十二世兄弟四十七人〕心至，字思安，號慕川，庚辰恩科亞元，己丑進士，授四川敘州府慶符縣知縣，卓異，行取刑部四川清吏司主事。

　　《嘉慶戊午科山西鄉試錄‧同榜》：〔張詩銘〕父心至，庚辰亞元，己丑進士，四川慶符縣知縣，癸卯科四川鄉試同考官，卓異推升刑部四川司主事加一級。

乾隆三十七年壬辰科

賈為煥：字漢奎，號悔堂，陽城福民里人。乾隆二十七年，壬午科山西鄉試舉人。乾隆三十七年，壬辰科殿試第三甲九十五名。候選知縣。乾隆四

〔註58〕《道光十七年丁酉科明經通譜》：張嗣益，字仲牧，號荷香，胞行二，又行三，嘉慶己巳年八月十九日巳時生，山西澤州府優廩生，沁水縣民籍。曾祖心至，乾隆己丑進士，歷任刑部四川請吏司主事。曾祖妣氏李，誥贈宜人；賈，誥封宜人。祖詩銘，嘉慶戊午科舉人，吏部截取知縣。祖妣氏李，待贈孺人；郭，待封孺人。父書竹，甲申恩貢，候選直隸州州判。母氏王，例贈孺人；王，例封孺人；庶母氏楊、郭。重慶慈侍下。胞叔書帶，出嗣，早歿。胞兄弟嗣晉，優增生；嗣關，庠生；嗣京，業儒。胞侄龜年，幼。妻霍氏，庠生景岳公女。子鵬年，幼。女一。世居縣東鄉寶莊村。

十一年，撰衛學瑗墓碑。乾隆四十八年，入京銓選，乾隆四十九年正月，年五十一，以疾卒於柏鄉，郭兆麒志其墓，詳見《賈漢奎墓誌》。有詩《樾存留宿帶經山房》。

　　《乾隆三十七年進士題名碑》：賈為煥，山西陽城縣人。

乾隆四十三年戊戌科

　　張敦仁：字仲篤，號古余、古愚，陽城潤城人，廩膳生。乾隆三十九年，甲午科山西鄉試舉人。乾隆四十年，乙未科會試中式，丁憂歸。乾隆四十三年，補戊戌科殿試第二甲二十三名。乾隆五十二年，簽掣直隸南宮縣知縣，引見，調補江西高安縣知縣。乾隆五十六年，調廬陵知縣。乾隆五十八年，擢瑞州銅鼓營同知，留省府局鞫獄，歷攝九江、梧州、南安、饒州府事。嘉慶五年，調江蘇松江府川沙同知，攝揚州、松江、蘇州、江寧府事。嘉慶八年，引見，加一級回任候升。嘉慶九年，升揚州府知府；八月，充甲子科江南鄉試內監試官。嘉慶十年，調江寧府知府。嘉慶十一年，因署蘇州府任內，失察屬縣挪移庫項逾限未完，部議革職。補授江西吉安府知府。嘉慶十四年，攝南昌府事。嘉慶十七年，復攝南昌府事。嘉慶十八年，回吉安知府本任。嘉慶十九年，俸滿，赴部引見。嘉慶二十一年，調補南昌府知府。嘉慶二十三年，保薦卓異，赴部引見，回任候升。道光元年，升雲南鹽法道。道光二年，翻刻《切問齋文鈔》《江艮庭先生參六書》。道光三年，因疾致仕，僑寓江寧十年。道光十四年四月，年八十一，卒於江寧，劉墊撰其行狀，詳見《皇清誥授中憲大夫雲南鹽法道致仕顯考古徐府君行狀》。著有《藝學軒詩集》《通鑒校誤》《說文諧聲譜》《開方補記》《求一算術》《緝古算經細草》等書。

　　《乾隆四十三年進士題名碑》：張敦仁，山西陽城縣人。

　　《嘉慶丙子科齒錄》：〔張薦崟〕父敦仁，乾隆戊戌科進士，雲
南鹽法道。

乾隆四十五年庚子恩科

　　王密：字留耕，號昮堂，澤州人。乾隆三十三年，戊子科山西鄉試舉人。乾隆四十五年，庚戌科殿試第三甲二十六名。有詩《寄渭南雷貫一秀才》《夏日重遊五姓湖步沈冒堂夫子韻》，著有《昮堂詩草》。兄王麗中，字衷旅，乾隆二十一年舉人，監利知縣，著有《墨汀詩草》；王景行，字淑孔，廩貢生，

詩人，著《易堂詩草》。〔註 59〕

　　《乾隆四十五年進士題名碑》：王密，山西鳳臺縣人。

乾隆四十九年甲辰科

　　關遐年：字芝田，號鶴亭，澤州大陽人。乾隆四十二年，拔貢；同年，登丁酉科山西鄉試舉人。乾隆四十九年，甲辰科殿試第三甲十二名。本年，分部學習，吏部行走，充《鳳臺縣志》採訪。乾隆五十二年十月，授吏部文選司主事。乾隆五十四年二月，充己酉科預行正科會試同考官；十月，升吏部文選司員外郎，兼理考功司事。乾隆五十六年，撰《重修玨山東頂募化序》。乾隆五十八年六月，年四十一，升禮部精膳司郎中。告病回籍。嘉慶三年十一月，補禮部祠祭司郎中。嘉慶四年十二月，引見，記名以知府用。嘉慶五年閏四月，升廣西平樂知府。

　　《乾隆四十九年進士題名碑》：關遐年，山西鳳臺縣人。

　　《清秘述聞》：乾隆五十四年己酉科預行正科會試　同考官　吏部主事關遐年，字芝田，山西鳳臺人，甲辰進士。

乾隆六十年乙卯恩科

　　王瑤臺：字蓬山、蓬仙，號楓川、芸田，陽城化源里人，乾隆五十四年，己酉科山西鄉試舉人。乾隆六十年，乙卯恩科殿試第三甲八十九名〔註 60〕。本年四月，複式二等第三名，改選翰林院庶吉士；七月，撰高平《增修龍王廟並眾神祠碑記》。嘉慶元年四月，散館，授翰林院編修，充武英殿國史館纂修。嘉慶三年三月，內閣考試第三等，升翰林院檢討；八月，充戊午科順天鄉試同考官。嘉慶五年八月，充庚申恩科鄉試陝西正考官。嘉慶六年，選湖廣道監察御史。嘉慶二十五年八月，充庚辰科陝甘鄉試正主考。著有《賜硯堂詩稿》。子二，長子王遹昭，道光丙申進士，入翰林，山東道監察御史；次子王遹徽〔註61〕，道光丁酉拔貢，分發河南直隸州州判，著有《芰汸詩集》。

〔註59〕《國朝山右詩存》：王景行，字淑孔，鳳臺人，廩貢生，著《易堂詩草》。易堂為墨汀之弟。勗堂之兄，昆季多才。

〔註60〕該科三甲九十名進士，王瑤臺第八十九名。

〔註61〕《道光十七年丁酉科明經通譜》：王遹徽，字季芳，一字芰汸，號少楓，行四，胞行三，嘉慶己巳年五月十一日丑時生，澤州府陽城縣廩膳生，民籍。曾祖光祿，癸酉拔貢，馳贈翰林院庶吉士，晉贈掌湖廣道御史。妣氏張，鄉飲賓美公女，馳贈孺人，晉贈宜人。祖若維，增廣生，敕封翰林院檢討，晉封掌

《乾隆六十年殿試小金榜》：第三甲八十九名，王瑤臺，山西陽城縣人。

《道光十七年丁酉科明經通譜》：〔王遹徵〕父瑤臺，乙卯，翰林，掌湖廣道御史，庚辰陝甘正主考。

《詞林輯略》：王瑤臺，字蓬仙，號楓川，又號芸田，山西陽城人，散館授檢討，官至湖廣道監察御史。

《國朝御史題名》：王瑤臺，字蓬山，號楓川，山西陽城縣人，乾隆乙卯進士，由翰林院檢討考選湖廣道御史。

《清秘述聞》：嘉慶三年戊午科順天鄉試 同考官 檢討王瑤臺，字蓬山，山西陽城人，乙卯進士。嘉慶五年庚申恩科鄉試 陝西考官 檢討王瑤臺，字蓬山，山西陽城人，乙卯進士。

《國朝貢舉考略》：嘉慶五年庚申恩科鄉試 陝西 編修王瑤臺，蓬山，山西陽城人，乙卯。

嘉慶元年丙辰科

申企中：字仰亭，號南村、菊珪，澤州城內人，居文廟街，民籍，廩膳生。乾隆五十七年，壬子科山西鄉試第三十四名。嘉慶元年，丙辰恩科會試第一百十三名，殿試第三甲五十九名。嘉慶四年六月，選潞安府學教授。主講明道書院。道光八年，任寧武府學教授，撰《重修珏山西頂碑》。著有《主敬堂稿》《南村課幼文》《主敬堂續稿》。

《乾隆五十七年山西鄉試錄》：第三十四名，申企中，鳳臺縣學學生。

《嘉慶元年丙辰恩科會試齒錄》：申企中，字仰亭，號南村，別號菊珪，行一又行三，甲申年七月二十日生，山西澤州府鳳臺縣廩膳生，民籍。曾祖瑛。祖帝鄉，庠生。父華靈〔註62〕，庠生。鄉試第三十四名，會試第一百十三名，殿試第三甲第五十九名。世居城

湖廣道御史。妣氏張，庠生子博公女，敕封孺人，晉封宜人。父瑤臺，乙卯，翰林，掌湖廣道御史，庚辰陝甘正主考。母氏衛，處士文彥公女，敕封孺人，晉封宜人。慈侍下。胞伯儀盛，候選訓導，馳贈翰林院庶吉士。胞兄遹醇，增貢生，待封翰林院庶吉士。遹昭，丙申進士，翰林院庶吉士。妻郭氏，滄州知州兆騋公孫女，增貢生綏公女。子□。女一，幼。

〔註62〕《國朝山右詩存》：申華靈，字蓮峰，鳳臺人，諸生。有詩《古樹》。

中文廟街。

祁𡓀：字錫嘉，號竹軒、寄庵，高平孝義人，廩膳生，民籍。乾隆六十年，乙卯科山西鄉試第五十四名。嘉慶元年，丙辰恩科會試第一百十八名，殿試第三甲二名。本年五月，引見，以知縣用。嘉慶六年，任刑部主事。嘉慶八年，任刑部員外郎。嘉慶九年八月，由戶部員外郎提督廣西學政。嘉慶十三年六月，革職。嘉慶十四年十一月，復職以七品京官用，仍留刑部行走。嘉慶十五年，丁母憂歸。嘉慶十九年，服闋，補刑部主事。嘉慶二十一年，升刑部郎中，任丙子科順天鄉試同考官，同年升刑部郎中。嘉慶二十四年，丁父憂。道光元年，服闋補刑部郎中。道光二年，任纂修官。道光四年，外授河南糧鹽道。道光五年三月，升浙江按察司按察使。道光六年三月，升貴州布政司布政使，署浙江布政使。道光九年三月，升刑部右侍郎，武殿試讀卷官。道光十年十一月，任廣西巡撫。道光十一年九月，上摺嚴禁鴉片。兼兵部侍郎，兼都察院右副都御史。道光十二年，授太子少保銜。道光十三年七月，調廣東巡撫。道光十五年八月，充乙未恩科廣東鄉試監臨官；署理兩廣總督。道光十八年二月，授刑部尚書。道光二十年，任殿試讀卷官。道光二十一年正月，大兵會剿，奉命往辦糧臺事務，途中改授兩廣總督。道光二十四年五月，年六十八卒；七月，賜祭葬，諡恭恪；曾釗撰其行狀，詳見《祁公竹軒行狀》；張穆志其墓，詳見《誥授光祿大夫太子少保兩廣總督高平祁恭恪公墓誌銘》。

《乾隆六十年山西鄉試錄》：第五十四名，祁𡓀，高平縣學學生。

《嘉慶元年丙辰恩科會試齒錄》：祁𡓀，字錫嘉，號竹軒，行二，戊戌相二月十四日丑時生，山西澤州府高平縣廩膳生，民籍。曾祖斯滄，國學生。祖杲，附貢生。父汝奘，廩貢生。胞兄塏，邑廩生。胞弟堎，邑廩生；垛，業儒。子蓬連。鄉試第五十五〔註63〕名，會試第一百十八名，殿試第三甲第二名。欽點刑部安徽清吏司主事。住城東南孝義村。

《清秘述聞續》：廣西省學政 祁𡓀，字竹軒，山西高平人，嘉慶丙辰進士，九年以戶部員外郎任。

《清代硃卷集成》：〔鄔崇德〕恩師 祁竹軒老夫子，名𡓀，山西

〔註63〕鄉試錄為五十四名，會試錄為五十五名。

高平人，嘉慶丙辰進士，刑部湖廣司郎中兼翰林院檢討，提督廣西學政，現任廣西巡撫。

《道光十五年乙未恩科廣東鄉試錄》：監臨官　太子少保兵部侍郎兼都察院右副都御史巡撫廣東地方提督軍務兼理糧餉祁𡊮山西高平縣人，丙辰進士。

嘉慶六年辛酉恩科

竇心傳：字輔唐，號繡堂、長山，沁水竇莊人，民籍，廩貢生。嘉慶三年，戊午科山西鄉試第十一名。嘉慶六年，辛酉科殿試第三甲八十五名。本年五月，選翰林院庶吉士。嘉慶七年，散館，改直隸趙州高邑縣知縣，改江西新淦知縣。嘉慶九年，充甲子科江西鄉試同考官。嘉慶十年，調豐城知縣，丁憂歸。嘉慶十三年，服闕。嘉慶十四年，撰《皇清例授昭武都尉聖和柳公暨配例封恭人宋王孺人合葬墓誌銘》。嘉慶十六年，補寧海知縣。嘉慶十九年，撰《李端毅先生德行碑記》。嘉慶二十二年，署理承德知縣。嘉慶二十三年九月，被參革職。道光元年，辦理雙城堡屯田事。道光三年四月，送部引見。著有《和草訣百韻歌》。

《嘉慶戊午科山西鄉試錄》：第十一名，竇心傳，沁水縣學廩貢生。〔履歷〕竇心傳，字輔唐，號繡堂，行三，戊子相一月初二日子時生，山西澤州府沁水縣，民籍，廩貢生，國子監肄業期滿，候選儒學訓導。始祖勳，宋戚畹右領衛大將軍，由扶風始遷沁邑。本支始祖紳，永樂貢生，授祁門教職。太高祖瑤，順治丁酉舉人，歷任榆次縣教諭汾州府教授，敕授文林郎，崇祀榆次縣名宦。太高祖母張氏、霍氏、盧氏，俱敕贈孺人；趙氏，貞節俱載省志。高祖世傑，庠生，兩膺鄉飲介賓，恩賜修職郎。高祖母楊氏、牛氏，俱例贈孺人。曾祖思溫，廩生，例馳贈文林郎。曾祖母韓氏，順治乙未進士湖廣桃源縣知縣諱張公子廩生諱萬禩公女；裴氏，諱仁聞公女，田氏，候選府經歷諱楹公女，俱馳贈孺人。祖繼緒，優生，例贈文林郎。祖母李氏，廩生諱敏蛟公女，程氏，俱例贈孺人。父銘，優廩生。母王氏，雍正丁未進士兵部侍郎諱承堯公任孫女太學生諱卓觀公女。具慶下。胞叔太高祖琇，庠生，孝行載府志，例馳贈修職郎；璿；璐。嫡堂伯太高祖環；琯，錦衣衛鎮撫；瑜，庠生；璽。胞叔

高祖世英，庠生，雍正癸卯徵命孝廉方正，奉旨建坊旌表，崇祀□□□□□□□□□□□□□□□□□□□□□□□。嫡堂叔高祖〔註64〕世顯、世芳，庠生；世俊，歲貢生，候選儒學訓導，馳贈修職郎，兩膺鄉飲正賓，孝行載縣志；世彥、世法，俱庠生。胞叔曾祖無越，庠生；無逸，附貢生，例馳贈文林郎。嫡堂叔曾祖汝寅，恩貢生，芮城縣教諭，鄉飲正賓；汝諧，庠生，例馳贈修職郎；無佞；汝翼，庠生；汝霖，庠生；汝聰；汝寬；汝楫，太學生；汝為。嫡堂叔祖本緒，庠生，恩賜登仕郎；光緒，歲貢生，候選儒學訓導，例贈儒林郎。胞伯錞，庠生；鋌，乾隆辛卯舉人，揀選知縣；釣。胞叔鎔。嫡堂叔鈺；鏸，乙卯恩科舉人；鍶；銳，庠生；錕；鍊。胞嫡堂兄弟燕傳，廩生；毓傳；穎傳；慧傳，庠生；正傳；湘傳〔註65〕，庠生；景傳。妻霍氏，隆譽女；妾梅氏。子普順。胞嫡堂姪普恩、普義。族繁萬及備載。鄉試第十一名。

《嘉慶六年進士題名碑》：竇心傳，山西沁水縣人。

《國朝歷科館選錄》：竇心傳，山西沁水人。

嘉慶十三年戊辰科

田體清：字鑑堂，號旭亭，陽城化源里人，拔貢生。嘉慶十二年，丁卯科山西鄉試第十二名。嘉慶十三年，戊辰科殿試第三甲五十三名。本年五月，引見，以知縣用。嘉慶十四年，任湖南益陽知縣、性格嚴正，聽訟明斷，升常德府同知。嘉慶二十年三月，降級不准捐復。去官歸里，主講仰山書院，誨人不倦。道光元年，撰朔州蔚常春墓誌。道光十三年續修《田氏族譜》。

《嘉慶丁卯科鄉試齒錄》：第十二名，田體清，年三十五歲，陽城縣拔貢生。〔齒錄〕戊辰科進士。田體清，字鑑堂，號旭亭，行七，乾隆壬辰年四月初九日吉時生，陽城人。曾祖篤清。本生曾祖篤允。祖開泰。父登庸，庠生。子倬、佺。

《嘉慶十三年進士題名碑》：田體清，山西陽城縣人。

〔註64〕原文無祖，筆者補。後20個□，因原本不清無法識別。

〔註65〕《丁卯科山西鄉試錄‧齒錄》：第四十四名，竇湘傳，年三十五歲，沁水縣拔貢生，五臺縣學教諭。〈齒錄〉竇湘傳，字春帆，號衡峰，行六，乾隆癸巳年三月十二日吉時生，沁水人。曾祖思溫，廩生。祖繼修，庠生。父鋌，乾隆辛卯舉人，翼城縣教諭。子臺家。

嘉慶十四年己巳恩科

劉湜：字持正，號薲洲，陽城虎川里人，世居潤城鎮。嘉慶六年，辛酉科拔貢生，中式本科山西鄉試第八名。嘉慶十四年，己巳恩科殿試第三甲一百十五名。本年五月，引見，分發河南知縣即用，丁父憂歸。嘉慶十七年，署理伊陽知縣。嘉慶十九年，補彰德府武安知縣，加捐同知。嘉慶二十二年，丁父憂回籍。嘉慶二十三年，接丁母憂。嘉慶二十五年，服闋，補河南武陟知縣，加捐知府。道光元年十二月，引見。道光二年閏三月，例捐署任池州府知府；八月，充壬午科江南鄉試內監試。道光四年，署太平府事。道光六年，署廬州府事。道光七年七月，署理安慶府知府。道光八年二月，補池州府知府。道光九年二月，因刑案審訊不利，革職。道光十二年，革職四年不肯回籍。道光十四年，遵籌備例，降捐通判，照例分發，簽掣廣東委用。道光十五年，到省。道光十六年，署佛崗直隸同知。道光十七年，署南雄直隸州知州。道光十九年，充己亥科廣東鄉試內收掌。道光二十年，署高州府梅菉通判。道光二十二年五月，補廣東連山直隸廳同知。弟劉灝，字特舟，諸生，著有《廣月軒詩集》。

《嘉慶十四年進士題名碑》：劉湜，山西陽城縣人。

《清代硃卷集成》：〔李裏廷業師〕劉老夫子，印湜，山西澤州府陽城縣人，己巳恩科進士，歷署池州太平廬州等處知府。

靳宜：字咸宜，號槐庭，高平北詩董莊人，縣學廩生。嘉慶十三年，戊辰恩科山西鄉試第三十四名。嘉慶十四年，己巳恩科殿試第三甲二十六名。汝陽知縣。

《嘉慶十三年山西鄉試錄》：第三十四名，靳宜，年三十三歲，高平縣學學生。

《嘉慶戊辰恩科鄉試同年齒錄》：〔山西題名錄〕第三十四名，靳宜，高平縣學學生。〔齒錄〕靳宜，字咸宜，號槐庭，行一，乙未年十月初一日生，澤州府高平縣廩生，己巳進士。曾祖發省，欽賜九品。祖銘。父世培。

《嘉慶十四年進士題名碑》：靳宜，山西高平縣人。

嘉慶十六年辛未科

秦恒齡：字仟谷，號靜齋，澤州城內人，縣學廩生。嘉慶十三年，戊辰恩

科山西鄉試第十二名。嘉慶十六年，辛未科殿試第三甲一百二十八名。道光元年，任阜城知縣。道光八年八月，屠之中奏請將其調補熱河赤峰縣知縣。道光十年六月，調任吳橋知縣。道光十二年十二月，琦善奏請將其撤任，謂其「性情過於拘謹」。道光十五年，出任蠡縣知縣。

> 《嘉慶十三年山西鄉試錄》：第十二名，秦恒齡，年三十歲，鳳臺縣學學生。

> 《嘉慶戊辰恩科鄉試同年齒錄》：〔山西題名錄〕第十二名，秦恒齡，鳳臺縣學生。〔齒錄〕秦恒齡，字仟谷，號靜齋，行七，戊戌年十月十五日生，澤州府鳳臺縣廩生，辛未進士，直隸阜城縣知縣。曾祖嶠，庠生。祖紹雷，監生。父杞，監生。

> 《嘉慶十六年進士題名碑》：秦恒齡，山西鳳臺縣人。

嘉慶十九年甲戌科

常恒昌：字修吉，號靜軒、芸閣，澤州大陽人，民籍，廩膳生。嘉慶九年，甲子科山西鄉試第二十八名。嘉慶十九年，甲戌科會試第八十名，殿試第三甲八名。本年五月，選翰林院庶吉士。嘉慶二十二年四月，散館，改戶部陝西司主事。道光五年，任戶部江西司員外郎，撰《皇清太學生勉齋成君墓誌銘》。道光七年，考選河南道監察御史。升戶科掌印給事中。升光祿寺少卿。道光十一年，分巡迤西兵備道兼管水利道，管轄大楚永景順麗蒙永等處地方。道光十五年，撰《定遠縣志序》《大理董氏族譜序》。道光十七年四月，升福建按察司按察使。道光二十年九月，升浙江布政司布政使。道光二十二年六月，命以原官致仕。著有《靜軒遺稿》。子常懿麟，貢生，湖北漢陽知縣，殉於任。

> 《嘉慶十九年進士登科錄》：常恒昌，貫山西澤州府鳳臺縣，民籍，廩膳生。行□，己亥□月□日吉時生。曾祖□。祖□。父□。鄉試第二十八名。會試第八十名。

> 《嘉慶十九年進士題名碑》：常恒昌，山西鳳臺縣人。

> 《詞林輯略》：常恒昌，字修吉，號靜軒，又號芸閣，山西鳳臺人，散館改戶部主事，官至浙江布政史。

> 《國朝六科漢給事中題名錄》：常恒昌，山西鳳臺人，嘉慶甲戌進士，由河南道升戶科，仕至浙江布政使。

> 《國朝御史題名》：常恒昌，字修吉，號靜軒，一號芸閣，山西

鳳臺縣人，嘉慶甲戌進士，由翰林院庶吉士改用戶部主事，題陞員外郎，考選河南道御史，官至浙江布政使。

《道光乙未科會試同年齒錄》：〔祁爾誠受業師〕常老夫子，名恒昌，嘉慶甲子科舉人，甲戌科進士，現任雲南迤西兵備道，前戶科掌印給事中，掌山東道監察御史，欽命巡視東城，河南道監察御史，戶部陝西司員外郎、湖廣司主事，翰林院庶吉士。

嘉慶二十二年丁丑科

祁墫：字旬茲，號松軒、靜齋，高平孝義人，祁汝焚長子，縣學廩貢生。嘉慶十二年，丁卯科山西鄉試第四十五名。嘉慶二十二年，丁丑科殿試第二甲四十五名。本年五月，選翰林院庶吉士。嘉慶二十四年，散館，改用知縣，丁父憂歸。道光三年，服闋，授廣東長寧知縣。道光七年，復任長寧知縣。道光八年，任化州知縣。道光十年，改新寧知縣。道光十二年，署惠州同知。升廣西全州知州。道光十九年，署龍勝廳通判。道光二十一年，署廣西鬱林州知州。道光二十八年，年七十六卒。著有《綱鑒要略》《顏曰益智錄》。

　　《嘉慶丁卯科鄉試齒錄》：第四十五名，祁墫，年三十二歲，高平縣廩貢生。〈齒錄〉丁丑科進士。祁墫，字旬茲，號松軒，一號靜齋，行一，乾隆甲午年十月二十六日丑時生，高平人。曾祖斯滄，國學生。祖杲，附貢生。父汝焚，嘉慶庚申恩科舉人，前中書科中書，議敘通政司知事，督察院經歷。子之鍵、舒翹。

　　《嘉慶二十二年進士題名碑》：祁墫，山西高平縣人。

　　《詞林輯略》：祁墫，字旬茲，號松軒，又號靜齋，山西高平人，散館改知縣，官至廣西全州知州。

　　《道光癸卯科直省同年全錄》：〔祁之鑅〕胞伯叔墫，嘉慶丁卯舉人，丁丑進士，由庶吉士官至廣西全州知州。

石交泰：字階平，號星軒，陽城人，府學學生。嘉慶十二年，丁卯科山西鄉試第三十九名。嘉慶十四年，撰沁水《誥授昭武都尉虵贈中憲大夫聖和柳公墓表》。嘉慶二十二年，丁丑科殿試第三甲九十名。道光五年，撰陽城《劉家莊重修成湯殿碑記》。道光九年三月，選直隸柏鄉知縣。

　　《嘉慶丁卯科鄉試齒錄》：第三十九名，石交泰，年三十二歲，澤州府學生。〈齒錄〉丁丑科進士。石交泰，字階平，號星軒，行一，

乾隆丙申年十一月初八日甲時生，陽城人。曾祖錦。祖廷璧，廩生。父嵩，吏員。子鬱林、梓林。

〈嘉慶二十二年進士題名碑〉：石交泰，山西陽城縣人。

霍慶姚：字桐柯，號儀閣，沁水曲堤人，民籍，縣學廩生。嘉慶十五年，山西鄉試第三十八名。嘉慶二十二年，丁丑科殿試第三甲九十六名。嘉慶二十四年四月，選汾州府教授。嘉慶二十五年，撰沁水《誥封中憲大夫建章柳公墓表》。咸豐元年，充《汾陽縣志》參閱，撰序。

〈嘉慶十五年山西鄉試錄〉：第三十八名，霍慶姚，年二十五歲，沁水縣學學生。

〈嘉慶庚午科鄉試同年齒錄〉：霍慶姚，字□，號□，行□，乾隆丙午年□月□日吉時生，山西澤州府沁水縣學廩生，民籍。鄉試中式第三十七名。曾祖□。曾祖母氏□。祖□。祖母氏□。父□。母氏□。胞□。娶□。子□。

〈嘉慶二十二年進士題名碑〉：霍慶姚，山西沁水縣人。

嘉慶二十四年己卯恩科

李閒：字檢若、德門，號靜山，高平西南莊村人，民籍，廩膳生。嘉慶二十三年，戊寅恩科山西鄉試第四名。嘉慶二十四年，己卯恩科會試第四十二名，殿試第三甲二十名。本年閏四月，引見，以知縣用。道光二年，任甘肅文縣知縣，重修文王廟、書院，振興文教，課士愛民。道光九年八月，調甘肅皋蘭知縣。升肅州知州。道光十八年，任廣西泗城府知府。道光十九年，因禁煙不利降兩級。道光二十三年，再任廣西泗城府知府。咸豐元年，任廣西樂平府知府。改桂州府知府，再改山東運河道。咸豐四年，署任廣西按察使。咸豐九年四月二十六，由桂平梧郁鹽法道道員升任廣西按察使；九月十三，升廣西布政司布政使。咸豐九年十月二十三日離職。撰有《重修黃帝軒轅氏廟記》。

〈嘉慶二十四年進士登科錄〉：李閒，貫山西澤州府高平縣，民籍，廩膳生。曾祖剛。祖懷全。父聚昌。戊寅科鄉試第四名，己卯科會試第四十二名。

〈嘉慶己卯恩科同年齒錄〉：李閒，字檢若，一字德門，號靜山，行三，乾隆庚戌四月二十日午時生，山西澤州府高平縣廩生。戊寅鄉試四名。會試四十二名。殿試三甲二十名。欽點即用知縣。現任

甘肅文縣。曾祖綱。曾祖母氏王。祖懷全。祖母氏魏。父聚昌。母
氏王、氏霍。胞叔會昌。胞兄機、槩。娶韓氏。胞姪占春。

《嘉慶二十四年進士題名碑》：李閒，山西高平縣人。

道光二年壬午恩科

王和中：字達甫，號致庵、午溪，澤州南馬匠人，附學生。道光元年，辛
巳科山西鄉試第二十七名。道光二年，壬午恩科會試一百五十八名，殿試第
三甲九十四名。欽點主事，簽分禮部。道光十一年，任禮部額外主事、祠祭司
行走。道光十三年，卒。府邸有「節孝可風」匾表其妾李氏。

《道光辛巳各省同年全錄》：壬午科進士。王和中，字達甫，號
致庵，一號午溪，行三，乾隆壬子年五月初二日吉時生。澤州府鳳
臺人。現任禮部主事。曾祖正卿。祖錫。父永康，太學生。

《重訂道光二年壬午恩科同年齒錄》：王和中，字達甫，號致
庵，行三，乾隆壬子年五月初二日吉時生，澤州府鳳臺縣附學生。
辛巳舉人，會試一百五十八名，殿試三甲。欽點主事，簽分禮部。
現官禮部候補主事、祠祭司行走。已卒。曾祖正卿。曾祖母氏張。
祖錫，馳贈奉直大夫。祖母氏張，馳贈宜人。父永康，太學生，誥
贈奉直大夫。母氏宋，誥封宜人。慈侍下。胞弟時中，廩膳生。娶
牛氏，繼娶張氏。子。胞姪延慶。住郡城南馬匠村。

《道光二年進士題名碑》：王和中，山西鳳臺縣人。

道光六年丙戌科

王士恒：字公瑞，號毅庵、半耕，澤州江匠人，民籍，優廩生。嘉慶二十
四年，己卯山西鄉試中式第一名。道光六年丙戌科，會試中式第五十八名，
殿試第三甲八十二名。道光十三年二月，補確山知縣。歷任河南汲縣、臨漳、
光山等縣知縣，奉旨以知州用，道光戊子〔註66〕、壬辰〔註67〕、甲午、丁酉
河南鄉試同考官。嘉慶十七年，首修《王氏家譜》。道光二十六年，刻書《鶴
樓堂詩集》。道光三十年正月，卒。著有《公車需次》《朗陵詩集》。子五，王
熙績，字伯凝，號瑝三，別號迂拙，道光丁酉科副榜，興縣儒學教諭；王熙
統，字希靜，馳贈儒林郎，布政司經歷、衛輝府經歷；王熙經，字叔湛，號愚

〔註66〕編者按：存疑，據《道光八年戊子直省同年錄》，河南鄉試同考官未見王士恒。
〔註67〕編者按：《道光壬辰同年全錄》考官表亦未見王士恒之名。

山，監生，河南候補府經歷，特授河南衛輝府經歷，候選同知，代理汲縣、輝縣知縣；王熙綱，字季維，號鑑農，別號緝卿，道光丙午科優貢；王熙緗，字幼黃，號夢嵩，道光己酉科拔貢，湖北候補道加一級。

《嘉慶二十四年山西鄉試錄》：第一名，王士恒，年四十三歲，鳳臺縣學學生。

《重訂己卯科鄉試同年譜》：王士恒，字公瑞，號毅庵，一號半耕，行一，乾隆丁酉年五月初十日吉時生，山西澤州府鳳臺縣，優廩生，民籍，現任河南碓山縣知縣。曾祖建國，字鼎臣。曾祖妣氏趙。祖淳，字志一，例贈文林郎。祖妣氏趙，例贈孺人。繼祖妣氏耿，例贈孺人。父惟清，字晞如，例贈文林郎。母氏賈，諱永華公女，例封孺人。生妣氏陳，諱正恭公女，例封孺人。嫡慈侍下。胞伯永倫。胞弟士楷，繼胞伯嗣。胞侄熙綬、熙緻、熙絡。娶趙氏，諱廣安公女，幼育於文貴王公。繼娶李氏，名楷公女。子熙續，邑庠生，己卯壬午乙酉三次薦卷；熙統，童試屢列前茅，疾逝；熙經，業儒；熙綱，幼。孫春臺、鷥臺。胞侄孫蓮臺。鄉試中式第一名，丙戌會試中式第五十八名，殿試第三甲第八十二名。欽點即用知縣。

《道光丙戌科會試同年齒錄》：王士恒，字公瑞，號毅安，一號半耕，行一，乾隆丁酉年五月初十日吉時生，山西澤州府鳳臺縣優廩生，民籍。始祖諱字失傳，相傳遷自洪洞。本支始祖應倉，二世祖用儀。二世祖妣氏張。太高祖之相。太高祖妣氏郎。高祖正儒。高祖妣氏李；高祖妣氏李；高祖妣氏韓。本生高祖秀儒。本生高祖妣氏梁。曾祖建國，字鼎臣。曾祖妣氏趙。祖淳，字志一，例贈文林郎。祖妣氏趙，例贈孺人；繼祖妣氏耿，例贈孺人。父惟清，字晞如，例贈文林郎。母氏賈，諱永華公女，例封孺人；生妣氏陳，諱正恭公女，例封孺人。嫡慈侍下。二世伯祖鳳儀。太高伯祖之宰、之臣、之佐。高伯叔祖鴻儒、璽儒。曾伯叔祖定國、治國、順國、和國、濟國、昌國。堂伯叔祖瑋、瑄、童、玳、英。堂伯叔永貴、永富、永榮、永華、永泰、永全。胞伯永倫。從堂兄弟士本、士傑、士桐、士栗。胞弟士楷，繼胞伯嗣。從堂侄熙縉、熙緯、熙紳、熙終、熙鑾、熙紀、熙綏。胞侄熙綬、熙緻、熙絡。從堂侄孫靈臺、銀臺、蘭臺。娶趙氏，諱廣安公女，幼育於文貴王公。繼娶李氏，

名楷公女。子熙績，邑庠生，己卯壬午乙酉三次薦卷；熙統，童試屢列前茅，病逝；熙經，業儒；熙綱，幼。女七。孫春臺、鷺臺。胞侄孫蓮臺。族繁不及備載。世居城南三十里江匠村。業師 李老夫子，諱升選。關老夫子，諱長年。靳老夫子，河南河內縣庠生。蕭老夫子，名騰霄，河內縣庠生；李老夫子，諱雲翼，邑庠生；李老夫子，諱毓嵩，郡庠生。李老夫子，諱錫麟，辛酉經元。李老夫子，名默受，恩貢生，候補儒學教諭。楊老夫子，諱廷宰，河南孟縣廩生，嘉慶丁卯科恩賜副榜，庚午科恩賜舉人，辛未科恩賜國子監學正。課師 董老夫子，諱琮，黎城縣人，癸酉甲戌聯捷進士，原任澤州府學教授，歷任太原府學教授。賀老夫子，名長齡，湖南善化縣人，丁卯解元，戊辰進士，翰林院編修，任山西學政，現任江蘇布政使。鄉試中式第一名。會試中式第五十八名。殿試三甲第八十二名。朝考□。欽點即用知縣。

《道光六年進士題名碑》：王士恒，山西鳳臺縣人。

《清秘述聞續》：嘉慶二十四年己卯科鄉試 山西 解元 王士恒，鳳臺人。

《王氏家譜》：八世，士恒，字公瑞，號毅庵，嘉慶己卯科解元，道光丙戌科進士，歷任河南汲縣、臨漳、光山、確山等縣知縣。奉旨以知州用，戊子、壬辰、甲午、丁酉河南鄉試同考官。誥授奉直大夫，誥贈中議大夫，誥贈通奉大夫，鹽運使銜，湖北候補道加二級，著有《公車需次》《遊楚朗陵詩文》等集。生於乾隆四十二年丁酉五月初十日子時，卒於道光三十年庚戌正月二十日酉時。配趙宜人，生於乾隆四十年二月二十七日□時，卒於嘉慶十九年三月初八日□時，誥封宜人、誥封淑人、誥封夫人。繼配李宜人，生於乾隆五十三年六月初四日己時，誥封宜人、誥封淑人、誥封夫人。子五，熙績、熙統、熙經、熙綱、熙紃。女七，適李，適任，適李，適申，適董，適原，適秦。

道光十二年壬辰恩科

薛鳴皋：字鶴亭，號桂洲，陵川三泉人，廩生。道光元年，山西鄉試舉人。道光十二年，壬辰恩科會試第五十六名，殿試第三甲二名。授吏部文選

司主事。道光二十三年，充《欽定吏部則例》纂修。咸豐四年，任吏部郎中，補授陝西道監察御史。咸豐五年，掌福建道監察御史，因圓明園一事觸怒咸豐帝，撤掌福建道，仍留監察御史職，交部議處，降四級留任。咸豐十年五月，胡林翼上《敬舉賢才力圖補救疏》保薦左宗棠、薛鳴皋等人，謂其「德望清峻，操守第一」，咸豐帝諭旨未提薛鳴皋。同治四年，同治帝問「前任御史薛鳴皋是否尚在山西」，並著王榕吉查明具奏；山西同鄉喬松年再次奏啟薛鳴皋，在籍病故。撰有《興福寺壁記》《敬題藝陶先生伴柳亭集即求斧政》。

　　《道光辛巳各省同年全錄》：薛鳴皋，字鶴亭，號桂洲，行二，嘉慶乙丑年九月十五日生，澤州府陵川人。曾祖士彥。祖克勤，庠生。父清衛，增生。

　　《道光十二年進士題名碑》：薛鳴皋，山西陵川縣人。

　　《道光壬辰恩科會試錄》：〔第五十六名〕薛鳴皋，號鶴亭，山西陵川，吏主。

　　《道光壬辰恩科會試同年齒錄》：薛鳴皋，字鶴亭，號桂洲，行二，嘉慶乙丑年九月十五日吉時生，山西澤州府陵川縣優廩生，民籍。高祖同瑤。高祖母氏李。本生曾祖士俊。本生曾祖母氏馬。曾祖士彥。曾祖母氏張、氏李。本生祖克恭。本生祖母氏張、氏姚。祖克勤，庠生。祖母氏王。父清衛，增生，鄉飲介賓。母氏黃，處士瑞慶公女，庠生元吉公胞妹。庶母氏牛。俱慶下。高叔祖同珮，庠生。曾叔祖士宏。曾堂叔祖映雪，庠生。叔祖克敬，庠生。堂叔祖景福；景祚，廩生；三定，庠生。本生胞叔伯清藩，庠生。同繼胞伯承緒。堂伯纘緒；紹緒，庠生。從堂伯叔振緒；鷹揚，庠生；鳳翥，庠生；鵬起，九品職。胞兄復林，早世。胞弟復支、復元。嫡堂兄奎榮，太學生。堂兄占奎。從堂兄弟向超、向包、向稷、向收、向宣。嫡堂侄槐芳。堂侄寶駒。娶張氏，太學生文成公女。子采駒、良駒、小黑。業師。族族諱三益。馮老夫子，名式蓮，恩貢生。宋老夫子，諱哲，丁卯舉人，原任山陰縣訓導。李老夫子，名彬，辛未進士，原任陵川縣知縣。辛巳鄉試中式第四十八名。會試中式第五十六名。殿試第三甲第二名。欽點吏部主事。

　　《國朝御史題名》：咸豐四年　薛鳴皋，字鶴亭，號桂洲，山西陵川縣人，壬辰科進士，由吏部郎中補授陝西道御史。

道光十三年癸巳科

張涵：字健行，號泳叔、泳芝，澤州西郜人，民籍，縣學優廩生。道光元年，辛巳科山西鄉試第四十一名。道光十三年，癸巳科會試第二百十九名，殿試第三甲一百二名。道光十七年四月，補任山東新泰知縣，發帑振災，親歷民戶。道光二十年八月，調任諸城知縣，革職歸。道光二十三年八月，補萊陽知縣，興學造士，建盧香書院。與壽陽祁雋藻題詩互贈，絳縣橫水鎮文昌廟有其捐銀記錄。撰有《山頂重修碑序》《鄉飲耆賓存齋許公墓表銘》。

　　　　《道光辛巳各省同年全錄》：張涵，字健行，號泳叔，行三，乾
　　　　隆甲辰年八月二十三日酉時生，澤州府鳳臺人。曾祖崑瑞。祖大有。
　　　　父宗仁。

　　　　《道光癸巳科同年齒錄》：張涵，字健行，號泳芝，行三，乾隆
　　　　戊申〔註68〕年八月二十三日吉時生，山西澤州府鳳臺縣優廩生。民
　　　　籍。道光辛巳恩科本省鄉試第四十一名，會試中式第二百十九名，
　　　　殿試第三甲第一百二名，欽點即用知縣，分發山東，現官萊陽縣知
　　　　縣。曾祖崑瑞。曾祖母氏□。祖大有。祖母氏□。父宗仁。母氏□。
　　　　室氏□。子□。

　　　　《道光十三年進士題名碑》：張涵，山西鳳臺縣人。

道光十五年乙未科

田秖：字藝陶，號淑六，陽城東關人，民籍，歲貢生。道光五年，乙酉科山西鄉試第三十三名。道光十五年，乙未科會試第十九名，殿試第三甲七十四名。選朔平府訓導，不赴，主講仰山書院。道光二十二年十月，選長武縣知縣，未滿任告歸。著有《古伴柳亭初稿》《古伴柳亭續稿》。

　　　　《道光乙酉科鄉試同年齒錄》：田秖，字藝陶，號淑六，行二，
　　　　乾隆甲辰年二月二十八日丑時生，澤州府陽城縣歲貢生，中式三十
　　　　三名，乙未進士。曾祖樂年，姚張、潘。祖略，姚劉。父克寬，母
　　　　陳。妻張。子□。

　　　　《道光乙未科會試同年齒錄》：田秖，字藝陶，號淑六，行二，
　　　　乾隆甲辰年二月二十八日吉時生，山西澤州府陽城縣歲貢生，民籍。
　　　　十世祖雲，庠生。九世祖安，太學生。八世祖世魁。七世祖閭憲，

〔註68〕鄉試錄載其為1784年生，殿試同年錄載其為1788年生，官年現象。

壽官。六世祖秀，庠生。太高祖貴祥，鄉飲耆賓。高祖鋐，鄉飲耆賓。高祖母氏范、鄭。曾祖樂年，庠生。曾祖母氏張、潘。祖略，庠生，例贈文林郎。祖母氏劉，鄉飲介賓自寬公女，候補府經歷，宗德公妹，例贈孺人。父克寬，庠生，例贈文林郎。母氏陳，康熙庚子科舉人恂公孫女，庠生坤元公女，例贈孺人。永感下。業師。田老夫子，諱培　，乾隆壬子科亞魁。白老夫子，諱世俊，太學生。吳老夫子，諱懋勉，庠生。王老夫子，諱永清，歲貢生。王老夫子，諱方泰，庠生。喬老夫子，諱於澹，增廣生。□課師。唐老夫子，名維錫，乾隆甲寅科解元，聯捷進士，歷任陽城、曲沃、汾陽、崞縣知縣，廣西臨桂人。爰老夫子，名夔龍，乾隆甲寅恩科舉人，義烏縣教諭，浙江仁和人。成老夫子，諱錫田，乾隆甲午科舉人，平陸縣教諭，本縣人。田老夫子，諱霖普，廩生。高伯祖錫，庠生。曾胞伯叔祖永年，考授修職郎，候補府經歷；成年，庠生；英年，庠生。曾堂伯叔祖大年，鄉飲耆賓；豐年，增生；有年，太學生；新年，太學生。胞伯祖福，副生；昀，庠生。堂伯叔祖書；申，庠生；甸，庠生；㷀；畬，庠生，好義樂施，邑侯謝公傳臚額以惠周五黨。從堂伯叔祖超，庠生；越；野，庠生；臺，考授修職郎，候補府經歷；廓；易，庠生，鄉飲介賓，學問深醇，尤精易理，係宗退齋少宰業師，邑侯以品醇學邃額其門；維億，庠生；廣，庠生。胞伯克己；克銳；克歧，邑優廩生，乾隆庚子科薦卷。嫡堂伯叔克溫；克勤；克順；克儉，庠生；克實，庠生；克茂，庠生；克仁，太學生。堂伯叔克讓；克家，庠生；克明，庠生；克林；克長，太學生；宗夏，增廣生；景夏，太學生。從堂伯叔攸績，庠生；攸隆，庠生；攸居；攸崇；攸同；攸遂；攸行；攸暨；攸介，庠生；攸敘；攸寧，庠生；攸芊，庠生；攸好；攸久；攸和；攸策；攸林；攸福，庠生；攸祿；夔龍。胞兄稻，增廣生，胞伯克歧公嗣。嫡堂兄䄄、檸[註69]。堂兄弟樞；桐；秐，庠生；秩，庠生；稷，太學生；稏，庠生；稔，太學生；穟，太學生；秬；秠；稉，貢生；程；秋。從堂兄弟泰；均；塘；楚；珍，庠生；棫，庠生；樸，太學生；瑜；枚，庠生；楷，郡庠生；榛；穎；發；栗；橫；模；爽。嫡堂姪光

〔註69〕避道光帝諱，原文左禾右寧，筆者訛為檸。

復；光斗；光載，業儒。堂姪海濱，庠生；海清；自成；自強；長
春；光毅，庠生；光正、光謙、光漢、光世，俱業儒；光遠、光奎、
光履、光儒、光裕、光德、光佑，俱幼。從堂姪利川，候選州吏目；
旺川，太學生；繡川，庠生；興川，庠生；濟川，太學生；宜川；
東川；百川；渭川；巨川；近川；臨川；濬川；九川；富川。從堂
姪孫畊，太學生；畯，太學生；熙；祥；榮；奇；幾。從堂姪曾孫
開陽、三管、爾熾、爾昌。娶張氏，庠生掄元公女。子□。女□。
族繁不及備載。現居城東關。鄉試中式第三十三名，會試中式第十
九名，殿試第三甲第七十四名。欽點。

　　《道光十五年進士登科錄》：田秫，貫山西澤州府陽城縣，民
籍，歲貢生。曾祖樂年。祖略。父克寬。乙酉科鄉試第三十三名，
乙未科會試第十九名。

　　《道光十五年進士題名碑》：田秫，山西陽城縣人。

　　《國朝六科漢給事中題名錄》：田秫，山西陽城人，廩生，由貴
州道升禮科，仕至吏部侍郎。

祁爾誠：字勉齋，號竹崖、祝崖、築岩、竹岩，澤州北尹寨人，民籍，縣
學附生。道光五年，乙酉科山西鄉試第二十二名。道光十一年，授額外內閣
中書舍人，充國史館分校，任《大清一統志》校對官。道光十五年，乙未科會
試中式第八十五名，殿試第三甲一百十七名。欽點即用知縣，奉旨改議敘知
州。道光二十一年二月，選授湖北興國州知州。與魏源交好。道光二十一年，
刻書《傅青主女科二卷產後編》。

　　《道光乙酉科鄉試同年齒錄》：祁爾誠，字勉齋，號竹崖，行一，
乾隆丙午年四月二十四日吉時生，澤州府鳳臺縣附生，中式二十二
名，乙未進士，湖北興國州知州。曾祖生喜，妣李。祖世德，妣牛。
父珩，母姚。妻張、薛、王。子履中、履亨、履泰。

　　《道光乙未科會試同年齒錄》：祁爾誠，字勉齋，號竹崖，一號
築岩，行一，乾隆壬子年〔註70〕四月二十四日吉時生，山西澤州府
鳳臺縣附貢生，民籍，內閣中書，充國史館分校，議敘知州□。□
始祖從龍，自高平縣孝義里遷居邑之東北嶺西里。始祖母氏劉。太

〔註70〕祁爾誠在鄉試所報生辰為乾隆丙午（公元1786年），會試時所報生辰為乾隆
　　　　壬子（公元1792年），少報6歲，為「官年」現象。

高祖金章。太高祖母氏董。高祖萬忠。高祖母氏司。曾祖生喜，誥贈奉直大夫，布政司理問加二級。曾祖母氏李，處士諱子恭公女，誥贈宜人。祖世德，覃恩馳贈徵士郎，例贈奉直大夫。祖母氏牛，處士諱電公女，覃恩馳贈孺人，例贈宜人。父珩，太學生，覃恩敕贈徵士郎，例贈奉直大夫。母氏姚，太學生、鄉飲介賓諱枚公女，覃恩敕贈孺人，例封宜人。永感下。業師。楊老夫子，諱高興，高平縣人，庠生。趙老夫子，諱季英，歲貢生候選儒學訓導。苗老夫子，諱心傳，恩貢生，候選直隸州州判。成老夫子，諱作楷，廩膳生。黃老夫子，諱松齡，河南懷慶府人，嘉慶庚申恩科舉人。常老夫子，名恒昌，嘉慶甲子科舉人，甲戌科進士，現任雲南迤西兵備道，前戶科掌印給事中，掌山東道監察御史，欽命巡視東城，河南道監察御史，戶部陝西司員外郎、湖廣司主事，翰林院庶吉士。衛老夫子，名潜都，陽城縣人，嘉慶癸酉科選拔舉人，現任山西河曲縣訓導。堂叔高祖萬福、萬景、萬興。胞叔高祖萬義、萬成。從堂叔曾祖生灝、生源。堂叔曾祖生禮、生和、生貴、生茂。胞叔曾祖生健，馳贈奉政大夫，布政司理問加二級。再從堂叔祖世泰、世盛、世傑。從堂叔祖世通、世順、世顯。堂叔祖世選、世政。胞叔祖世維，敕贈徵士郎；世仁，太學生，誥贈奉直大夫，布政司理問加二級；世昌，例贈奉直大夫。族叔汝明，乙酉科選拔貢生〔註71〕。再從堂叔瑗、珪、瑤、瑢、瑄、珣、瑗。從堂叔琳、瑚、碧。堂叔瑛，敕贈徵士郎；珍；琮，邑庠生；連，太學生，誥贈奉直大夫，布政司理問加二級；璋；霽嵐，廩膳生，原名琇，候選儒學教諭；璐，邑庠生。再從堂弟爾良，太學生，詹事府主簿；爾儉，太學生；爾欽、爾謙〔註72〕、爾敬，俱業儒；爾聰。再從堂姪太和，業儒；守和，幼。從堂姪保和，幼。娶張氏，處士諱象昭公女，乾隆己酉科武舉人候選衛守備諱維翰公堂姪女。子履中，邑庠生；履亨，業儒。

〔註71〕《道光乙酉科山西選拔明經通譜》：祁汝明，字黼堂，號麗亭，行一，乾隆庚戌年四月十四日卯時生，山西澤州府鳳臺縣儒學廩膳生，民籍。曾祖萬金。曾祖母氏張、王。祖興山，恩給九品頂戴。祖母氏王。父秉昌，鄉飲耆賓。母氏趙，庠生永耀公女。具慶下。胞弟汝弼，業儒。妻張氏，國學生名錦張胞妹。子爾厚；爾靖，業儒；爾楷，業儒；爾式。
〔註72〕祁爾謙，字六吉。同治四年，任員外郎、廣東司行走。

女一，幼。族繁只載本支，居城東北五十里北尹寨村。鄉試中式第二十二名，會試中式第八十五名，殿試第三甲一百十七名，欽點即用知縣，奉旨改歸議敘知州原班。

《道光十五年進士登科錄》：祁爾誠，貫山西澤州府鳳臺縣，民籍，附貢生。曾祖生喜。祖世德。父珩。乙酉科鄉試第二十二名，乙未科會試第八十五名。

《道光十五年進士題名碑》：祁爾誠，山西鳳臺縣人。

道光十六年丙申恩科

王遹昭：字介明、監民、介民，號怡山、怡士，陽城龍門巷人，王瑤臺次子，民籍，縣學廩膳生。道光十四年，甲午科山西鄉試第三名。道光十六年，丙申恩科會試第一百五十四名，殿試第三甲七名。選翰林院庶吉士。道光十八年，散館授檢討。道光十九年，充己亥科順天鄉試同考官，試完賞小卷江綢料兩件。道光二十年，充庚子恩科順天鄉試同考官。道光二十二年，選江南道監察御史。道光二十三年，掌福建道監察御史加三級，充癸卯科順天鄉試同考官。咸豐三年，居鄉倡辦團練，諭令督率練勇。咸豐四年，以團辦有功，加銜獎敘。教授鄉里三十年。年七十，卒於家。

《道光甲午科直省同年錄》：王遹昭，字介明，一字監民，號怡山，行三又行二，嘉慶癸亥年六月初三日生，山西澤州府陽城縣廩生。道光甲午年山西鄉試中式第三名舉人，丙申年會試中式第一百五十四名進士，翰林院庶吉士，授職檢討，己亥庚子癸卯三科順天鄉試同考官，現任掌福建道監察御史。曾祖光祿，乾隆癸酉拔貢，候選直隸州州判，馳贈奉政大夫，掌湖廣道監察御史。曾祖母氏張，馳贈宜人。祖若維，增生，誥封奉政大夫，掌湖廣道監察御史。祖母氏張，誥封宜人。父瑤臺，乾隆己酉舉人，乙卯進士，由檢討官至掌湖廣道監察御史，誥授奉政大夫。母氏衛，誥封宜人；庶母氏梁，旌表節孝。胞伯儀盛，廩貢生，候選訓導。胞兄弟遹醇，增生；遹徹，道光丁酉拔貢。妻氏石。子□。世居城東龍門巷。

《道光十六年進士登科錄》：王遹昭，貫山西澤州府陽城縣，民籍，廩膳生。曾祖光祿。祖若維。父瑤臺。甲午科鄉試第三名，丙申科會試第一百五十四名。

《清秘述聞續》：道光十九年己亥科順天鄉試 同考官 檢討王
遹昭，字怡山，山西陽城人，丙申進士。道光二十年庚子恩科順天
鄉試 同考官 檢討王遹昭，字怡士，山西陽城人，丙申進士。道光
二十三年癸卯科順天鄉試 同考官 御史王遹昭，字怡士，山西陽城
人，丙申進士。

《道光二十三年癸卯科直省同年全錄》：順天同考官 掌福建道
監察御史王遹昭，山西陽城縣人，丙申進士。

《國朝歷科館選錄》：王遹昭，山西陽城人。

《國朝御史題名》：道光二十二年 王遹昭，字怡山，號介民，
山西陽城縣人，道光丙申進士，由翰林院檢討考選江南道御史。

《詞林輯略》：王遹昭，字介民，號怡山，山西陽城人，散館授
檢討，官至江南道監察御史。

《清代硃卷集成》：〔王家壁〕受知師 王介明老夫子，名遹昭，
山西陽城人，道光丙申進士，翰林院檢討，掌福建道監察御史，己亥
順天鄉試同考官。〔曹炳燮〕受知恩師 介民王老夫子，印遹昭，山
西陽城人，道光丙申進士，福建道監察御史，己亥順天同考官。

《同治元年壬戌恩科山西鄉試同年齒錄》：〔王鳳岐〕業師 庭
訓 王老夫子，諱遹昭，丙辰翰林，前山東道監察御史。

《道光十七年丁酉科明經通譜》：〔王遹徵〕胞兄遹昭，丙申進
士，翰林院庶吉士。

道光十八年戊戌科

翟鳴陽： 字賡廷，號晴阿，澤州翟河底村人，民籍，廩膳生。道光八年，
戊子科山西鄉試第五十五名。道光十五年，乙未科選拔大挑一等，分發雲南
試用知縣。道光十八年，戊戌科會試第八十三名，殿試第三甲四十名。道光
十九年十二月初八日，署任青田縣知縣。道光二十二年正月，補東陽縣知縣。
道光二十三年，充癸卯科浙江鄉試同考官，署理烏程縣知縣。

《道光八年直省同年錄》：翟鳴陽，字賡廷，號晴阿，行一，嘉
慶丁巳年七月二十三日生，澤州府鳳臺縣優廩生，乙未大挑雲南試
用知縣。曾祖漢英。祖大舉。父裕元。胞叔林元。胞弟鳴岐。子聯
科、聯雋。世居城南翟家河底村。

《道光十五年乙未大挑年譜》：翟鳴陽，字賡廷，號晴阿，行一，嘉慶丁巳年七月二十三日吉時生，山西澤州府鳳臺縣學優廩生，民籍。曾祖漢英；曾祖母氏安。祖大舉，例馳贈文林郎；祖母氏原，例馳贈孺人；氏曾、李，例馳贈孺人。父裕元，例贈文林郎；母氏王，例封孺人。慈侍下。胞叔林元。胞弟鳴岐。娶侯氏、苗氏。子聯科、聯雋。戊子鄉試中式第五十五名，乙未科大挑一等，分發雲南省即用知縣。

《道光十八年進士登科錄》：翟鳴陽，貫山西澤州府鳳臺縣，民籍，廩膳生，字賡廷，行一，丁巳七月二十三日吉時生。曾祖漢英。祖大舉。父裕元。鄉試第五十五名，會試第八十三名。

《道光十八年進士題名碑》：翟鳴陽，山西鳳臺縣人。

《道光二十三年癸卯科直省同年全錄》：浙江　同考官　金華府東陽縣知縣翟鳴陽，山西鳳臺縣人，戊戌進士。

《清代硃卷集成》：〔黃晉鈖〕受知師　翟晴阿夫子，名鳴陽，山西鳳臺人，道光戊戌進士，前任東陽縣知縣。〔徐時楳〕受知師　翟晴阿夫子，名鳴陽，道光戊戌進士，前金華府東陽縣知縣，癸卯鄉試同考官，署湖州府烏程縣知縣。

張林：字茂之，號扶春，陽城人，民籍，附學生。嘉慶二十一年，丙子科山西鄉試第五十四名。大挑一等，授山陰縣訓導。道光七年，署任平遙訓導。道光十八年，戊戌科會試第一百四十八名，殿試第三甲七十四名。道光二十年五月，補昭平知縣。道光二十三年，充癸卯科廣西鄉試同考官。道光二十四年正月，調懷遠知縣。升直隸州同知。咸豐三年，革職。升至柳州知府。

《嘉慶丙子科齒錄》：張林，字茂之，號扶春，行三，乾隆癸丑年四月三十日吉時生，澤州府陽城縣人，現任山陰縣訓導。曾祖權，乾隆辛酉解元，寧武縣教諭。祖道昌，乾隆庚辰恩科舉人，福建福鼎縣知縣。父成魁，歲貢生。子煥生。

《道光十八年進士登科錄》：張林，貫山西澤州府陽城縣，民籍，附學生，行三，癸丑四月三十日吉時生。曾祖權。祖道昌。父成魁。鄉試第五十四名，會試第一百四十八名。

《道光十八年進士題名碑》：張林，山西陽城縣人。

《道光癸卯科直省同年全錄》：廣西同考官 平樂府昭平縣知縣調任柳州府懷遠縣知縣張林，山西陽城縣人，戊戌進士。

道光二十四年甲辰科

竇奉家：字盛生、子先，號千山、襯珊，沁水竇莊人，民籍，縣優廩生。道光十七年，丁酉科拔貢第一名。道光十八年，朝考二等第十四名，保和殿複試二等第五名。道光十九年二月，選汾西縣訓導；八月，己亥科山西鄉試第五十三名。道光二十四年，甲辰科會試第一百五十二名，複試第一等五名，殿試第二甲二十九名，朝考第一等十三名。欽點翰林院庶吉士。道光二十五年，散館授編修，歷文淵閣校理、國史館總纂，記名御史。道光二十六年丙午科，充順天鄉試同考官。道光三十年，南書房行走。咸豐五年七月，授遵義府知府。咸豐十年五月，復任遵義知府，署任貴西兵備道。撰《十里河西里閭社公立規條碑記》。

《道光十七年丁酉科明經通譜》：竇奉家，字盛生，號千山，行九，嘉慶癸酉年八月初二日戌時生，山西澤州府沁水縣優廩生。民籍。曾祖繼緒，優庠生，敕贈文林郎江西新淦縣知縣。曾祖妣氏李、程，俱敕贈孺人。祖銘，恩貢生，候選直隸州州判，敕封文林郎，江西新淦縣知縣。祖妣氏王，敕封孺人。父心傳，嘉慶辛酉進士，歷任江西新淦、豐城縣、奉天寧海、承德知縣，前翰林院庶吉士。前、生母氏霍、高，俱敕封孺人。庶母氏朝。庶慈侍下。胞叔燕傳，歲貢生，候選儒學訓導；穎傳，廩生。胞兄弟京家，庠生；林家，業儒，早歿。胞姪一之，庠生。妻張氏。子節之，幼。女一。世居縣東鄉竇莊三孝巷。

《道光二十四年會試齒錄》：竇奉家，字子先，號千山，一號襯珊，行九，嘉慶癸酉年八月初二日戌時生，澤州府沁水縣拔貢生。民籍。汾西縣訓導。曾祖繼緒，優庠生，敕贈文林郎江西新淦縣知縣。曾祖母氏李，敕贈太孺人；氏程，敕贈太孺人。祖銘，恩貢生，候選直隸州州判，敕封文林郎，江西新淦縣知縣。祖母氏王，雍正丁未進士兵部左侍郎承堯公姪孫女，太學生卓觀公女，敕封太孺人。父心傳，嘉慶辛酉進士，翰林院庶吉士，歷任江西新淦、豐城、奉天寧海、承德知縣，甲子科江西同考試官，署奉天府治中，敕授文

林郎。母氏霍，隆譽公女，嘉慶丁丑進士，咸安宮教習，現任汾州府教授，慶姚公胞姊，敕封孺人；氏高，例封孺人。庶母氏朝。胞叔燕傳，歲貢生，候選儒學訓導；穎傳，廩生。胞兄弟京家，庠生；林家，業儒，早逝。胞姪一之，庠生。胞姪孫旗鈴，就傳。妻張氏，太學生方來公子聯珍公女。子淑之；捷禧，殤；濬之，幼。族繁不及備載。世居縣東寶莊。丁酉科拔貢第一名。戊戌朝考二等第十四名。保和殿複試二等第五名。己亥鄉試中式第五十三名。會試中式第一百五十二名。複試一等第五名。殿試第二甲第二十九名。朝考一等第十三名。欽點翰林院庶吉士。

《道光二十四年甲辰科進士同年錄》：寶奉家，沁水縣人，二甲二十九名，庶吉士，授編修。字千山，行九，癸酉八月初二日生。丁酉拔貢。己亥舉人。會試一百五十二名。曾祖繼緒。祖銘。父心傳。子淑之、濬之。

《道光二十四年進士題名碑》：寶奉家，山西沁水縣人。

《清秘述聞續》：道光二十六年丙午科順天鄉試 同考官 編修寶奉家，字千山，山西沁水人，甲辰進士。

延彩：字子雲，號紫筠、麗峰，陽城潤城鎮人，民籍，拔貢生。道光八年戊子山西鄉試第十九名，署絳州訓導、寧武縣教諭。道光二十四年甲辰科會試第一百二十二名，殿試第二甲五十三名，朝考第二等五十七名。道光二十五年，任永清知縣。病歸。補博野知縣，未任卒。著有《簡齋詩草》《一藝堂文集》。

《道光乙酉科山西選拔明經通譜》：延彩，字子雲，號麗峰，行一，嘉慶己未十一月二十三日吉時生，澤州府陽城縣附生，民籍。曾祖九祿。曾祖母氏王、氏李。祖萬順。祖母氏張；氏李；氏王。父庭桂。母氏趙。具慶下。弟彭、彬、彤。妻張氏、張氏。子□。

《道光八年直省同年錄》：延彩，字子雲，號麗峰，行一，嘉慶己未十一月二十三日生，澤州府陽城縣，乙酉拔貢，試用教諭。曾祖九祿。祖萬順。父庭桂，監生。胞弟彭、彬、彤。子應龍。世居城東潤城鎮。

《道光二十四年會試齒錄》：延彩，字子雲，號麗峰，行一，

嘉慶己巳年十一月二十三日吉時生，山西澤州府陽城縣拔貢生，民籍。就職教諭，署絳州訓導、寧武縣教諭。太高祖沛然。太高祖母氏栗。高祖履吉。高祖母氏李。曾祖九祿。曾祖母氏王、氏李。祖萬順，例贈文林郎。祖母氏張，例贈孺人；氏李，例贈孺人；氏王，例贈孺人。父庭桂，太學生，例贈文林郎。母氏趙，例封孺人。慈侍下。高伯叔祖彙吉、旋吉、坤吉。胞伯叔祖大順；天順，鄉飲耆賓。從堂叔祖和順。堂叔攀桂，太學生；修桂。再從堂叔嘉桂、叢桂、森桂、金桂、發桂、嵩桂。再從堂兄維禮，例授儒林郎，候選州同。從堂弟彣。胞弟彭；彬；彤，庠生，榜名翰彰。再從堂姪應喜。妻張氏，同邑彌清公女；張氏，戊戌進士廣西懷遠縣知縣癸卯科同考試官林公女；衛氏，太學生瑤公女，戊子科舉人大挑二等朔平府訓導立言堂妹。子應龍，業儒。女一。族繁不及備載。世居城東潤城鎮，距城二十里。業師。特舟劉老夫子，名灝，增生。漪亭王老夫子，名同文，附監生。石渠許老夫子，名國華，郡庠生，鄉飲介賓。堯山蔡老夫子，名階升，庠生。環溪張老夫子，名叔欽，戊辰恩科舉人，丁丑大挑二等，臨縣儒學教諭。蘆村賈老夫子，名萬瑾，戊辰恩科舉人，丙戌大挑二等平遙縣儒學訓導。乙酉選拔第一名。戊子本省鄉試中式第十九名。會試中式第一百二十二名。殿試第二甲第五十三名。朝考第二等第五十七名。欽點即用知縣。

《道光二十四年甲辰科進士同年錄》：延彩，陽城縣人，二甲五十三名，知縣。紫筠，行一，己巳十一月二十三日生。乙酉拔貢。戊子舉人。會試一百二十二名。曾祖九祿。祖萬順。父庭桂。子應龍。

《道光二十四年進士題名碑》：延彩，山西陽城縣人。

韓懋德：字子峻，號厚菴、玉軒、一德，陵川人，民籍，廩生。道光十四年，甲午科山西鄉試第十一名。道光二十四年，甲辰科會試第一百八十六名，複試第二等二十七名，殿試第三甲九十二名。欽點即用知縣。道光二十六年三月二十二日，署任青田知縣。咸豐六年，任禮部額外主事。告假歸，教授鄉里，晚年精堪輿術，卒於家。

《道光甲午科直省同年錄》：韓懋德，字厚菴，號一德，行二，

嘉慶戊辰年八月十三日生，山西澤州府陵川縣廩生，道光甲午年山西鄉試中式第十一名舉人。曾祖均法。曾母氏□。祖世甫。祖母氏侯。父光煥，增生。母氏趙。胞兄弟懋修；懋行，廩生；懋昭，庠生；懋華。妻氏□。

《道光二十四年會試齒錄》：韓懋德，字子峻，號厚菴，又號玉軒，行二，嘉慶戊辰年八月十三日申時生，山西澤州府陵川縣廩生，民籍。曾祖均法。曾祖母氏王。祖世甫，例贈文林郎。祖母氏侯，例贈孺人。父光煥，字曉山，號耀廷，增廣生員，鄉飲介賓，例封文林郎。母氏趙，例封孺人。庶母氏彭。嚴侍下。胞兄懋修。胞弟懋行，廩生；懋昭，廩生；懋建，業儒。胞姪之秀、之俊、之傑、之彥、之偉、之屏、之翰，俱業儒。妻武氏，太學生、鄉飲介賓傅文武公之女。子之清，業儒；之獻，幼。女二，幼。族繁不及備載。業師。庭訓。課師。強老夫子，名上林，字杏齋，江蘇溧陽縣人，嘉慶甲戌進士，翰林院庶吉士，原任山西陵川縣知縣，現升寧遠州知州。謝老夫子，諱照，字裕庵，浙江山陰縣人，甲子科舉人，景山教習，原任陵川縣知縣。鄉試中式第十一名。會試中式第一百八十六名。複試二等第二十七名。殿試第三甲第九十二名。欽點即用知縣。

《道光二十四年甲辰科進士同年錄》：韓懋德，陵川縣人，三甲九十二名，知縣，分發浙江。玉軒，行二，戊辰八月十三日生。廩生。舉人。會試一百八十六名。曾祖均法。祖世甫。父光煥。子之清、之獻。

《道光二十四年進士題名碑》：韓懋德，山西陵川縣人。

道光二十五年乙巳恩科

衛東陽： 字震初，號曉園，陽城尹家溝人，民籍，縣學廩生。道光十五年，乙未恩科山西鄉試第十一名。道光二十五年，乙巳恩科會試第一百三十名，殿試第三甲六十七名。萬曆二十八年，署任深澤知縣，民立德政碑。道光二十九年，署任山東棗強知縣；五月，補直隸無極知縣。

《道光十五年乙未恩科山西鄉試》：衛東陽，曉園，行一，庚申生，澤州府陽城縣廩生。

《道光十五年乙未恩科鄉試同年全錄》：衛東陽，字震初，號曉園，行一，嘉慶庚申二月初七日生，澤州府陽城縣廩生，民籍。居尹家溝。曾祖滗，母氏楊。祖席珍，庠生，母氏侯。父蘭臺，庠生，母氏田。胞叔蘭亭。胞弟載陽，庠生。妻張氏。子愉。

《道光二十五年進士題名碑》：衛東陽，山西陽城縣人。

道光二十七年丁未科

曹鴻舉：字時菴，號秋皋、仲翔、蓉橋，陵川縣城北關人，民籍。道光十七年，丁酉科拔貢。道光二十四年，甲辰科順天鄉試第三十二名，正大光明殿複試欽取第一等八名。主潞城、平順書院。道光二十七年，丁未科會試第一百六十七名，複試第二等四十四名，殿試第二甲七十二名，朝考三等。欽點即用知縣，授溫縣知縣，未任病故。著有《印雪山房詩草》待梓。子曹振翰，恩貢。

《道光十七年丁酉科明經通譜》：曹鴻舉，字秋皋，號竹友，行二又行六，嘉慶癸酉年四月二十二日吉時生，山西澤州府陵川縣優廩生，民籍。曾祖全，例馳贈修職郎。曾祖妣氏李，例馳贈孺人。祖秀龍，例贈修職郎，例馳贈文林郎。祖妣氏武，例贈孺人。父遐齡，字宜亭，道光丙申歲貢，候選儒學訓導，例授修職郎，例封文林郎。母氏郭，例封孺人。具慶下。胞伯嵩齡，字介亭，號壽山，邑庠生；彭齡。胞兄鴻達，字逢九，號蓮舫，優廩生，乙酉、戊子、壬辰、丁酉科薦卷。胞弟鴻文，字郁如，號漢章，增廣生。妻王氏。子成林，幼□。女□。

《祁寯藻集》：九月十六日派穆彰阿、卓秉恬、祁寯藻、許乃普、文慶、周祖培、花沙納閱甲辰恩科鄉試覆試卷。一等十三名：李嘉歗十七名，李鴻藻七十二名，孫觀五十四名，沈寶昌五十九名，周壽昌二名，華翼綸二十名，顧世綸百十八名，曹鴻舉三十二名，史致飴百三十三名，吳師祁二百二十六名，李鴻章八十四名，謝棠三十名，華承皋二百十八名。二等三十九名，三等九十七名，四等二名。張圻、慶文，罰停二科，不列等一名，周灝孫革去舉人，係癸卯科，補覆試。十七日覆閱中式卷典覆試卷筆跡相符，著為例。

《道光二十七年會試錄》：第一百六十七名，曹鴻舉，山西澤州

府陵川縣拔貢生。

《道光二十七年會試同年錄》：曹鴻舉，蓉橋，行二，陵川人，即用。

《道光二十七年進士題名碑》：曹鴻舉，山西陵川縣人。

《清代硃卷集成》：曹鴻舉，字時菴，號秋臬，一號仲翔，行二，嘉慶己卯年四月二十二日吉時生，山西澤州府陵川縣優廩生，丁酉科拔貢，民籍。曾祖全，例馳贈修職郎。曾祖母氏徐，例馳贈孺人。本生曾祖官，字天祿，例馳贈修職郎。本生曾祖母氏許，例贈孺人。祖秀龍，例贈修職郎，例馳贈文林郎。祖母氏武，例贈孺人。本生祖志明，字希哲，例授登仕郎，例馳贈文林郎。本生祖母氏劉，例贈孺人。父遐齡，字宜亭，道光丙申歲貢，候選儒學訓導，例授修職郎，鄉飲正賓，敕封文林郎。母氏郭，名天佑公女振興公姊，例敕封孺人。具慶下。胞伯嵩齡，字介亭，號壽山，邑庠生；彭齡。堂叔永齡，增廣生；錫齡。胞兄鴻達，字逢九，號蓮舫，優廩生。胞弟鴻文，字鬱如，號漢章，優廩生。堂兄鴻書，字雲衡，號月汀，府醫學正科；鴻業。從堂兄鴻儒、鴻謨。從堂弟鴻勳、鴻猷、鴻基。堂侄成行、成采。胞侄女一。妻王氏，邑庠生名元芳字乾齋號松崖公女，繼娶王氏，元芳公次女。子成林，業儒。女二。族繁只載本支。世居縣城北關。業師。庭訓。課師。心齋王老夫子，諱悝，己丑進士，前任澤州府學教授。方齋謝老夫子，名榮埰，丙申恩科會魁，翰林院編修，國史館提調，文淵閣校理，江南道監察御史，京察一等加一級。濯江曹老夫子，名文錦，庚午科舉人，前任陵川縣知縣，現任汾陽縣知縣。子容劉老夫子，名承寬，丙子科舉人，咸安宮教習，前任陵川縣知縣，欽加同知銜，現任安邑縣知縣。受知師。栴堂李老夫子，名煌，丁丑進士，禮部右侍郎，前提督山西學政，現任江蘇學政。良山汪老夫子，名振基，道光壬辰進士，詹事府左贊善，前提督山西學政。湘坡姚老夫子，名福增，壬辰進士，翰林院庶吉士，吏部員外郎。芝農杜老夫子，名受田，癸未進士，現任工部尚書。蘭芷張老夫子，名濃中，丁丑進士，刑部右侍郎。蘿邨羅老夫子，名文濬，壬午進士，內閣學士兼禮部侍郎銜署工部左侍郎。醇士戴老夫子，名熙，壬辰進士，現任內閣學士兼禮部侍

郎銜稽查中書科。丁酉選拔第一名。鄉試中式第三十二名。正大光
明殿複試欽取一等第八名。會試中式第一百六十七名，複試二等第
四十四名。殿試二甲第七十二名。朝考三等。欽點即用知縣。

道光三十年庚戌科

侯玳：字君佩、佩之，號蓮峰，陽城上孔村人，民籍，優廩生。道光十九
年，己亥科山西鄉試第三名。道光三十年，庚戌科會試第一百五十五名，殿
試第三甲五十一名。欽點廣西即用知縣。咸豐三年四月，選平陽府學教授。
胞弟侯季玉〔註73〕。

　　《道光三十年庚戌科會試題名錄》：〔第一百五十五名〕侯玳，
山西陽城。

　　《侯氏家譜》〔註74〕：侯玳，字君佩，一字佩之，號蓮峰，行
一，堂行五，乾隆乙卯年十月初五日申時生，山西澤州府陽城縣優
廩生，民籍。始祖國榮，明自洪洞縣遷於本縣美泉里，後移居兩孔
里。九世祖得庫。八世祖守爵，字列五。七世祖崇啟，字開運。太
高祖盡善，字貴初。高祖敏周，字繩武。曾祖鎮都，字欽侯。曾祖
母氏張。祖捷，例封登仕郎，馳封文林郎。祖母氏□。父百昌，候
選州吏目，例授登仕郎，例贈文林郎。母氏□。□□下。十世叔祖
國孝，號前溪，明廩膳生員。曾叔祖鎮府、鎮崑。胞伯祖拔，字超
然。堂伯叔祖援；拱；技，太學生；振；搖；攉，耆賓；拎。胞伯
丕昌，字西劼，邑庠生。嫡堂伯世昌，字締勳，邑庠生。堂伯叔祖
履昌；壽昌；永昌，即蒙師；建昌；仕昌；熙昌，太學生；烈昌；
韶昌；時昌，邑庠生；元昌；毓昌；魁昌；久昌；式昌；瀚昌；錦
昌，太學生；蘭昌；貴昌……鄉試中式第三名。會試中式第一百五
十五名。……

　　《道光三十年進士題名碑》：侯玳，山西陽城縣人。

〔註73〕《咸豐乙卯科山西鄉試同年齒錄》：侯季玉，原名瑛，字季玉，應試以字名，
　　　　號郎峰，行五，道光辛巳年六月初二日吉時生，澤州府陽城縣增生。曾祖鎮
　　　　都。祖捷，例封登仕郎，馳封文林郎。父百昌，候選州吏目，例授登仕郎，
　　　　例贈文林郎。

〔註74〕編者按：此為《上孔村志》中的《侯氏族譜》，應為會試同年齒錄的部分，是
　　　　科科舉文獻目前尚無發現，可做補充。

咸豐二年壬子恩科

曹翰書：字寶臣，號硯農、拙吾，陽城西坡人，縣學廩生。道光三十年，庚戌科拔貢第一名，朝考第二等第八名，覆試第一等一名，欽點七品小京官，分發刑部廣西司行走。咸豐元年，辛亥科順天鄉試第二百六名。咸豐二年，壬子恩科會試第六十四名，殿試第二甲四十名。本年，授額外中書舍人，委署侍讀。同治十二年，加一級，任漢標籤中書舍人。留中書二十年。歷主澤州明道書院、陵川望洛書院。張之洞招其纂修《山西通志》未果，出熱河同知，光緒十三年卒於瀋陽。著有《剳記》。

　　《道光己酉科山西拔貢優貢同年錄》：曹翰書，字寶臣，號拙吾，行一，道光戊子十一月二十日生。陽城縣廩生。刑部七品小京官。辛亥舉人，壬子進士，現官內閣中書委署侍讀。曾祖子聚。祖師謨，監生。父升俊，道光乙未副榜[註75]，甲辰舉人，靈丘文水縣教諭。母氏郭；母氏延、和；母氏劉、張。胞叔升秀，廩生。胞弟百壽。妻潘氏。子玉堂、玉蘭。

　　《道光三十年庚戌科拔貢朝考同年齒錄》：曹翰書，字寶臣，號硯農，行一，道光戊子十一月二十日生。曾祖子聚，鄉飲賓。曾祖母氏郭，鄉飲賓有國公女，國學生，京□公胞姊。祖師謨，國子生。祖母氏延，雙發公女；氏和，鄉飲賓自魁公女，國學生，茂林公胞姊。父升俊，道光乙未副榜，甲辰舉人。母氏劉，嘉慶戊寅舉人作霖公女，道光丁酉舉人瑔華公胞姊；氏張，國學生，若公孫女，懋官公女。俱慶下。胞叔升秀，廩生。妻氏潘，國學生書麟公女。子鸞章，幼。選拔第一名，朝考第二等第八名，覆試第一等第一名，欽點七品小京官。

　　《咸豐二年會試錄》：第六十四名，曹翰書，山西澤州府陽城縣拔貢生。

　　《咸豐二年進士登科錄》：曹翰書，貫西澤州府陽城縣，民籍，拔貢生。曾祖子聚。祖師謨。父升俊。辛亥科鄉試第二百六名，壬子科會試第六十四名。

　　《咸豐二年進士題名碑》：曹翰書，陽城縣人。

〔註75〕《道光十五年乙未恩科鄉試同年全錄》：副榜十二名，曹升俊，行，嘉慶壬戌生，澤州府陽城縣廩貢生。

咸豐十年庚申恩科

霍潤生：字雨霖，沁水曲堤人，縣學廩生。咸豐二年，壬子科山西鄉試第六十名。咸豐十年，庚申恩科殿試第二甲四十四名。同治八年，授工部額外主事。光緒五年，年五十，任長壽知縣，任期十二年，民立德政碑。光緒十四年，充戊子科四川鄉試內掌卷官。光緒十八年，補墊江知縣，纂修《墊江縣志》。光緒十八年九月，調四川達縣知縣。侄霍兆梅〔註76〕。撰有《李維翰墓表》《嘯聲樓詩序》。著有《藤蔭軒詩草》《娛我園詩草》。

　　　　《咸豐壬子科十八省鄉試同年錄》：第六十名，霍潤生，三十三歲，沁水，縣廩生。

　　　　《咸豐十年金榜題名錄》：第二甲賜進士出身　第四十四名，霍潤生，山西沁水縣人。

　　　　《咸豐十年進士題名碑》：霍潤生，山西沁水縣人。

　　　　《清代朱卷集成》：〔張葆吉〕受業師　霍雨霖夫子，印潤生，山西沁水人，庚申進士，由工部主政改授長壽知縣，應試履列前茅，啟迪良多，蒙器重焉。〔李滋然〕受業師　霍雨林夫子，名潤生，山西沁水人，庚申進士，現任長壽縣知縣。〔雷光宇〕受業師　霍雨林夫子，名潤生，山西沁水人，壬子科舉人，庚申進士，欽點主事，現任長壽縣知縣。

　　　　《光緒十四年四川鄉試錄》：內掌卷官　長壽縣知縣霍潤生，山西沁水縣人，庚申進士。

同治十年辛未科

曹登瀛：字仙洲，陵川人，府學增生。同治三年，甲子科山西鄉試第七十一名。同治十年，辛未科會試第二百七十九名，殿試第三甲一百四十名。本年，分發安徽即用知縣，到省一載，未任而卒。

　　　　《同治甲子科十八省直省同年錄》：第七十一名，曹登瀛，二十七歲，陵川，府增生。

　　　　《同治十年進士題名碑》：曹登瀛，山西陵川縣人。

〔註76〕《直省鄉試同年齒錄咸豐五年乙卯科》：〔順天鄉試〕第二百三十名，霍兆梅年二十九歲，山西澤州府沁水縣人，附監生。〔齒錄〕霍兆梅，字伯芳，號銘謙，別號香嚴，行一，道光乙酉年十月初四日生吉時生，山西澤州府沁水縣附監生。曾祖隆膺。祖慶唐，庠生，例馳贈文林郎。父慈生，附監生，例封文林郎。

光緒九年癸未科

竇渥之：字季殊，號霑甫，沁水竇莊人，民籍，縣學優廩生。同治九年，庚午科山西鄉試第七十一名，覆試第二等第一百五十九名。光緒六年，大挑二等，候選教職。光緒九年，癸未科會試第九十名，保和殿覆試第二等六十五名，殿試第三甲六十五名。朝考二等。欽點主事，簽分刑部。清光緒二十三年（1896）經理維修浮山南北廟。

　　《同治九年庚午科十八省鄉試同年錄》：七十一名，竇渥之，二十二歲，沁水縣，廩生。

　　《同治九年庚午科大同年齒錄》：竇渥之，字季殊，號霑甫，道光己酉年九月初四日生，山西澤州府沁水縣優廩生。第七十一名舉人，癸未科進士。刑部主事。曾祖銘，恩貢生，直州判。母氏王。祖心傳，嘉慶戊午舉人，辛酉進士，奉天承德縣知縣。庶母氏霍、高、朝。父奉家，道光己亥舉人，甲辰翰林，貴州遵義府知府。庶母氏張、王、王。胞伯京家，附生，六品銜。胞叔林家。胞兄淑之，監生；捷禧；濬之，陝西布庫大使。胞弟準之、渟之。胞侄向道、守道。

　　《光緒九年進士登科錄》：竇渥之，貫山西澤州府沁水縣，民籍，優廩生，字季殊，行七，壬子九月初四日生。曾祖銘，恩貢。祖心傳，翰林院庶吉士。父奉家，翰林院編修。母張氏，繼母王氏、王氏。慈侍下。庚午科鄉試第七十一名，癸未科會試第二百三十三名。

　　《光緒九年癸未科會試同年齒錄》：竇渥之，字季殊，號霑甫，行七，咸豐壬子相九月初四日吉時生，係山西澤州府沁水縣，諮部優廩生，民籍。曾祖銘，嘉慶庚申恩貢，候選直隸州州判，敕封文林郎，江西新淦縣知縣，誥贈通奉大夫。曾祖母王氏，雍正丁未翰林兵部左侍郎諱承堯公曾孫女，太學生卓觀公女，敕封孺人，誥贈太夫人。祖心傳，嘉慶戊午舉人，辛酉恩科進士，翰林院庶吉士，改知縣，歷任江西新淦、豐城，奉天府寧海、承德等縣知縣，甲子江西鄉試同考官，署奉天府治中護理府尹印務，委辦理吉林屯田，敕授文林郎，誥贈通奉大夫。祖母氏霍，隆譽公女，敕封孺人，誥贈太夫人；高，敕贈太孺人，誥贈太夫人。庶祖母氏朝，馳太恭人。

父奉家，道光丁酉拔貢，朝考二等選汾西縣訓導，己亥恩科舉人，甲辰進士，翰林院編修，丙午順天鄉試同考官，歷充國史館總纂，提調文淵閣校理癸丑教習庶吉士，京察一等，簡放貴州遵義府知府卓異，賞戴花翎，記名道，督辦遵平所屬軍務，署貴西兵備道，誥授中憲大夫，恩賞二品封典。母氏張，聯珍公女，誥封恭人。庶母氏王，先歿；王，例馳贈安人，先歿。慈侍下。胞叔祖燕傳，歲貢生，候選訓導。穎傳，廩生。胞伯京家，馳封儒林郎，庠生。胞<u>叔</u>〔註77〕林家，業儒，早逝，馳贈文林郎。胞兄淑之，太學生，績學早逝；濬之，陝西盡先補用布庫大使。胞弟準之，幼讀最慧，殤；渟之，幼讀。胞姪向道；守道，幼讀。嫡堂姪志道，庠生。娶郭氏，分發山東即用同知建章公女，前山東沂水縣分縣總斌公姪女。妾焦、李氏。子一，任道，幼□。女三。庚午，本省鄉試中式第七十一名，覆試第二等第一百五十九名。庚辰，大挑二等候選教職。會試中式第九十名，保和殿覆試第二等第六十五名。殿試第三甲第六十五名。朝考二等。欽點主事，簽分刑部。

《光緒九年進士題名碑》：竇渥之，山西沁水縣人。

光緒十五年己丑科

賈作人：字壽林，號樸山、伯珊，沁水端氏鎮人，民籍。光緒五年，優貢第一名，同年己卯科山西鄉試第三十一名。光緒十五年，己丑科會試第一百五十五名，複試二等第九十三名，殿試第三甲八十一名，朝考第三等九十九名。欽點即用知縣，簽分直隸。光緒二十三年，補授遷安知縣，未仕而卒，年四十三，子賈景德表其墓，詳見《清賜進士出身誥授奉政大夫晉贈資政大夫皇考壽林賈府君墓表》。

《光緒五年己卯科十八省同年全錄》：第三十一名，賈作人，年二十五歲，沁水縣學優廩生。

《光緒己卯科直省同年全錄》：賈作人，字樸山，號壽林，行一，咸豐乙卯年七月初四日吉時生，山西澤州府沁水縣優廩生，民籍。現官。曾祖殿卿，鄉飲介賓。母氏竇、趙。祖聯彪，太學生。母氏王。本生祖聯徵，太學生，候選通判。母氏霍。父沂，廩貢生，候

〔註77〕原文缺，筆者補。

選訓導。母氏李、侯、成。庶母氏李。胞弟雨田；煥林，庠生；酉山，廩生。胞侄次元。妻氏竇、氏趙。子□。女□。

《光緒十五年進士登科錄》：賈作人，貫山西澤州府沁水縣，民籍，優廩生，字壽林，行一，乙卯年七月初四日生。曾祖殿卿，太學生。祖聯彪，太學生。父沂，廩貢。母李氏、侯氏、成氏，繼母李氏。嚴繼慈侍下。已卯鄉試第三十一名，會試第一百五十五名。

《光緒己丑科會試同年齒錄》：賈作人，字壽林，號樸山，一號伯珊，行一，又行十二，咸豐乙卯年七月初四日吉時生，山西澤州府沁水縣優廩生，民籍。曾祖殿卿，太學生，敕贈承德郎。姚氏竇、趙，敕贈孺人。祖聯彪，太學生，馳贈文林郎。姚氏王，馳贈孺人。本生祖聯徵，太學生，候選通判，敕授承德郎。姚氏霍，敕封安人。父沂，廩貢生，候選儒學訓導，敕封文林郎。母氏李，馳贈孺人；氏侯，馳贈孺人；氏成，敕封孺人；庶母氏李。嚴繼慈侍下。胞伯叔祖聯第，邑庠生；聯捷；聯瑛，郡廩生，例馳贈徵士郎。胞弟玉田，議敘未入銜；煥林，邑庠生，早世；酉山，光緒乙酉科府學拔貢生[註78]；作孚，幼讀；春山、對山，俱幼。胞妹一，幼。胞侄好德，幼讀；守德、樹德，俱幼。胞侄女二，俱幼。妻氏竇，未娶歿；氏趙。子景德，幼讀。女□。族繁不及備載。世居縣城東九十里端氏鎮。本科考取優貢第一名。已卯鄉試中式第三十一名。會試中式第一百五十五名。複試二等第九十三名。殿試三甲第八十一名。朝考三等第九十九名。欽點即用知縣，簽分直隸。

《光緒十五年進士題名碑》：賈作人，山西沁水縣人。

光緒十六年庚寅恩科

張文煥：字景唐，號炳堂，沁水西關宣化巷人，民籍。光緒十一年，拔貢。光緒十五年，已丑恩科山西鄉試第五十名。光緒十六年，庚寅恩科會試第九十六名，殿試第三甲四十七名。光緒十九年，欽加主事。宣統三年，任四川通江知縣。撰有《重修文昌閣文廟碑記》。

〔註78〕《光緒乙酉科山西會考拔貢錄》：賈西山，字□，號□，行□，同治甲子年□月□日吉時生，係山西澤州府沁水縣優廩膳生，民籍。曾祖殿卿。曾祖母氏□。祖聯瑛。祖母氏□。父沂。母氏□。

《光緒乙酉科山西會考拔貢錄》：張文煥，字景唐，號炳堂，行二，同治三年十月初六日吉時生。係澤州府沁水縣學廪膳生，民籍。曾祖書簡，增生。曾祖母氏吉。祖惇五，庠生。祖母氏秦。父凌漢，軍功六品，例封徵仕郎。母氏高，例封孺人。俱慶下。胞伯叔章漢、雲漢。胞兄弟第甲、登甲。胞侄元善，幼。妻延氏。繼娶李氏。子□。女□。世居縣城西關宣化巷。

《光緒己丑科山西鄉試同年全錄》：〔第五十名〕張文煥，年二十四，沁水縣拔貢生。

《光緒十六年庚寅科會試錄》：第九十六名，張文煥，王房〔註79〕，山西沁水縣拔貢生。

《光緒十六年金榜題名錄》第三甲賜同進士出身　第四十七名，張文煥，山西沁水縣人。

《光緒十六年進士登科錄》：張文煥，貫山西澤州府沁水縣，民籍，拔貢生，字景唐，行二，十月初六日吉時生。曾祖書簡，增生。祖惇五，庠生。父凌漢。母氏高。具慶下。鄉試第五十名，會試第九十六名。

《光緒十六年進士題名碑》：張文煥，山西沁水縣人。

光緒三十年甲辰恩科

賈景德：字煜如，號韜園，沁水端氏鎮人，山西大學堂肄業生。光緒二十九年，癸卯恩科山西鄉試第三名。光緒三十年，甲辰恩科會試第二百十名，殿試第三甲四十名。本年，簽發山東即用，署任招遠知縣。歷官知縣、都督府秘書監、觀察使兼晉北執法處處長、岱南觀察使。宣統三年，任濟寧道道尹。濟寧道警務處處長、山西雁門道尹、山西政務廳廳長、國民政府稽勳委員會常委、黨政考核委員會委員、行政院顧問、考試院銓敘部長、行政院副院長。1949年到臺灣，歷任考試院院長、中央檢察委員、中央評議委員。撰有《印斗坪先塋記》《清誥封宜人晉封太夫人先妣趙太夫人墓表》《季弟季滋墓表》《清賜進士出身誥授奉政大夫晉贈資政大夫皇考壽林賈府君墓表》《清誥封奉政大夫晉贈資政大夫王父寅清賈府君墓表》《從曾祖父步青賈府君墓表》《清馳贈朝議大夫高祖王父廷彥賈府君墓表》等。

〔註79〕該科前注有「庚寅門人帶見」四人，王指王頌蔚，分有二十五名門生。

　　《光緒癸卯恩科山西鄉試同年全錄》：賈景德，年二十四歲，大學堂肄業生，沁水縣廩生，新取優貢。

　　《光緒甲辰恩科會會試錄》：第二百十名，賈景德，山西沁水縣優貢生。

　　《光緒三十年進士登科錄》：賈景德，貫山西澤州府沁水縣，民籍，優廩生，字煜如，行一，七月廿三日吉時生。曾祖聯彪，太學生，馳贈文林郎。祖沂，廩貢生，候選儒學訓導，敕封文林郎。父作人，己丑進士。母氏趙。具慶下。鄉試第三名，會試第二百十名。

　　《光緒三十年進士題名碑》：賈景德，山西沁水人。

　　《光緒甲辰恩科會試闈墨》：賈景德，山西沁水。

第三節　恩賜進士

　　王夢熊：〔註80〕澤州人，乾隆五十四年己酉科恩賜副榜，乾隆五十七年壬子科恩賜舉人，乾隆五十八年癸丑科會試恩賜翰林院檢討銜。

　　《清實錄》：「乾隆五十四年，十二月丙辰諭：本年鄉試諸生，年屆八十、七十以上未經中式者，除順天業經降旨分別加恩外，茲據各省陸續奏到，諸生中年躋耄耋，踴躍觀光，共百有餘人，雖未經中式，而三場均能完竣，洵為士林盛事。……山西省七十以上之宋守祀、蕭鳴山、薄文龍、王夢熊、劉煥、王克惠、杜霜、高曰敬、郝兆珠、周汝第、郭延山、萬之干、強岫、王振祚、孫大發、李時旺、劉依德、薛掄魁、趙學普、李溥、趙掄達、李晚榮、孫胥祜、王憲武、王儀烜、陳丹書、馮憲鄰等二十七名，俱著加恩，賞給副榜，以彰壽世作人至意。

　　乾隆五十七年：十月丁卯諭曰：長麟奏，山西省本年鄉試，年逾八十之宋守祀等五名，俱三場完竣，未經中式等語。宋守祀等年臻耄耋，踴躍觀光，洵為藝林盛事。所有年屆八十以上之副榜宋守祀、王克惠、王夢熊，生員段芳洲、薛生麟俱著加恩賞給舉人，准

〔註80〕編者按：嚴格意義上不算進士，恩賜檢討銜，常被視為進士出身，姑且列此，以作區別。

其一體會試，以示壽世作人至意

乾隆五十八年，四月壬申諭：據知貢舉瑚圖禮、周興岱奏，本年會試舉子內，有自七十歲至八十歲以上者共六十七名，俱三場完竣，未經中式等語。此次各省舉子，年老應試者多至六十餘人，龐眉皓首，踊躍觀光，洵為升平人瑞。除七十歲以上之邵利達、姜價、陶煒業於前次會試後賞給國子監學正職銜外，所有年屆八十以上之馬元倬、胡自勉、張應楫、鄭元謨、武宅鎬、劉家修、郭堭、劉儒鈞鈞、張懷禮、劉其倬、蕭友望、王克惠、薛生麟、段芳洲、宋守祀、王夢熊、王潤、張丕顯、王二曜、姬儒楷、牛溥、李恪、曹逢庚、張懷姬、景烜、張灝、王棟、王坤善、寧風集、梁復堂、章敬修、來壽昌、沈念祖、郭景兆、陳莢、沈志超、黃敏、徐由湘、熊定飛、黃鴻鬻、蕭經魁、王聿中、陳際成、陳存遠、唐紫瑞、胡述發、李如湘、文承發、黃佑啟、張寬、熊文炳俱著賞給翰林院檢討銜。又，董繼允於七十歲時已賞給國子監學正銜，今該舉子年逾八十，並著一體改賞翰林院檢討銜。其七十歲以上之穆彬、高大文、劉素位、崔九州、高瑛、米裕如、謝立吉、張瑞兆、蕭淦、陳際丙、李統賢、羅有麒俱著賞給國子監學正銜。其八十以上者各加賞緞二匹，七十以上者各加賞緞一匹，並年在七十以上、前經賞給職銜之邵利達等三名亦著一體賞給緞匹，以示朕嘉惠著老，壽世作人至意。

第四節　武進士

明代

永樂年間

王鵬遠：高平人，錦衣衛指揮同知。

宣德年間

王宴：高平人。

嘉靖年間

楊秉鉁：寧山衛籍，三科冠帶武舉。撰有《董子軌行狀》。

楊淳：寧山衛籍，字建庵。撰有《重修東嶽廟神祠記》。

嘉靖四十一年

裴本立：澤州大陽人，號裕泉，裴宇子。嘉靖四十一年，壬戌科武進士。歷任涉縣守備、河南河北道守備。

崇禎十六年癸未科（一甲三名　二甲二十七名　三甲一百七十名）

王開泰：高平人，宣府龍門衛官籍。宣府武鄉試第八十名。明崇禎十六年，癸未科武會試第一百一十九名。清順治六年，任陝西涇州營游擊。

> 《崇禎十六年武進士登科錄》：貫山西潞安府澤州高平縣人，龍門衛官籍，行一，字清六，年二十三，十二月初三日生。曾祖嘉臣，壽官。祖紹通，太學生。父基。母李氏。嚴侍下。弟興泰、履泰、際泰。娶□氏。宣府鄉試第八十名，會試第一百一十九名。

清代

康熙九年庚戌科（一甲三名　二甲四十名　三甲一百五十六名）

衛漢超：澤州大箕人，居澤州城內。康熙八年，己酉科山西武鄉試第十七名。康熙九年，庚戌科武會試第六十七名，武殿試第二甲八名。沅州游擊。

> 《康熙九年武進士登科錄》：〔二甲八名〕衛漢超，貫山西澤州，□籍，字□，行□，年二十一歲。曾祖奉炳。祖順。父心正。母□。□下。娶□。山西鄉試第十七名，會試第六十七名。

王業偉：字仲永，澤州南河底人，民籍。康熙八年，己酉科山西武鄉試第八十六名。康熙九年，庚戌科武會試第一百六十四名，武殿試第三甲一百三十一名。

> 《康熙九年武進士登科錄》：〔三甲一三一名〕王業偉，貫山西澤州，民籍，字仲永，行二，年二十六歲，五月初四日生。曾祖自誠。祖澤溥。父御世。母張氏。具慶下。娶王氏。山西鄉試第八十六名，會試第一百六十四名。

王廷璜：澤州人，平順籍。康熙八年，己酉科山西武鄉試第四十九名。康熙九年，庚戌科武會試第四十七名，武殿試第三甲一百五十四名。

> 《康熙九年武進士登科錄》：〔三甲一五四名〕王廷璜，貫山西潞安府平順縣，□籍，字□，行□，年十九歲。曾祖鑑。祖家治。

父之勳。母□。□下。娶□。山西鄉試第四十九名，會試第四十七名。

殷化行：字熙如，陝西咸陽籍，山西沁水人。康熙五年，年二十二，中丙午科陝西武鄉試舉人。康熙九年，庚戌科武進士。康熙二十六年，任臺灣總兵官。康熙三十二年，任寧夏總兵。康熙三十七年，任廣西提督。潘耒撰其行狀，詳見《殷公武略記》。

康熙十二年癸丑科（一甲三名 二甲二十七名 三甲七十名）

衛若青：澤州大箕人，號平侯。康熙八年，己酉科山西武鄉試第八名。康熙十二年，癸丑科武會試第六十名，武殿試第三甲一名。康熙十九年，任漢南鎮標右營都司守備。四川撫標中軍守備。

> 《康熙十二年武進士登科錄》：〔三甲一名〕衛若青，貫山西澤州，□籍，字□，行□，年二十八歲。曾祖奉炳。祖順。父正禮。母□氏。□下。娶□氏。鄉試第八名，會試第六十名。

牛青云：澤州大陽人。康熙十一年壬子科，山西武鄉試第四十七名。康熙十二年，癸丑科武會試第二十九名，武殿試第三甲十二名。歷任福建邵武守備、建寧守備、浙江協標中軍守備。

> 《康熙十二年武進士登科錄》：〔三甲十二名〕牛青雲，貫山西澤州，□籍，字□，行□，年二十七歲。曾祖萬銀。祖尚孝。父從麟。母□氏。□下。娶□氏。鄉試第四十七名，會試第二十九名。

康熙十五年丙辰科

朱三英：澤州人。康熙十四年，乙卯科山西武鄉試舉人。康熙十五年，丙辰科武會試第一名。康熙二十二年，任慶陽中軍都司守備。康熙三十八年，任虎門協左營都司守備。

閆守：澤州人，康熙十四年，乙卯科山西武鄉試舉人。康熙十五年，丙辰科武進士。長淮衛守備。

宋琚：澤州大陽人。康熙十一年，壬子科順天武鄉試舉人。康熙十五年，丙辰科武進士。鄖陽協守備。

王珣：澤州人。康熙十四年，乙卯科山西武鄉試舉人。康熙十五年，丙辰科武進士。

李汝憑：字虎臣，陵川人。康熙十一年，壬子科武舉人。康熙十五年，丙

辰科武進士。康熙四十一年，任廣西柳州後營守備。

康熙二十一年壬戌科

琚秀璽：陽城町店人。康熙八年，己酉科山西武鄉試舉人。康熙二十一年，壬戌科武進士。浙江紹協中軍守備。

康熙二十七年戊辰科

鄭之賓：高平人。康熙二十年，辛酉科武舉人。康熙二十七年，戊辰科武進士。妻李氏，有節行。

康熙三十年辛未科

朱之鵬：澤州人。康熙二十九年，庚午科山西武鄉試舉人。康熙三十年，辛未科武進士。康熙四十三年，任萊州營守備。

陳王輔：字左星，澤州人。康熙二十六年，丁卯科山西武鄉試第一名武解元。康熙三十年，辛未科武進士。康熙三十九年，任江西婺源貼防右軍守備。康熙五十五年，任四川梁萬營守府。康熙五十九年，升建昌鎮標營右營游擊。徽州守備，升河西務參將。雍正三年五月，任武清營參將。

康熙三十六年丁丑科

張巽乾：高平人。康熙十六年，戊午科武舉人。康熙三十六年，丁丑科武進士。江南泗州衛守備。

康熙四十五年丙戌科（一甲三名　二甲十四名　三甲七十七名）

孔毓潤：字作霖，號靜菴，澤州人。康熙四十一年，壬午科山西武鄉試第三十七名。康熙四十五年，丙戌科武會試第十五名，武殿試第三甲六十四名。雍正二年，任寧波守備。乾隆三年，任福建延平府游擊。

> 《康熙四十五年武會試錄》：〔中式武舉一百名〕第十五名，孔毓潤，山西澤州武舉。

> 《康熙四十五年武進士登科錄》：〔三甲六十四〕孔毓潤，貫山西澤州，民籍，字作霖，行三，年二十三歲，十一月二十二日生。曾祖得貴。祖辰象。父鐸。母梁、林氏。慈侍下。娶趙氏。山西鄉試第三十七名，會試第十五名。

康熙五十四年乙未科

琚�瑭：陽城町店人。康熙三十五年，丙子科武舉人。康熙五十四年，乙

未科武進士。雍正二年，任常德協都司提標左營守備。

雍正十一年癸丑科

衛克壯：陽城章訓人。雍正十年，壬子科武舉人。雍正十一年，癸丑科武進士。

乾隆十六年辛未科（一甲三人 二甲八人 三甲七十六人）

張大經：字建常，澤州大陽人，民籍，縣學武生。乾隆十二年，丁卯科山西武鄉試第二名。乾隆十六年，辛未科武會試第二十六名，武殿試第一名狀元。授頭等侍衛。乾隆二十年，任湖北武昌城守營參將。乾隆二十四年，任濟南城守營參將。乾隆二十八年，升山東文登營副將。乾隆三十四年，升陝西興漢鎮總兵。乾隆三十八年，贈騎都尉，入祀昭忠祠。子張無咎，世襲騎都尉，歷任天津鎮蒲河營都司、福建提標後營游擊、臺灣營參將；張無衍，世襲騎都尉，靖邊營都司，嘉慶十三年，充戊辰恩科山西武鄉試管理中箭報鼓官。

> 《乾隆十二年山西武鄉試錄》：〔丁卯科四十名〕第二名，張大經，鳳臺縣學武生，以雙好字號取中，頭場馬中六箭，開弓十二力，二場步中二箭，舞刀一百二十斤，掇石三百斤。

> 《乾隆十六年武進士登科錄》：〔一甲一名〕張大經，貫山西澤州府鳳臺縣，民籍，字建常，行二，年二十四歲，二月十三日生。曾祖弘紳。祖德善。父世烈。母楊氏。永感下。妻傅氏、金氏。鄉試丁卯科第二名，會試第二十六名。

乾隆十九年甲戌科

朱崙：字崑峰，澤州人。乾隆十八年，癸酉科山西武鄉試舉人。乾隆十九年，甲戌科武進士。乾隆三十年，任廣東督標中軍副將兼管中管事。乾隆三十一年，任雲南永北鎮中營游擊。弟朱尌，字龍門，監生，江南江淮衛頭幫領運千總。

同治十年辛未科

李奪錦：字世英，澤州柏楊坪人。同治元年，壬戌科武舉人。同治十年，辛未科武進士。同治十二年，管理山西全省駐京塘務。